Stephan Mögle-Stadel

Menschheit an der Schwelle

W0065752

Stephan Mögle-Stadel

Menschheit an der Schwelle

Globalisierungs-Krise und Weltwirtschaftsdiktatur

 Verlag Urachhaus

Gewidmet
den Kindern des Globalisierungszeitalters,
stellvertretend für viele:
Simon Thomas, Michelle und Benedikt.

Gewidmet auch:
meinen Eltern und Großeltern,
sowie Idaline und Eugen Renggli
für deren unschätzbare Weisheit.

Last but not least

meinen Kollegen, Freunden und Mentoren
vom geistigen Orden der Kosmopoliten*
stellvertretend für viele:

Isaac Asimov	Sebastian Franck	Yehudi Menuhin
Rudolf Bahro	Erich Fromm	Aurelio Peccei
Daniel Berrigan	Dag Hammarskjöld	Eleanor Roosevelt
B. Boutros-Ghali	Thor Heyerdahl	Bertha von Suttner
Martin Buber	Donald Keys	Claudius Schauffler
Ramsey Clark	Christoph Jensen	Lydia Stephan
Peter Coulmas	Elisabeth Mann-Borgese	Siddhu U Thant
Ossip Flechtheim	Zenta Maurina	Jean Ziegler

* Christoph Martin Wieland, *Das Geheimnis des Kosmopoliten-Ordens*,
Weimar 1788 und Johann Wolfgang v. Goethe, *Die Geheimnisse* (des
Homo Humanus), Weimar 1786.

ISBN 3-8251-7398-4

Erschienen 2003 im Verlag Urachhaus
© 2003 Verlag Freies Geistesleben & Urachhaus GmbH, Stuttgart
Umschlagabbildung: © Zefa
Umschlaggestaltung: U. Weismann
Gesamtherstellung: Clausen & Bosse, Leck

Inhaltsverzeichnis

II.
USA, UNO, Irak und die Türme von Neu-Babylon

III.
Weltbürger und Weltbürgertum

Danksagung

Für die technische Mitarbeit bei der Erstellung der Grafiken Lennart Grumer und für die Mühen des Lektorats, verständnisvoll auch unter Zeitdruck, Michael Stehle. Für die Geduld, getragen von Humor und Menschenkenntnis, meinem Verleger Frank Berger.

Mein Dank gilt auch den Probeleserinnen Barbara Illemann, Johanna Eisenhut, Simone Heitlinger, Kirsten Drews und Susanne Scharnweber. Sie alle gaben mir eine bessere Einschätzung des Manuskriptes, auch wenn ich nicht alle ihre Anregungen integrieren konnte. Andreas Neider danke ich für zwei wichtige Hinweise zur Thematik des Buches.

Für die Zwischenfinanzierung der technischen und journalistischen Recherchekosten gilt mein Dank Troy Davis von der Internationalen Weltbürgerstiftung in New York, sowie Claudius Schauffler und Daniela Pfeifer von WFM-Germany e. V.

Für die technische Unterstützung danke ich der Computer-Firma Cancom in Stuttgart, die sich mit der Rettung meines Computers befasste; der Marketingabteilung und dem Leserservice des *SPIEGEL*; der Firma www.scanglobe.de in Beckingen; der Firma www.psion.de in Frankfurt sowie dem Hotel Dorint Fontana Stuttgart (www.dorint.com/Stuttgart).

Die Fotos dieses Buches entstammen dem Pressebüro Globe Archiv und dem Archiv des Club of Rome in Paris. Dank an Alexander King, dem UNO-Archiv in New York, dem Archiv der Stuttgarter Zeitung und dem Archiv des *SPIEGEL*.

Ein ganz allgemein menschlicher Dank gilt all den Sozialarbeitern, den Menschenrechtlern, den Gewerkschaftssekretären, den WFM-Fördermitgliedern und finanziellen Unterstützern des

Dag Hammarskjöld Instituts, den Naturschützern, sowie den kritischen, freien Journalisten und Autoren in ihrem Kampf für eine humanere Welt.

Stellvertretend für verschiedene Vortrags- und Seminarveranstalter zum Themenbereich dieses Buch: Alfred Kon, Manfred Kraus, Cornelia Härtelt, Bernhard Masur, Eva-Maria Amthor, Kathrin und Hans-Rudolf Studer-Senn, Marie-Madeleine Bucher-Siegrist, Blanche-Marie Schweizer, Ingrid Bahr, Helmut Münich, Helga Schauffler, Uschi Medri, Frank Vincenz sowie Familie Hutter von der Buchhandlung Pegasus.

Für die informative Unterstützung danke ich der Mannheimer Duden-Redaktion (www.brockhaus.de), der Monatsmagazin-Redaktion www.flensburgerhefte.de, insbesondere für die Ausgaben Nr. 32, 41 und 81, sowie Daniele Ganser für sein mutiges Buch *Reckless Gamble* über die Sabotage der UNO 1962 im Kuba-Konflikt durch den militärisch-industriellen Komplex der USA.

Ein abschließender Dank geht an Peter Grieder, Sesto Castagnoli und das Team des Schweizer World Spirit Forums. Das WSF biete den Menschen der globalen Zivilgesellschaft einen neuen Begegnungsraum (erstmalig Ende Januar 2004) als menschheitsethische Alternative zum Weltwirtschafts-Forum in Davos. Informationen: www.worldspiritforum.org

Einführung: Menschheit an der Schwelle

> ... wo es kein Weiter mehr
> und erst recht kein Zurück gibt,
> nur noch die unerhörte Umkehr:
> den Durchbruch.
> Werden wir den Weg
> bis ans Ende gehen müssen,
> bis in die Probe der letzten Finsternis?
> Wo aber Gefahr ist, wächst das Rettende.
>
> Martin Buber, *Ich und Du*

Der Sand der Weltgeschichte rieselt schneller durch das Stundenglas der Tagespolitik. Viele Menschen fühlen, dass wir als Menschheit an einer Schwelle, an einer Wegscheide angekommen sind. Wir leben mit gestundeter Zeit, auf Kredit, und es scheint, als wenn uns ein unbekannter Gläubiger zur Verzinsung der uns bislang gewährten Entwicklungszeit auffordern wolle. Das Mahnverfahren wurde schon eingeleitet. Wir nennen es Globalisierung.

Globalisierung I: ›Die Grenzen des Wachstums‹, zunehmende Massenarbeitslosigkeit, die Herrschaft der Multinationalen Konzerne, der weltweite Sextourismus und der Anti-Terror-Krieg der Regierung Bush, der erneute Fundamentalismus und Fanatismus im Islam und in den USA, zunehmende Umweltvergiftung und verseuchte Lebensmittel, der Kampf der Kulturen – auch um Erdöl und Trinkwasser, der Abbau von Sozial- und Rechtsstaatlichkeit in den westlichen Industrienationen, der neue »Raubtierkapitalismus« und die erneut zunehmende Dominanz des Militärisch-Industriellen ... Kurz: Die Angst geht um.

Exkurs I: Wir können dieser Angst, dieser existenziellen Verunsicherung auch dankbar sein: Sie schüttelt den Schlaf der Bewusstseinslosigkeit und die gedankenlose Bequemlichkeit des sich

Mittreibenlassens wie eine Staubschicht von unseren Seelen. Wir können versuchen, unsere Augen vor dieser notwendigen Angst zu verschließen und in die Krankheit flüchten. Wir können uns aber auch eine Lesebrille besorgen, zum Schutz vor dem aufgewirbelten Staub des bislang Verdrängten und Verschlafenen, sowie zur Verstärkung unserer Sehkraft, um die Geschehnisse hinter dem staubigen Angstvorhang zu entdecken. Und wir können die Angst in eine konstruktive Erkenntnis- und Bewegungsenergie umsetzen.

Globalisierung II: Millionen Menschen demonstrieren weltweit gegen Krieg und Neokapitalismus. Weltweite Bürgerbewegungen und Nichtregierungsorganisationen verbinden sich (oftmals mit Hilfe des Internet) zur Vorhut einer Weltzivilgesellschaft. Diese NGOs organisieren alternativ zum G8-Gipfeltreffen der »großen acht« Nationalstaats-Regierungen ein Weltsozialforum. Grenzüberschreitende Umweltschutzinitiativen stellen sich der grenzenlosen Profitgier entgegen. Die alte Dritte-Welt-Bewegung wandelt ihr Bewusstsein und ihren Namen in Eine-Welt-Bewegung. Frankreich und Deutschland verweigern im UN-Sicherheitsrat der US-Regierung den Freibrief für den Irak-Krieg ... Kurz: Es wächst der »US-Weltregierung«, den Weltkonzernen und globalen Finanzmächten ein weltbürgerlicher und menschheitlich orientierter Widerstand entgegen.

Exkurs II: Wir haben diesen Mächten in gewisser Weise dafür zu danken, dass sie in uns dieses ›planetarische Verantwortungsbewusstsein‹ als Mitbürger in einer weltweiten Schicksalsgemeinschaft von Menschheit und Erde wachrütteln. Aber Widerstand allein genügt nicht. Ein Widerstand, der – ohne die tieferliegenden Strömungen in der Psychohistorie, der Seelengeschichte der Menschheit, zu erkennen – nur zu wissen glaubt, wogegen er ankämpft, erschöpft sich bald. In der traditionellen japanischen, zen-inspirierten Kampfkunst, dem Bushi-do, ist das zentrale Element, den Gegner wirklich zu erkennen und eventuelle Trugbilder zu durchschauen: Trugbilder, Makyõs, wie sie beispielsweise auch in der Zazen-Meditation im Bewusstsein des Meditierenden auftauchen können – als teilweise Wahrnehmung der psychischen Zusammensetzung unserer Innenwelt. Der Widerstand gegen einen Gegner, einen echten wie einen eingebildeten, führt letztlich in die Leere, wenn der Widerstand gegen die gegnerischen Mächte der Versklavung nicht auch von einer gleichermaßen starken und konkreten Vision ergänzt wird: *wofür* wir uns engagieren, *wohin* uns Widerstand und Engagement führen können, und *wie* wir die bessere Vision schrittweise realisieren können.

Globalisierung. Ein Wort von großer Tragweite. Grenzen überschreitend, Gewohnheiten vernichtend und den Pulsschlag der Zeit beschleunigend. Babysitter für viele widersprüchliche Ereignisse und Strömungen. Gibt es eine Orientierung im Globalisierungssturm? Was passiert hinter den Schleiern der geschichtlichen Sandböen? Die Menschheit an der Schwelle ins 21. Jahrhundert ist zutiefst gespalten in fast 200 gegeneinander konkurrierende Nationalstaaten. Die globalen Akteure und Topmanager der Großbanken und Weltkonzerne nutzen diese Situation hemmungslos aus. Diese Spaltung reicht bis in die Familien und die Seelen der Menschen. Es droht scheinbar ein Kampf aller gegen alle – um die letzten Arbeitsplätze, um preisgünstigen Sprit für den automobilen Geschwindigkeitsrausch (Vorsicht, Stauende nach der nächsten Kurve!) sowie um sauberes Trinkwasser und bezahlbaren Wohnraum. In solchen künstlich aufgeheizten und emotional aufgehetzten Situationen sterben Humanität und Ethik zumeist zuerst.

In dem Buch *Dag Hammarskjöld – Vision einer Menschheitsethik* über den 1961 ermordeten UN-Generalsekretär beschrieb ich das offizielle weltpolitische wie auch das inoffizielle spirituelle Leben dieses Menschen, der zur Personifizierung einer interkulturellen Menschheitsethik wurde. Die Entwicklung einer solchen Ethik, nicht als intellektuelle Philosophie sondern als alltägliche Handlungsanweisung, wird zentraler Bestandteil einer Anwort auf die Globalisierungskrise sein. Der Umstand, dass dieses Buch inzwischen mit einem aktuellen Nachwort von UN-Generalsekretär Kofi Annan in vierter Auflage erschienen ist, zeigt, dass mittlerweile viele Menschen auf das Beispiel eines Menschen aufmerksam geworden sind, der ein wahrhafter Bürger dieser Welt war, weil er eine noch wenig bereiste Straße wiederentdeckte: die Möglichkeit, die ganze Menschheit und den namenlosen Urgrund des Seins in sich, in seinem Ich, zu integrieren. Ein Mensch unserer Zeit, einer, der Menschheit und Gottheit, jenseits aller Gruppenegoismen und Ersatzbefriedigungen, als Dialogpartner empfand – als Zielpunkt, als Kraftquelle und als meditative Hilfsmittel auf dem langen Weg zu sich selbst.

Doch die beispielhafte Biografie eines solchen »Geistesmenschen« (Zitat aus dem Nachruf seines Freundes und Mentors Martin Buber) allein genügt nicht. In dieser tendenziell apokalyptischen Zeit braucht es zu unserer Ganzwerdung als Zeitgenossen auch die Erkenntnis der tieferen Abgründe und der letztendlich sinnstiftenden Hintergründe der globalen Krise. Und es braucht damit zu unserer Menschwerdung auch das Anerkennen des Bösen, in seiner modernen Verkleidung. Dag Hammarskjöld sprach 1958 in einer Rede: »Tief-wurzelnde Konflikte, die ihren Lauf immer schon durch die Geschichte genommen haben, und welche eine neue Kulmination vor und während des Zweiten Weltkrieges erreicht zu haben scheinen, gehen weiter. Und zerstörerische Kräfte, die schon immer mit uns gewesen sind, machen sich in neuen Formen fühlbar. Sie repräsentieren ... die größte Herausforderung, welcher der Mensch ins Angesicht zu schauen hat.«[1]

Viele Menschen haben ›dem Bösen‹, in seinen banalen wie in seinen gespenstischen Formen, schon wahrhaft ins tiefere Angesicht geschaut. Und die Wahrheit wie auch die Wahrhaftigkeit (die Ich-haftigkeit) des Blickes ihrer Augen hat sie befreit – von ihren Ängsten. Dies mutet zunächst vielleicht paradox an. Dieses Buch entstand, nach längeren Ringen mit Computerviren und anderen Dingen, aus einer Reihe von Vorträgen und Seminaren zum Thema der selbst-zerstörerischen und dämonischen Kräfte in der Geschichte des 20. und 21. Jahrhunderts.»Bei einem bedeutenden Entschluss spielt unser ganzes Wesen mit, seine Niedertracht wie seine Güte. (…) Selbst wenn sich später Mephisto lächelnd als Sieger dieser Wahl offenbart, kann er besiegt werden durch die Art und Weise, wie wir die Folgen auf uns nehmen.«[2]

Die zunehmende Globalisierungskrise ist das Ergebnis, die Folge, vieler bewusster und unbewusster Entschlüsse (oder auch Entscheidungs-Vermeidungen) aller bislang auf Erden anwesenden Menschen. Jene verhüllte Kraft, auch in uns, die Böses will und dabei oftmals Gutes erschafft, scheut das Licht des menschlichen Bewusstseins. Wo auch immer Menschenwesen ihr Bewusstseinslicht und ihren Selbst-Erkenntniswillen auf diese Kraft ausrichten, dort muss Mephistopheles (wie auch so mancher Staatschef), welcher »kein Licht-Freund« (me-photo-philes) ist, zurückweichen. Ich durfte die Erfahrung machen, dass viele Menschen erleichtert und wie befreit von einer nebulösen Last waren, als wir gemeinsam Licht in das – auch dämonisch anmutende – Dunkel vieler Zeitphänomene bringen konnten. Wenn wir den Folgen unserer individuellen wie kollektiven Taten ins – nun globalisierte – Angesicht schauen, und ich meine wirklich ein tiefenpsychologisches und spirituelles Schauen, dann kann sich die Weltverschwörungs-Paranoia in eine Metanoia und die potentielle Psychose in eine Metamorphose unserer Ich-Stärke (ein anderes Wort für Liebe) verwandeln, wobei Wahn und Wahrheit oft nahe beieinander liegen.

Haben wir es verlernt, mit dem Schmerz der Enttäuschung und unserer scheinbaren Ohnmacht schöpferisch umzugehen? Widerstand und Konfrontationsbereitschaft verlangen nach einer stetigen inneren Kreativität und Wachheit. Dies ist anstrengend. Aber es ist auch wahrhaft menschlich.

»Der Schmerz ist groß. Dieses Buch zu schreiben benötigte eine persönliche Konfrontation mit dem täglich verbannten Leid, das uns allen unerträglich geworden ist. Unerträglich, weil wir es verlernt haben, mit dem Schmerz umzugehen. (...) Die Geschichte des 20. Jahrhunderts ist die Geschichte eines ungeheuren Schmerzes und dessen Verleugnung«, schreibt der Schweizer Psychotherapeut Arno Gruen 1991 im Vorwort seines Buches *Falsche Götter. Über Liebe, Hass und die Schwierigkeit des Friedens.*

Ich bin mir sicher, dass es auch in diesem Buch Textpassagen gibt, welche Menschen, die zur Verdrängung neigen, Magenschmerzen bereiten und latente Existenzängste aktualisieren. Soll ich nun, nach einer positiv aufgenommenen Biografie über das Wirken des Menschheitlichen in Dag Hammarskjöld, meine Leser(innen) um Entschuldigung für die streckenweisen Zumutungen in diesem Buch bitten?

Ich mute Ihnen zu, dieses Buch über einige der Hintergründe der Globalisierungskrise mit Gewinn zu lesen. Eine Situation oder einen Prozess durchleiden zu können, ohne uns vorschnell für unschuldig, unzuständig und hilflos zu erklären oder unsere Mitverantwortung für das Welt-Geschehen zu relativieren, kann uns innerlich menschlicher werden lassen für die Mitarbeit an der langsamen Lösung des Problems. Viele Probleme werden von einer Generation auf die nächste vererbt und das Unverarbeitete von gestern stiftet im Heute Verwirrung und Verheerung. (Leser aus dem Umfeld von Anthroposophie, Buddhismus oder Hinduismus können statt dem Wort *Generation* gern auch den Begriff *Inkarnation* einsetzen.) Mit Arno Gruen gesprochen: »Es ist in der Tat kurz vor Zwölf. Die Konfrontation am Persischen Golf bringt uns dieser Verheerung näher. Solange wir Leid verschmähen, werden wir Katastrophen wie der jetzigen nicht ausweichen können.« Seit 1933 bzw. spätestens seit dem 6. August 1945 ist es immerzu kurz vor Zwölf. Solange wir aus Selbstmitleid den inneren Kampf gegen unsere Egoismen weder wagen noch gewinnen, solange nicht eine neue Bescheidenheit und Selbstbeschränkung die Verheerungsmaschinerie ausbremst, solange brauchen wir noch die Konfrontation mit der Katastrophe.

Der amerikanische Psychologe Roger Walsh formulierte 1985 in seiner Studie *Überleben – Psychologische Ursachen der globalen Bedrohung*: » ... die Unfähigkeit, die psychologischen Wurzeln unserer Weltsituation zu erkennen, schien mir die Tiefe und Wirksamkeit unseres Handelns zu reduzieren.« In der Einführung zu dieser Studie mit dem Schwerpunkt Atomkriegsgefahr und Bevölkerungsexplosion erläuterte er, wie ihm bei diesem Thema seine Co-Autoren abhanden gekommen waren: »Wie es das Schicksal will, bot mir fast unmittelbar darauf eine sehr intelligente, kompetente und psychologisch erfahrene Studentin, die sich ihren Lebensunterhalt als professionelle Schriftstellerin verdiente, ihre Hilfe an. (...) Nach einer Woche rief sie mich an, um abzusagen. Sie sagte, es wäre zuviel für sie. Je mehr sie läse, desto ängstlicher fühle sie sich und desto weniger könne sie schlafen.«

Wer meint, die globale und tendenziell totale Krise nur psychoanalytisch oder faktisch abhandeln zu können, ohne ein Meditierender, ohne ein von ihr Betroffener und Initiierter, ohne ein Ich-Sinn-Suchender, ohne – letztlich – ein Liebender zu werden, der liefert sich (bzw. sein kleines Pseudo-Ich) der Angst aus. Wer aber meint, wie ein Schweizer Unternehmer, der einen Beitrag zu diesem Buch mit der Begründung absagte, dass ihm die Thematik des Buches als zu pessimistisch und zu sehr auf die u.a. weltwirtschaftlichen Gegenkräfte fixiert erscheine, muss sich fragen (lassen), ob dies nicht eine uneingestandene Flucht vor der dunklen und paradoxerweise zugleich bewusstseinsspendenden Seite des Lebens ist. Und wenn er in seinem neuen Buch, nachdem er sein ererbtes Familienunternehmen an die Konkurrenz verkaufte, weil er des beschworenen Umgestaltens müde wurde, über eine neue Wirtschaftsethik und sinnerfüllte Unternehmenskultur philosophiert, ohne auch den sehr dunklen Tendenzen auf diesem Gebiet ins Auge zu schauen, dann kann aus »spirituellem Optimismus« sehr leicht luziferisch verführte Naivität werden. Dies tut meiner Wertschätzung für ihn als einen aufrichtig Suchenden keinen Abbruch. Ich kenne selbst die Versuchung, zu Weltschmerz lindernden ›spirituellen‹ Betäubungsmitteln zu greifen.

Aber den Weltschmerz wach zu ertragen und sich den Schmerzensmächten in Weltwirtschaft und Weltpolitik konstruktiv entgegenzustellen, scheint mir ein zeitgemäßerer Weg.

Es gibt Beispiele dafür, dass sich Widerstand und Spiritualität miteinander vertragen: Dorothee Sölle, Jean Ziegler, Rachel Carson, Dag Hammarskjöld, Eleanor Roosevelt, Mahatma Gandhi und Martin Luther King sind einige der Namen, die hierfür in die Menschheitsgeschichte eingeschrieben wurden.

Lassen sie uns in diesem Buch schrittweise ein Stück weit Meditierende, Krisen-Initiierte, Sinn-Suchende, Widerständler und Liebende werden. (Ein Weg, den wir alle schon längst begonnen haben.) In einigen Gegenden Deutschlands gibt es noch den Brauch, auf die Einschulungstüte der Erstklässler ein großes Stück altes, trockenes Brot zu legen. Wer an die Süßigkeiten und Schreibutensilien in der Tüte herankommen will, der muss zunächst die harte Brotscheibe durchkauen. Vor dem Angesicht der weltbewegenden Schicksalskräfte sind wir fast alle noch Erstklässler. Martin Buber, der alte Weise aus Jerusalem, hat recht: Wir werden den Weg bis ans staubige Ende gehen müssen, bis in die Probe der letzten Finsternis, um das authentisch Rettende zu finden.

Ich bitte Sie zu beachten, dass die Anmerkungen, Quellen- und Buchhinweise gesammelt ab Seite 207 im Anhang abgedruckt sind.

Lucelle / Stuttgart, 18. September 2003   *Stephan Mögle-Stadel*

Informationen zu Dia-Vorträgen und weiteren Aktivitäten:
Dag Hammarskjöld Institut (WFM)
Postfach 800 745
D-70507 Stuttgart
Fax: (+49) 0711-7353622
Hammarskjöld-Institut@gmx.net
www.welt-buerger.org (ab Januar 2004)

I. Kampf der Kulturen –
Die Globalisierungsfalle

San Francisco, Fairmont-Hotel, 27. September 1995

Es kommen härtere Tage.
Die auf Widerruf gestundete Zeit
wird sichtbar am Horizont.

Ingeborg Bachmann, *Die gestundete Zeit*

Wie ein luxuriöser Tempel der Verschwendung überragt »das Fairmont« die es umgebenden Hütten von Chinatown. Kein einfaches Hochhaus ist es, sondern eine Art Kathedrale aus Stahlbeton und dunklen Glasfensterfronten, in denen sich das Licht der Sonne an manchen Tagen gleißend widerspiegelt. Diese Luxusherberge der Reichen und Mächtigen thront auf dem Nob Hill, von den ärmeren Bewohnern San Franciscos auch »Snob Hügel« genannt. Gläserne Aufzüge entschweben der Erde und bringen die zugangsberechtigten Besucher in eine Welt aus Marmor, Brokatseide, Goldverzierungen und auf Hochglanz poliertem Messing. Oben im Restaurant mit dem Namen Crown´s Room (Krönungsraum), blickt man über die Golden Gate Bridge hinweg auf das endlose Blau des pazifischen Ozeans. An manchen stürmischen Herbsttagen wird aus dem Blau auch ein dunkles Grau.

An diesem 27. September ist das Gebäude von muskulösen Männern in dunklen Anzügen umgeben. In einer ihrer Ohrmuscheln steckt ein Ohrhörer und manche scheinen mit dem Kragen ihrer Hemden zu sprechen. Minimikrophone sind am gestärkten Hemdkragen befestigt. Man lauscht weder Tina Turners Stimme noch Bachs Kantaten oder Beethovens 9. Symphonie, sondern den Funkbefehlen aus der Sicherheitszentrale. Diese Männer mit ihren klischeehaft dunklen Sonnenbrillen sind Sicherheitsbeamte und Geheimdienstagenten. Gepanzerte Luxuslimousinen bremsen vor dem Haupteingang. Abgeschirmt von jüngeren Männern entsteigen zumeist ältere Herren den Straßenkreuzern, darunter

19

auch George Bush senior, welcher in einer Rede am 11. September 1990 eine »Neue Weltordnung« ankündigte.[3] Aber auch einige eiserne Damen wie Margaret Thatcher schreiten zielbewusst über den roten Teppich ins Foyer. Hart klingen ihre Absätze auf dem spiegelblank geputzten Marmorboden. Hart werden später auch ihre Sätze im Großen Konferenzsaal klingen. Hart wie das Auftreten ihrer Körper, hart wie ihre stolzen Seelen. Frei von jeglichem sozialen und ideellen Ballast. Sie erwecken nicht nur bei den mexikanischen Putzkräften und den jungen Damen an der Rezeption den Eindruck, als würden sich an diesem Michaeli-Wochenende die Herren der Welt hier treffen, wo der Pazifische Ozean an die Westküste der Vereinigten Staaten von Amerika anbrandet.

Ein Mann hat sie alle eingeladen. Und sie kommen von fast allen Schauplätzen der Erde. Tonangebend sind die Repräsentanten der hochindustrialisierten Ersten Welt. In den vier Tagen vom 27. bis 30. September 1995 treffen sich hier fast 500 Spitzenvertreter aus Weltpolitik, Weltwirtschaft, Weltmedien und Eliteuniversitäten zu einem ›State of the World Forum‹. Der Name des Gastgebers: Michail Gorbatschow, der letzte Präsident der ehemaligen Union der Sozialistischen Sowjet-Republiken.

Nachdem die UdSSR 1991 in einem historischen Konkursverfahren abgewickelt wurde, spricht Gorbatschow bei der Eröffnung dieser ›Tagung zum Zustand der Welt‹ davon, dass wir alle »unterwegs zu einer neuen Weltzivilisation« sind. Auch der Vertreter des Pentagon, des US-amerikanischen Kriegsministeriums, welches sich ansonsten eher rühmt »die Sowjetunion totgerüstet zu haben«, spendet artig Beifall. Finanziert wird die Tagung und die sie veranstaltende Gorbatschow-Stiftung von lieber unbekannt bleiben wollenden US-amerikanischen Gönnern. Die US-Niederlassung der Stiftung befindet sich fast in Sichtweite auf einem ehemaligen Militärgelände unten am Hafen, südlich der Golden Gate Bridge, dem so genannten Presidio.

Einige der Redner verwenden das Wort »Globalization« als einen Sammelbegriff für das Zusammenwirken verschiedener neuzeitlicher und sich wechselseitig verstärkender Entwicklungen. Das Wort, schon seit einigen Jahren in Soziologie und Politikwissenschaften benutzt, verlässt die engen Grenzen des akademischen Fachmilieus und verbreitet sich, vergleichbar dem AIDS- oder dem SARS-Virus, über Nacht zunächst im Fairmont-Hotel und dann durch die bei der Tagung inspirierten (infizierten) Teilnehmer in alle Welt. Globalisierung – man hat den Namen, der eine Epoche symbolisieren wird, gefunden.

San Francisco, Fairmont-Hotel, 29. September 1995

Großer Konferenzsaal. Einer der Redner, der das »Globalization«-Wort benutzt, ist der 67-jährige Politik-Professor Zbigniew Brzezinski. Der ehemalige Nationale Sicherheitsberater Jimmy Carters ist u.a. Spezialist für griffige Schlagworte. In seinem 1970 publizierten Buch *Between Two Ages* prägte er den Begriff des »Trilateralismus« für die Notwendigkeit, die wirtschaftlichen und politischen Eliten der USA, Japans und Westeuropas (insbesondere auch Deutschlands) enger miteinander zu vernetzen. »Die technotronische Entwicklung« von Mikroelektronik und Automation, die so genannte ›Dritte Industrielle Revolution‹, verlange ein gemeinsames Krisenmanagement. Im Juli 1973 wurde sein Gedanke Realität. In Japan fand das Gründungstreffen von Vertretern der drei hochindustrialisierten Regionen statt. Und Zbigniew Brzezinski wurde der erste Direktor der Trilateralen Kommission.

Heute, am 29. September, spricht er über die 20:80-Gesellschaft. Dieser Theorie nach reichen zwanzig Prozent der arbeitsfähigen Bevölkerung in einer zunehmend computerisierten Hochtechnologie-Gesellschaft aus, um die notwendige Produktion aufrecht zu erhalten und die für die Multinationalen Konzerne nötigen Gewinne zu erwirtschaften. Diese 20 Prozent wären sehr gut ausgebildete und permanent überarbeitete Spezialisten mit einem hohen Einkommen.

Und die anderen 80 Prozent der arbeitssuchenden Bevölkerung? Diese sich von Gelegenheitsjob zu Gelegenheitsjob, von Burger King zu McDonalds und von Saturn-Kaufhaus zu Media-Markt durchhangelnden Niedriglohnverdiener müssten nach Brzezinskis Auffassung mit »Tittytainment« halbwegs bei Laune gehalten werden. »Tittytainment«, so der Erfinder des Wortes, sei eine Kombination aus dem US-amerikanischen Dialektwort *titty* (für Euter bzw. Muttermilchbrüste ...) und *entertainment*. Brzezinski versteht darunter die für Ruhe und Ordnung sorgende Mischung aus Arbeitslosen- und Sozialhilfe plus Gelegenheitsarbeit in Verbindung mit TV-Filmen und Internet-Spielen für Zeitvertreib und amüsant-oberflächliche Unterhaltung. Dieses mit einem neuen Kunstwort ummäntelte Herrschaftsprinzip der kollektiven Betäubung war schon im Römischen Imperium der Cäsaren bekannt. Möglichst billiges Brot und möglichst blutige Spiele.

Aber Brzezinski ist noch nicht die letzte Steigerung des »Neoliberalismus«, ein Schmuckwort für den neuen Raubtier- und den alten Manchester-Kapitalismus. An diesem 29. September spricht auch John Gage, Topmanager des US-Computerunternehmens SUN, welches u.a. die Programmiersprache Java vermarktet. Gage führt die Gedanken Brzezinskis noch ein Stück weiter. Der aktienbörsennotierte Konzern SUN Microsystems brauche »höchstens acht seiner Festangestellten wirklich. Wir stellen mittlerweile unsere Mitarbeiter selbst in Indien per Internet ein, sie arbeiten für uns am Computer, und sie werden auch wieder per e-mail gefeuert.« Es entsteht eine kurze Pause bis Professor Rustum Roy nachfragt: »Und wieviel Leute arbeiten zur Zeit für SUN Systems?« – »Etwa 16.000 – und sie sind alle bis auf eine kleine Minderheit Rationalisierungsreserve.«

Was den humanistisch gesinnten Leser vielleicht schockiert, lässt die versammelten Spitzenmanager relativ kalt. Keiner von ihnen glaubt noch an eine konjunkturelle Krise (auf dem Arbeitsmarkt). Sie wissen alle, auch wenn sie es ihren Angestellten und ihren Wählern so nicht sagen, dass wir uns inmitten eines strukturellen und technologischen Abbaus an festen Arbeitsplätzen und sozialstaatlichem Schutz befinden. Es bleibt die Frage, was mit den Verlierern dieses Abbauprozesses geschehen soll, tendenziell immerhin fast 80 Prozent der Menschheit, sofern sie sich nicht als Dienstleistungssklaven billigst verkaufen und damit knapp über Wasser halten können. Auch darauf hat der Spitzenmanager eine Antwort: »The question will be – to have lunch or to be lunched.«[4]

»Die Frage wird sein – ein Mittagessen zu haben oder (für andere) ein Mittagessen zu sein.« Der 29. September ist für das esoterische Christen- und Judentum der Festtag des Erzengels Michael. Dieser in der christlichen Mythologie zum Drachenbezwinger gewordene, hebräische Sturm- und Schutzgeist Mikael, gilt als kosmische Ordnungsmacht, welche den Seelenfresser Satan in Schach hält.[5] Wenn man diese drei Silben Mi-ka-el übersetzt, dann entsteht daraus die Frage: Wer ist wie Gott?

Dies ist mehr als nur die Frage nach der Hybris des männlichen Selbstbewusstseins. Jene, die sich Ende September 1995 treffen, sind nicht unbedingt die Mannen Michaels. Aber eines haben diese ›Halbgötter‹ gemeinsam mit Michael – auch sie verstehen sich als Weltordnungsmacht. Wir werden noch auf den ›Geist‹ eingehen, der uns hier anweht. Und doch werden sich die Topmanager damit entschuldigen, dass sie nur einem weltwirtschaftlichen Systemzwang gehorchen und bemüht sind, Schlimmeres (z.B. 100% Arbeitslosigkeit) zu vermeiden. Ähnliche Entschuldigungen sind auch aus der europäischen Geschichte bekannt – von faschistischen, nationalsozialistischen und kommunistischen Funktionären.

Das Blut von San Juan –
»Dies ist mein Blut, nehmet und trinket alle davon«

Es ist Wirklichkeit geworden. Noch nicht bei uns in Mitteleuropa. Aber Lateinamerika ist nur sieben Flugstunden entfernt. Sie ist eigentlich namenlos. Nennen wir sie Ramona Leao. Sie ist 33 Jahre alt und Mutter von drei Kindern. Sie wohnt mit ihrer Familie in San Juan, einem Vorstadtslum von Bogota in Kolumbien. (Es könnte auch Mexiko City sein.) Bis vor zwei Jahren arbeitete sie noch für drei Euro als Blumenpflückerin. Dies war der Akkordlohn für einen zehnstündigen Arbeitstag. Dann bekam sie Asthma und hatte eine Fehlgeburt aufgrund der großflächig gespritzten Insektenvernichtungsmittel. Seitdem arbeitet ihr Mann in der Blumenindustrie. Er ist etwas robuster und klagt nur über eine Hautallergie und Kopfschmerzen. Die chemisch konservierten, pestizidverseuchten Blumen werden von der US-Firma EVERGREEN in die USA und nach Mitteleuropa verschickt. Es sind 55.000 Tonnen Blumen pro Jahr. Der Kühlraum in den Flugzeugen wird teurer bezahlt als die billige Arbeitskraft der Blumenpflanzer. Valentintagsrosen, Muttertagsorchideen und die Nelken für den SPD-Parteitag und die Gewerkschaftskundgebungen zum 1. Mai-Feiertag. Es sind rote Blumen. Rot wie Blut.
Aber der Verdienst ihres Mannes reicht nicht aus für die fünfköpfige Familie. Glücklicherweise gibt es das Laboratorio Clinico San Juan. Alle zwei Wochen kommt Ramona zum Verkauf ihres Blutes in das Labor der Klinik. Durch die permanente Unterernährung und die Blutverluste hat ihre Monatsblutung ausgesetzt. (Ramona hat noch Glück, ihre Nachbarin hat schon eine Niere verkaufen müssen.) Ihr Blut schickt die Firma Biotechnica Colombia, eine Gesellschaft mit beschränkter Haftung, als Blutkonserve oder als Arzneimittelplasma in die USA. Dort wird es an der Blutbörse in Los Angeles von Plasmabrokern wie Herman Plaut mit 100-fachem Gewinn weiterverkauft. Ramona Leao ist ein Opfer im Kampf der Kulturen. Sollte sie eines Tages, ausgelaugt, aus gesundheitlichen Gründen nicht mehr zum

Blutverkauf gehen können, wird ihre älteste Tochter entweder auf den chemisch verseuchten Blumenplantagen arbeiten müssen oder … Hier wird er sichtbar, für jene die Ich-stark genug sind, um es sehen zu wollen: der Vampirismus hinter dem so genannten Neoliberalismus.

Die Grenzen des Wachstums – An der materiellen Schwelle

Rom zu Zeiten der 68er-Bewegung. In den Straßen Europas tragen die Demonstranten gegen den brutalen Krieg in Vietnam Plakate mit Aufschriften wie »USA – SA – SS«. Im November wird der Republikaner Richard Nixon zum 36. Präsidenten der USA gewählt. Seine kriminelle Energie wird im Watergate-Skandal ihren Höhepunkt finden. Mitglied in Nixons Regierungsteam ist auch ein junger Karrierediplomat, welcher zeitweise US-Botschafter im UNO-Sicherheitsrat werden wird. Sein Name ist George Bush senior.

Aber die Männer, die sich am Wochenende des 6. und 7. April 1968 in der Accademica dei Lincei, in Sichtweite der vatikanischen Engelsburg, treffen, befassen sich mit noch weiter reichenden Fragen. Aurelio Peccei, ehemals antifaschistischer Widerstandskämpfer und – noch – Chefmanager von Fiat, macht sich angesichts rohstoffintensiver Industrialisierung, industrieller Umweltvergiftung und der globalen Bevölkerungsexplosion ernsthaft Sorgen um die Zukunft der Menschheit. Er ist mit dem damaligen UN-Generalsekretär Sithu U Thant befreundet, wurde in Genf von Reden Dag Hammarskjölds[6] inspiriert und gehört zu jener Minderheit von Spitzenmanagern, die man als echte Humanisten und Weltbürger bezeichnen darf. Zur Finanzierung humanistischer und kosmopolitischer Projekte nutzt er die Mittel von Fiat, verwendet aber auch Teile seines Privatvermögens. In diesen Apriltagen hat er dreißig gesellschaftskritische Wissenschaftler der verschiedensten Fachgebiete nach Rom eingeladen – nicht um Weltprobleme mit ihnen zu diskutieren, sondern um wissenschaftliche Handlungsmöglichkeiten. Die dort versammelten Akademiker werden an diesem Wochenende die ersten Gründungsmitglieder des neuen Club of Rome, dessen maximale Mitgliederstärke später auf 100 Wissenschaftler begrenzt wird.

Vier Jahre später, 1972, versetzen sie dem fanatisierten Glauben an einen ›ewigen‹ hochindustrialisierten und marktwirtschaftlichen Fortschritt mit der Veröffentlichung der Studie *Die Grenzen des Wachstums* eine Art ›Zukunftsschock‹. Geschickt im Jahr der ersten UNO-Umweltkonferenz in Stockholm platziert und nachhaltig unterstrichen durch die sich anbahnende Verknappung der Rohöl-Lieferungen – eine Art Machtdemonstration des OPEC-Kartells der Erdölfördernden Staaten gegenüber den westlichen Industrienationen –, war dieser erste Bericht an den Club of Rome ein Frontalangriff auf bedenkenlosen Industrialismus und hemmungslosen Konsumismus. Das Buch ist in einer allgemeinverständlichen wissenschaftlichen Sprache abgefasst und seine Hochrechnung der Daten von Bevölkerungswachstum, Rohstoff- und Energieverbrauch, technologischen Nebenwirkungen, Abfall- und Abwärmeproduktion, Umweltverschmutzung und Bodenerosion (Wüstenbildung) beruhen u.a. auf einer für die damalige Zeit revolutionären Computersimulation am renommierten Massachusetts Institut of Technologie.

Kurzum, Aurelio Peccei und seine Mitstreiter hatten alles dafür getan, um den Jüngern des steten industriellen Wirtschaftswachstums (immer höher, immer schneller, immer mehr) den Wind aus den Segeln zu nehmen. Die Studie wurden zum umstrittenen Bestseller in über zwanzig Sprachen der Welt. Ihre Kernaussage war, dass wir mittlerweile auf einem kleinen Planeten leben, dessen Rohstoffreserve und Bodenfruchtbarkeit erschöpfbar ist, dessen Biosphäre nur begrenzt mit Industrie- und Autoabgasen, Chemikalien und Kunststoffmüll belastbar ist, und auf dessen bewohnbarer Fläche nur eine begrenzte Anzahl von Menschen menschenwürdig wird leben können. Tatsachen, die einem halbwegs global denkenden Menschen schon zuvor bewusst sein konnten. Tatsachen aber auch, die aus psychologischen Gründen einer technologiebesessenen Konsumgesellschaft erst mittels der High-Tech-Magie von Computer-Hochrechnungen und dem quasi-priesterlichen Machtwort eines hochkarätigen Professorenkreises plausibel gemacht werden mussten.

Vielleicht hätten die Massenmedien und Menschenmassen diese Erkenntnis auch wieder weitgehend ignoriert, wenn der

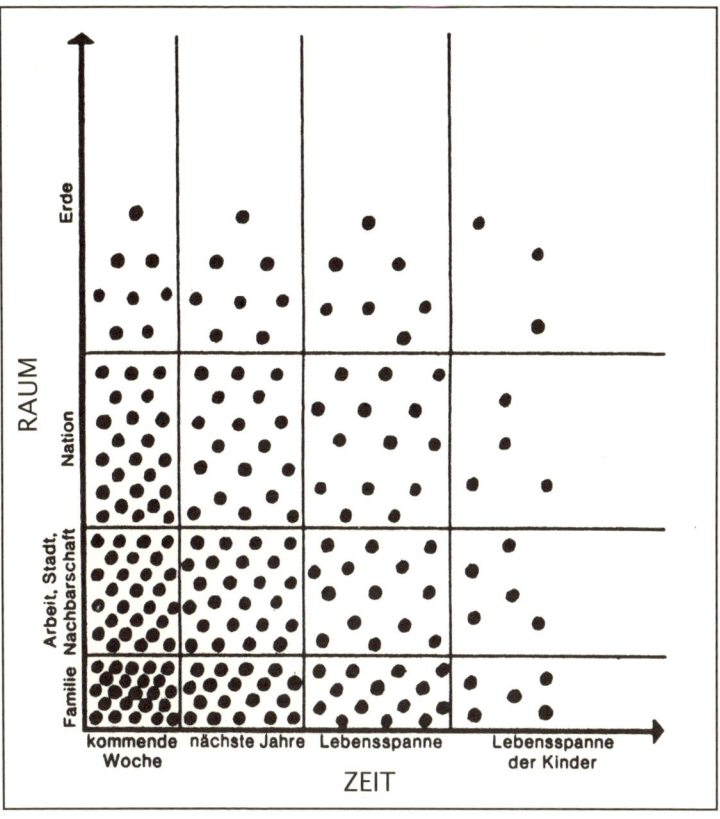

Die durchschnittliche Verteilung von Bewusstsein und Verantwortungsgefühl. Die wenigsten Menschen haben die ganze Erdengemeinschaft und die Lebensspanne der nächsten Generation im Blick.

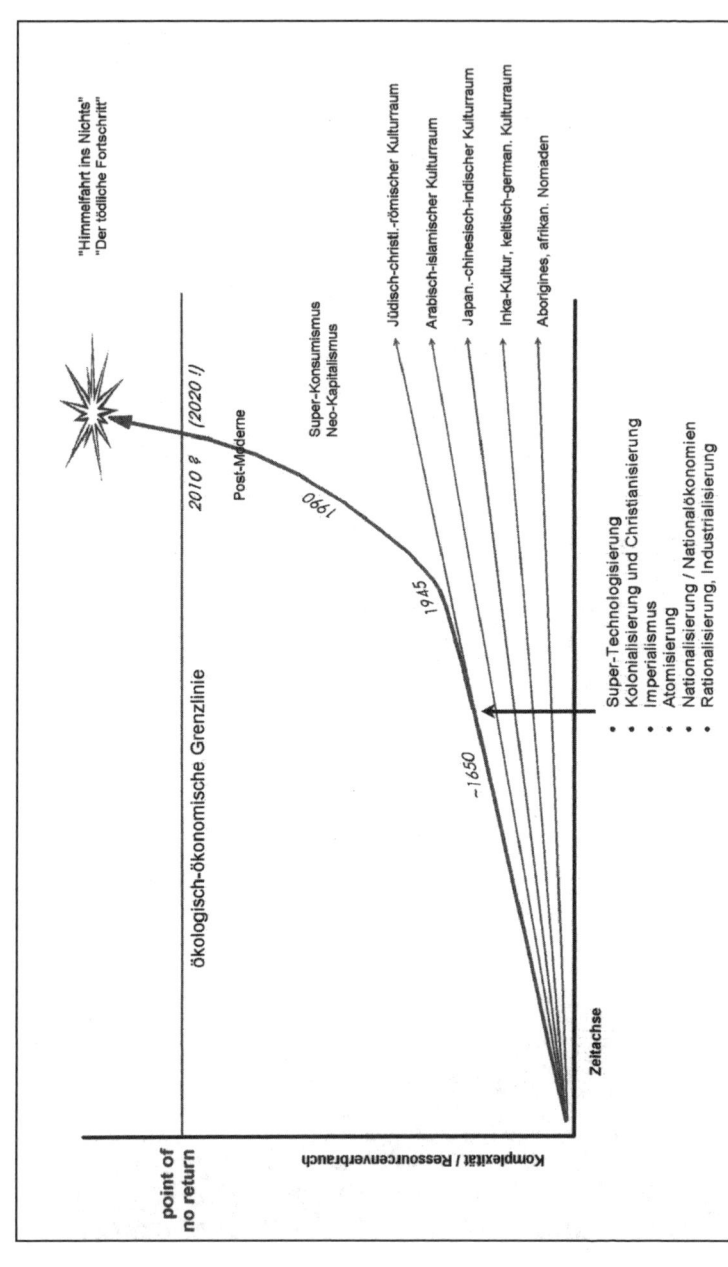

Exponentielles Wirtschaftswachstum: Die Globalisierungskrise ist auch eine Beschleunigungskrise – sie führt uns an die Schwelle des kollektiven Todes wie auch der globalen Selbsterkenntnis.

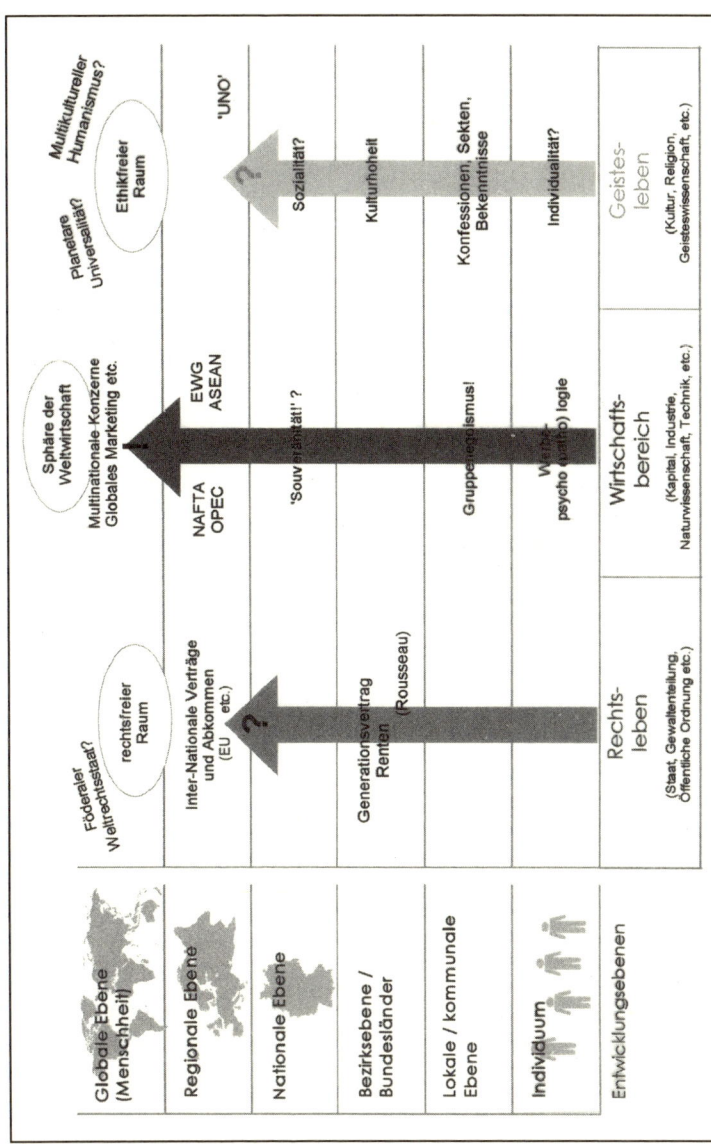

Stand der zivilisatorischen Entwicklung

globale Zusammenbruch erst für das Jahr 2222 vorausgesagt worden wäre. Die Computerberechnungen ergeben aber infolge der Hochrechnung von exponentiellen Wachstumskurven (siehe vorhergehende Skizzen) einen Systemzusammenbruch innerhalb von ein bis zwei Generationen. Die Daten von 1970 zugrunde gelegt, würde die jetzige Industriegesellschaft zwischen dem Jahr 2000 und 2020 in sich zusammenbrechen.

Die Grenzen des Wahnsinns – Exponentielles ›Wachstum‹

Jahrtausende lebten die Ackerbau- und Nomadenvölker im ruhigen Rhythmus der Natur. Sie richteten sich nach den Gezeiten, in denen die Flüsse fruchtbaren Schlamm anschwemmten. Sie richteten sich nach dem Jahreszeitenlauf von Frühjahrsaussaat und Ernten bis in den Spätherbst. Sie lebten mit den Regenfällen und mit dem Wärmestrom. Im Winter gab es die Früchte des Sommers. Rationiert. Sparsam. Unbeherrschter Konsum zog Hunger nach sich. Man ging schlafen, wenn es dunkel wurde. Morgens weckten einen die ersten Sonnenstrahlen und das Anschwellen der Tierlaute. Man wanderte auf seinen nackten Fußsohlen oder mit leichten Mokassins über die Erde. Sicher, es gab Ernteausfälle und Hungerwinter, seltener Überfälle fremder Stämme und Naturkatastrophen. Und dennoch verlief das Leben der meisten Menschen in einem ruhigen und gewohnten Fluss. Zwar nicht mehr rein zyklisch wie noch bei den Naturvölkern, aber Veränderungen geschahen langsam und linear.

Dann wurde alles anders. Zuerst schrittweise, fast unmerklich, sich aber immer mehr beschleunigend. Eroberungsfeldzüge. Reiterheere. Radkultur. Streitwagen. Städtebau. Bergbau. Dampfmaschinen. Benzinmotoren. Hochseeflotten. Maschinengewehre. Kolonialreiche. Künstliche Elektrizität. Eisenbahnen. Flugzeuge. Fließbandarbeit. Massenproduktion. Industriearbeiterschaft. Landwirtschaftsmaschinen. Kühlschränke. Kaufhäuser. Massentierhaltung. Schlachthöfe. Automobile. Kriegswirtschaft. Durchtanzte Disconächte. Konsumwirtschaft. Werbung. Elektroherde. Waschmaschinen. Fernsehgeräte. Geschirrspülmaschinen. Computer. Atomkraftwerke. Mikrowellenöfen. Drogenkonsum. Massentourismus. Fortschritt ohne sichtbares Ende. Fortschritt ohne Grenzen?

Es gibt in Bharat (Indien), dem Ursprungsland der Lotusblüte und der 64 Felder des Schachbrettes, ein Rätsel: In einem schlammigen, fischfreien Gartenteich von 64 m² wird auf einem Quadratmeter eine Seerosenkultur angesiedelt. Jedes Jahr verdoppelt sich ihre Population. Wann ist der Seerosenteich halb voll? Wann ist er ganz voller Seerosen? Hier eine moderne Variante des Rätsels: In einer Schale mit 64 ml Nährlösung wird ein Milliliter einer Bakterienkultur angesiedelt. Jeden Tag verdoppeln sich die Bakterien, indem sie eine entsprechende Menge an Nährlösung dafür verbrauchen. Auf der Hälfte (32 m²) des Teiches schwimmen am Ende des 6. Jahres schöne bunte Seerosen. In der Hälfte der Schale (32 ml) tummeln sich am Ende des 6. Tages Bakterien. Am Ende des 7. Jahres bedecken die Seerosen plötzlich den ganzen Teich. Am Ende des 7. Tages ist die Schale gänzlich von

Seerosenteich

Bakterien besiedelt. Im 8. Jahr beginnt das rapide Sterben der Seerosenmonokultur. Am 8. Tag sind die Bakterien mangels Nahrung und an ihren eigenen Stoffwechselgiften eingegangen. Im 8. Jahr bzw. am 8. Tag schweigen die erfolgreichen Geschöpfe. Die letzte Verdoppelung (1-2-4-8-16-32-64) war ein Schritt zuviel.

Die Globalisierungskrise ist auch eine Beschleunigungskrise. Der tanzende Shiva beschleunigt den Verlauf der Zeit. Und die Menschen geraten unter den Druck der sich beschleunigenden Zeit. Zeitgenossenschaft – zwischen Zeit-Not, Geschwindigkeits-Rausch, Kreislauf-Kollaps und ohnmächtiger Erschöpfung. Wir nähern uns als Menschheit dem Zeitpunkt der Entscheidung. Shiva tanzt. An der Schwelle.

Ende der 60er Jahre wuchs die Erdbevölkerung, damals etwa 3,6 Milliarden Menschen, jährlich um etwa 2,1 Prozent. Die exponentielle Verdoppelungszeit beträgt also etwa 33 Jahre. Innerhalb einer Generationsfolge verdoppelte sich die Erdbevölkerung auf etwa 7,2 Milliarden Menschen im Jahr 2000. Der Energieverbrauch verdoppelt sich jedoch (schwerpunktmäßig in der hochindustrialisierten Ersten Welt) alle zwanzig Jahre. Der Kunstdünger- und Pestizideinsatz verdoppelt sich etwa alle zehn Jahre. Und das Geldvermögen verdoppelt sich bei einer Verzinsung von 7% ebenfalls alle zehn Jahre. Währenddessen sinkt z.B. die Erdölreserve bei einer steigenden Verbrauchsrate von 3,9 % pro Jahr in 51 Jahren (gerechnet vom Ende der 60er Jahre also ca. 2020) Richtung Null. Kein Wunder, dass sich die USA als Hauptverbraucher die Erdölvorkommen im Irak sichern will. (Womit natürlich die Zerstörungsrate durch kriegerische Konflikt beschleunigt ansteigt …)

Rechnet man die wichtigsten Faktoren, inklusive Anstieg der psychischen Belastung und der psychosomatischen Erkrankungen, zusammen und berücksichtigt die wechselseitige Beeinflussung, dann kommt man etwa alle elf Jahre auf eine Verdoppelung der Gesamtbelastung von Menschheit und Biosphäre Erde durch die Summe der verschiedenen Entwicklungen. In etwa 66 Jahren, von 1967 an gerechnet, würden wir den bis dahin schrittweisen Totalzusammenbruch der menschlichen Zivilisation erleben – vorausgesetzt, es kommt nicht zu einer radikalen Prozessverlangsamung.

Es kommen härtere Tage, wir leben alle an der Schwelle, mit geliehener Zeit, bewusst oder unbewusst unserer Sterblichkeit. Schaltjahre der Verdoppelung der globalen Krise im 11-jährigen Rhythmus:

1 (ab 1967): Das globale Gefährdungsbewusstsein beginnt zu erwachen, wird zunächst aber noch von den aktuellen Themen der 68er-Bewegung in den Schatten gestellt. 1971 wird der Erdölpreis an den Dollar gebunden, dafür wird die Golddeckung des Dollar aufgehoben. Die Erdöl-Krise 1973/74 wirkt schockartig und fördert die Diskussion der Grenzen des Wachstums ...

2 (ab 1978): Das Jahrzehnt des Afghanistan-Krieges der UdSSR, der US-amerikanischen Hochrüstung (u.a. Star Wars-Programm), des 1. Golfkrieges Irak gegen Iran.

4 (ab 1989): Das Jahrzehnt des Zusammenbruchs der UdSSR, Wiedervereinigung Deutschlands, Verstärkung der Europäischen Union, 2. Golfkrieg USA gegen Irak.

8 (ab 2000): Das Jahrzehnt des Euro, des weltweiten Anti-Terror-Krieges, 3. Golfkrieg USA/GB gegen Irak; Neoliberalismus, Abbau des Sozialstaates, WTO gegen UNO.

16 (ab 2011): Das Jahrzehnt des Rentenversicherungs-Konkurses, des Sozialnotstandes, der weltweiten Bürgerkriege, des endgültigen Zusammenbruchs der alten UNO?

32 (ab 2022): Das Jahrzehnt der ersten offiziellen Weltnotstandsregierung?

64 (ab 2033): Das Jahrzehnt der Metanoia? der Weltbürger-Reevolution?

Wir werden im folgenden Kapitel noch auf die Zukunftsperspektiven, die sich aus diesen Berechnungen ergeben, zurückkommen.

Jahr 2022 – Die überleben wollen

> So kann es nicht die Aufgabe des Schriftstellers sein,
> den Schmerz zu leugnen, seine Spuren zu
> verwischen, über ihn hinwegzutäuschen.
> Er muss ihn, im Gegenteil, wahrhaben
> und noch einmal, damit wir sehen
> können, wahrmachen.
>
> Ingeborg Bachmann,
> *Die Wahrheit ist den Menschen zumutbar.*

Im Jahr 1966, zwei Jahre vor der Gründung des Club of Rome und sechs Jahre bevor *Die Grenzen des Wachstums* die Bestsellerlisten eroberte, erschien in den USA der Roman *Make Room! Make Room!* (dtsch. 1969 unter dem Titel: *New York 1999*).

Der Autor Harry Harrison beschreibt darin exemplarisch das Leben in der für 1999 auf 35 Millionen Einwohner hochgerechneten Megastadt New York, inmitten einer total überbevölkerten, teilweise ökologisch verwüsteten und ökonomisch stagnierenden Welt. Die wissenschaftliche Erzählung (Science Fiction) beginnt mit der Überschrift: »Montag, 9. August 1999«. Im nonfiktionalen Kalender unserer Welt war der 11. August 1999 der Tag einer totalen Sonnenfinsternis. Da eine der beiden zentralen Personen, ein sozial empfindsamer und humanistisch gebildeter Pensionär, den Namen Sol (lat. für Sonne) trägt, ist eventuell das Datum vom Autor bewusst gewählt worden. Falls nicht, so wäre dies einer jener präkognitiven Glücksgriffe, zu denen kreative Menschen unbewusst fähig sind.

Der Roman wurde 1973 von Richard Fleischer unter dem Kinotitel *Soylent Green* verfilmt. (Die deutsche Fassung hieß *2022 – die überleben wollen*.) Der Drehbuchschreiber Stanley Greenberg verlegte die Handlung von 1999 ins Jahr 2022, dem letzten Jahrzehnt der Zeitspanne, die der Club of Rome für den schrittweisen Zusammenbruch unseres jetzigen Konsum- und Sozialsystems berechnet hat. Szenen, die wir heute bereits aus den Megastädten der ›Dritten Welt‹ zu kennen glauben, sind 2022 auch in der ehemaligen ›Ersten Welt‹ für fast 80% der Bevölkerung zum Alltag geworden. Die Massentierhaltung ist größtenteils abgeschafft, da es verbrecherisch wurde, über zehn Kilogramm Getreide oder Soja zu verfüttern, um ein Kilo Rindfleisch zu erzeugen. Es gibt nur noch wenige Nutztiere. Die Preise für echtes Fleisch und andere Naturprodukte (z.B. ein Glas echte Erdbeermarmelade für 300 Dollar) sind nur für die wenigen Reichen bezahlbar. Der allgemeine Autoverkehr ist zusammengebrochen. Viele Menschen, die Job und Wohnraum verloren haben, leben in Autowracks. Der tägliche Kampf an den öffentlichen Trinkwasserstellen in den sommerlich ausgetrockneten Megastädten kann nur noch durch polizeistaatliche Mittel geordnet werden. Viele Frauen und Mädchen müssen sich für das Überleben ihrer Familien prostituieren.

Soylent Green –
»Dies ist mein Leib, nehmet und esset alle davon«

> Die Wahrheit nämlich ist dem Menschen zumutbar.
> Wer könnte besser bezeugen, dass unsere Kraft weiter reicht
> als unser Unglück, dass man, um vieles beraubt,
> sich zu erheben weiß, dass man enttäuscht, und
> das heißt, ohne Täuschung, zu leben vermag.
>
> Ingeborg Bachmann,
> *Die Wahrheit ist dem Menschen zumutbar.*

Die Soylent Green Company ist einer der im globalen Konkurrenzkampf übrig gebliebenen Multinationalen Weltkonzerne mit fast diktatorischer Marktmacht. Da auch der Anbau von Sojabohnen und Getreide unter den erschwerten klimatischen, agrarchemischen und versorgungstechnischen Bedingungen (bei abnehmender Bodenfruchtbarkeit) immer problematischer wird, entwickelt die Firma Kekse und Pasteten aus grünen Algen. Das sojaähnliche Produkt Soylent Green ist in der Herstellung billig genug, sodass es an die bedürftige Bevölkerung preisgünstig abgegeben werden kann. Durch diese mittels Geschmacksstoffen aufbereitete Billignahrung können größere Hungeraufstände vermieden werden.

Als einer der Direktoren des Soylent Green Konzerns ermordet wird, sucht der Kriminalbeamte Thorn (dtsch. Dorn bzw. Stachel), gespielt von Charlton Heston, nach den Auftragskillern. Dabei wird er von der zweiten Hauptperson Sol, im Film virtuos dargestellt von Edward Robinson, bei seinen Recherchen unterstützt. Der über 70-jährige Sol, in seinen jungen Jahren als wissenschaftlicher Bibliothekar arbeitend (bis der Bildungsnotstand die Analphabetenrate explodieren ließ), findet in einem vergessenen Archiv der alten und verstaubten New Yorker Zentralbibliothek kritische Presseartikel und Justizunterlagen über die Vergangenheit des Soylent Green Konzerns. Bei der Sichtung des Materials, wobei ihm einige ältere und fast konspirativ arbeitende Bibliothekarinnen behilflich sind, stößt er auf das dunkle Geheimnis von Soylent Green.

Die Erkenntnis ergreift sein altersschwaches Herz und er beschließt, diese Welt zu verlassen. Infolge von Überbevölkerung und Massenarbeitslosigkeit wird 2022 der Freitod in staatlichen Sterbekliniken propagiert. – Eine Tendenz, die sich schon heute andeutet und nicht nur in der Diskussion um aktive Sterbehilfe für schwerkranke Menschen. Einer Presseagenturmeldung mit der Überschrift »Empörung über Sparidee«, die in der ersten Juniwoche 2003 verbreitet wurde, konnte man entnehmen, dass Fachgremien aus Professoren »ärztliche Leistungen für Alte beschränken wollen«. Die ARD-Sendung REPORT zitierte u.a. zwei so genannte Fachleute, den Wirtschaftsprofessor Friedrich Breyer und den katholischen Theologieprofessor Joachim Wiemeyer[7], die für eine Altersgrenze von maximal 75 Jahren bei der medizinischen Behandlung von Dialysepatienten sowie von Herz- und Krebserkrankungen plädierten, um die Kosten der staatlichen Krankenversicherung zu reduzieren. Nach Meinung

der beteiligten Fachleute müssten »medizinische Leistungen
vor allen Dingen für Jüngere« bereitgestellt werden. Die Frage blieb offen, wie weit diese Altersgrenze je nach Ansteigen
der Staatsverschuldung und mit der altersbedingten Abnahme
der Arbeitskraft nach unten absenkbar sei. Der Präsident der
Bundesärztekammer, Jörg-Dietrich Hoppe, kommentierte, dies
»erinnert an Euthanasie unter anderen Vorzeichen« und warnte
vor einem »Ökonomisierungswahn«.[8]

Der humanistisch gesinnte Sonnenmensch Sol begibt sich also in
eine der von der Wirtschaft gesponserten Sterbekliniken. Dort
wird er mit seinem fahrbaren Bett in eine Art Kinosaal gebracht.
Während eine Überdosis Schlafmittel ihn langsam aber sicher ins
Jenseits befördert, werden auf seinen Wunsch hin an Decke und
Wänden Filmbilder aus der Vergangenheit projiziert: Unberühr-
te Natur, frei lebende Tiere, Wasserfälle, blühende Blumen. Im
Saal freigesetzte Duftstoffe verstärken die Erinnerung an eine andere und bessere Welt. Sein Freund Thorn, der die Hinweise der
Recherche Sols nicht wahrhaben wollte, kommt, alarmiert von
einem Abschiedsbrief Sols, in die Sterbeklinik. Zu spät. Er sieht
gerade noch durch ein Panoramaglasfenster, wie Sol entschläft.
    Thorn wird nun, motiviert durch das Opfer Sols, zum Sta-
chel im Fleisch des Systems. Er überschreitet eine vom System
tabuisierte Grenze und verfolgt auf dem Dach eines Müllwagens
den nächtlichen Weg des Leichnams seines Freundes in eine
militärisch bewachte Verbrennungsanlage. Dort entdeckt er das
Geheimnis von Soylent Green: Die vermeintliche Verbrennungsanlage ist in Wahrheit eine vollautomatische Fabrik zur Verarbei-
tung von Menschenfleisch. (Assoziationen zur Tötungsmaschi-
nerie von Auschwitz tauchen auf.) Thorn wird entdeckt, kann
aber vom Gelände flüchten. Als er nach einer Verfolgungsjagd,
bei der er den Chef des konzerneigenen Killerkommandos in der
St. John's Kathedrale(!) tötet, schwer verletzt von seinen Polizei-
kollegen und den Sanitätern geborgen wird, endet der Film mit
seinem Aufruf: »Erzählt es allen – Soylent Green ist aus Menschenfleisch gemacht!«

NS- und US-Raubtier-Kapitalismus ...

> Die Frage wird sein –
> ein Mittagessen zu haben oder
> ein Mittagessen zu sein.
>
> *John Gage*

Als Finanzanalyst bei der Investmentbank Warburg Dillon Read in der City von London berät der 30-jährige Russ Mould die Manager internationaler Rentenfonds über die Geschehnisse auf dem Markt der Technologieaktien. Interviewt von *New World*, dem Kundenmagazin des Siemens-Konzerns (Ausgabe 1/99), über die sozialen Folgen von Fusionen, Rationalisierungsmaßnahmen und unfreundlichen Firmenübernahmen durch den Aufkauf von Aktienmehrheiten via Strohmänner, lässt Mould, ohne es selbst zu ahnen, tief in die (wahnsinnig) ›erfolgreiche‹ Seelenstruktur seiner Branche blicken.

»Für mich kommt es zu allererst darauf an, mit meinen Kursprognosen Recht zu behalten, damit meine Kunden Gewinne erzielen können. (...) Sicher, abends im Pub denke ich schon einmal darüber nach. Aber in unserem Haus käme es kaum jemandem in den Sinn, über die sozialen Folgen nachzudenken, die eine Entlassung von 40.000 Menschen nach sich zieht.«

Diese Mentalität war auch repräsentativ für viele, die in den Zwillingswolkenkratzern des World Trade Centers arbeiteten. Zehntausende Menschen über Nacht durch eine Entscheidung zur Gewinnmaximierung ins finanzielle, soziale und existenzielle Elend zu senden, hat Tradition im internationalen Bankwesen. Wenn es der Herrschaftsstrategie entspricht, werden auch Diktaturen gern finanziert und Hunderttausende von Toten in Kauf genommen. Max Warburg vermittelte 1929, als Beauftragter der New Yorker Bankhäuser Kuhn, Loeb & Co. sowie Dillon & Read, bei einem Treffen im Berliner Hotel Adlon mit Hilter und dem Industriellensohn Göring einen Wahlkampfkredit von 128

Millionen Reichsmark an die NSDAP. Im Wahljahr 1932 wurde die Nationalsozialistische Deutsche Arbeiterpartei mit 230 Mandaten die stärkste Fraktion im Reichstag – nicht zuletzt dank der Wahlkampfgelder deutscher Industrieller (u.a. I.G. Farben) und US-amerikanischen Großbanken.

Köln, Bank- und Privathaus Kurt von Schroeder, 4. Januar 1933
Anfang Januar besuchte John Foster Dulles, der spätere US-Außenminister (von 1953-59) und Gegenspieler von UN-Generalsekretär Dag Hammarskjöld, im Auftrag eines US-amerikanischen Konsortiums aus Banken, großen Handelsfirmen und Erdölgesellschaften[9] das Bankhaus des Baron Kurt von Schroeder in Köln. Dort trifft er sich mit dem päpstlichen Kammerherrn Franz von Papen, einem Parteifreund und Glaubensgenossen Konrad Adenauers, welcher damals noch für die bürgerlich-katholische Zentrumspartei Oberbürgermeister von Köln war. An dem Treffen nehmen u.a. auch der Großindustrielle und Pressemonopolist Alfred Hugenberg (eine Art Axel Cäsar Springer der Weimarer Republik) sowie Adolf Hitler teil. Zentrales Thema des Treffens ist die Zeichnung deutscher Staatsanleihen durch dieses Konsortium – nach der Bildung einer neuen Regierung durch Papen, Hitler und Hugenberg. Letzterer ist auch noch Vorsitzender der von ihm mitfinanzierten Deutschnationalen Volkspartei. Mittels dieser Staatsanleihen könnte die kommende Regierung einen ganz neuen wirtschaftlichen Handlungsspielraum gewinnen. Man wird sich schnell handelseinig.

Berlin, Reichskanzlei, 30. Januar 1933
An diesem Tag beruft der senile Reichspräsident Hindenburg, ein ehemaliger Feldmarschall, den Gefreiten Adolf Hitler zum Reichskanzler. Franz von Papen wird Vizekanzler und Alfred Hugenberg Wirtschaftsminister. Nach der demokratisch legitimierten Machtergreifung gewährt das US-amerikanische Konsortium der Regierung Hitler Staatsanleihen im Wert von einer Milliarde Dollar. Hugenberg gibt, nicht ganz freiwillig, im Juni 1933 sein Amt als Wirtschaftsminister auf. Papen schei-

det im Juni 1934, auf Druck der Nazis, als Vizekanzler aus der Regierung aus. Er überlebt die NS-Zeit zuletzt als deutscher Botschafter in der Türkei und wird im Nürnberger Kriegsverbrecherprozess freigesprochen. Der Bankier Kurt von Schroeder, in dessen Kölner Residenz der Pakt zwischen Hochfinanz und Nationalsozialismus geschlossen wurde, wird NSDAP-Mitglied und SS-Brigadeführer. Er hat weniger Glück als von Papen.

Die US-amerikanische Hochfinanz hoffte durch den Teufelspakt mit Hitler die Kommunisten in Deutschland von der Macht fernzuhalten, einen potentiellen NS-Frontstaat gegen den langsam außer Kontrolle geratenen Bolschewismus in der Sowjetunion aufzubauen (den sie anfänglich ebenfalls finanziert hatte), die französische Bankenkonkurrenz in Schach zu halten, die US-amerikanischen Investitionen in Europa zu sichern und die Rezession im eigenen Land durch Aktivierung der Kriegswirtschaft zu überwinden. Zunächst erwies sich Hitler auch kooperationsbereit. Im Rahmen des so genannten Röhmputsches von 1934 schaltete er durch die SS die stark antikapitalistisch und sozialistisch geprägte SA unter Georg Strasser aus. Nach und nach wanderten auch immer mehr Kommunisten und Sozialisten in die Konzentrationslager. Bei diesem Pakt, ergänzt durch den Segen von Papst Pius XI, dem Bundesgenossen von Mussolinis Schwarzhemd-Faschisten, darf man sich fragen, welcher der Beteiligten der größere Teufel gewesen ist?

Berlin, Reichstag, 27. Februar 1933
Schon bald nach der Wahl Hitlers zum Reichskanzler wurden die Feuerteufel tätig. Bevor die wirtschaftspolitische Schwäche der Regierung Hitler Konsequenzen nach sich ziehen konnte, brannte in der Nacht des 27. Februar 1933 das Reichstagsgebäude. Der Terrorangriff auf den Reichstag wurde den Kommunisten unterschoben und legitimierte die nachfolgenden »Ermächtigungsgesetze«, die dem Reichskanzler Adolf Hitler den Status eines außerparlamentarischen Alleinherrschers verschafften. Die schon vorbereiteten »Ermächtigungsgesetze« wurden von den meisten der durch den Brand zeitweilig obdachlosen Reichstags-

abgeordneten genauso wenig gelesen bzw. in ihrer totalitären Konsequenz verstanden wie der sehr schnell nach dem 11. September in das US-Abgeordnetenhaus eingebrachte »Patriot Act« (Patriotisches Sicherheits-Gesetz).

Dazu, stellvertretend für viele Kritiker, der SPIEGEL (Online 3.3.2003): »Kaum einer der Volksvertreter hatte das 345 Seiten umfassende Dokument gelesen, das nach nur kurzer Debatte tief in der Nacht mit überwältigender Mehrheit angenommen wurde. Die Folge: Die Befugnisse des Staates, seine Bürger zu überwachen und auszuspionieren, wurden dramatisch ausgeweitet.«

Kurze Debatten dienen nicht der demokratischen Bewusstseinsbildung. Nachts hat der Mensch ein Bedürfnis zu schlafen. Spät nachts fanden auch die Parteitagsreden Hitlers auf dem Nürnberger Marsfeld statt. Abstimmungen in der Tiefe der Nacht sind Tiefschlafphasen-Abstimmungen. Sie geschehen zumeist aus dem schläfrigen Unbewussten (Doppelgänger) heraus und selten nur mit einer wachen und vollbewussten Ich-Qualität. Auch pharmazeutische Wachmacher oder emotionale Aufputschmittel betäuben die feineren Ich-Funktionen der Gewissensbildung.

Die Regierung George W. Bush, durch Wahlmanipulationen im Bundesstaat seines Bruders Jeb Bush (ein zukünftiger Präsidentschaftskandidat?) und durch eine Art juristischen Staatsstreich des von republikanischen Richtern dominierten Obersten Gerichtshofes an die Macht gekommen, hält noch eine Steigerung des Totalitären in der Schublade bereit. Mit der Stimme des Bürgerrechtlers Kyle Hence von der Bürgerrechtsorganisation (www.unansweredquestions.org) gesprochen: »Der neue Domestic Security Enhancement Act lässt den alten [Patriot Act] aussehen wie ein Kinderspiel. (...) Jetzt reicht es, wenn sie sagen: Wir verdächtigen Sie! Und dann können sie Sie ohne Anwalt wegsperren und ohne dass sie überhaupt eine Anklage vorbringen. Damit wird die Verfassung aus dem Fenster geworfen.«

Damit würden sich die gesamten USA in einen potentiell rechtsfreien Raum verwandeln, wofür das neueingerichtete Straflager
Guantanamo, manche Kritiker sprechen auch von der Vorstufe zu
einem KZ, dann nur ein modellhaftes Vorspiel gewesen wäre.[10]

Gefangenencamp in Guantanamo

Das Streben nach Weltmacht macht besessen. Dabei spielt es
keine Rolle, ob diese oftmals paranoide Machtbesessenheit sich
kapitalistisch, national-sozialistisch oder römisch-katholisch
ummäntelt. Das Prinzip der Maximierung von Gewinn (sei es
Finanzkapital, Wählerstimmen oder Glaubensanhänger), von
Weltmacht und Marktmacht frisst zuerst die Seele der von ihm
Besessenen auf und verzehrt danach in Ausübung seiner Herrschaft Menschenblut und Menschenfleisch.[11] In diesem Sinne
sind auch der heutige so genannte Neoliberalismus und die freie
Marktwirtschaft letztlich nur Decknamen für Sozialdarwinismus
und Kannibalismus. Man nehme den hemmungslosen Industrialismus und Technologiewahn des NS-Regimes wahr, das im
Kampf um »Lebensraum«-Anteile seine Konkurrenten ausrot-
tete, geradeso wie manche Manager heute ebenfalls im Kampf

DER DRAHTZIEHER

Kopf- u. Handarbeiter wählt:
Völkischen Block

Die Nazis arbeiteten mit der Angst der Menschen vor dem Manchester-Kapitalismus, welcher total vereinseitigt nur auf jüdische Fabrikherren projiziert wurde.

um Marktanteile ihre Konkurrenten in Marketingfeldzügen überrollen, aufkaufen oder via Konkurs auslöschen. Berüchtigt sind in der Elektronikbranche die Aussprüche des Oracel-Gründers Larry Ellsion, der seine Manager wie Samuraikrieger schult und ihnen mit Blick auf die Konkurrenz permanent suggeriert: »Tötet sie, eliminiert sie, rottet sie aus!«

Die Zwangsarbeiter und KZ-Häftlinge im Dritten Reich mussten sich in dessen Waffenproduktionsstätten und Lagern zu Tode arbeiten. Wer nicht mehr arbeitsfähig war, wurde zu Industrieseife verarbeitet oder in den Hochöfen verbrannt. Der nekrophile und sadistische Spruch an den gusseisernen KZ-Toren, »Arbeit macht frei«, könnte so aber auch an den Werkstoren der Stahlfabriken des Frühkapitalismus eingehämmert gewesen sein.

... made in Manchester

Tags umsonst die Knechte lärmten,
Hack und Schaufel, Schlag um Schlag;
Wo die Flämmchen nächtig schwärmten,
Stand ein Damm den andern Tag.
Menschenopfer mussten bluten,
Nachts erscholl des Jammers Qual;
Meerab flossen Feuergluten,
Morgens war es ein Kanal.

Goethe, *Faust, II. Teil*

Die ersten 33 Jahre des 19. Jahrhunderts. Innerhalb einer Generation durchlebt England die erste Industrielle Revolution. Stahlhochöfen und Dampfmaschinen. Massenproduktion und menschliche Fließbandarbeit. Manchester, vormals ein kleines Städtchen im Nordwesten Englands, wird zur Hauptstadt der englischen Baumwollindustrie sowie des Maschinen- und Eisenbahnbaus. Nur noch 35 Prozent der ländlichen Bevölkerung finden Arbeit in der sich mechanisierenden Landwirtschaft. Eine gigantische Landflucht der arbeitslosen Bauernsöhne und -töchter in die schnell wachsenden Industriestädte setzt ein. Innerhalb einer Generation explodiert die Bevölkerung Manchesters von 77.000 auf 336.000 Einwohner. Es entsteht eine neue Klasse, die moderne Industriearbeiterschaft.

Männer, Frauen und Kinder arbeiten bis zu 16 Stunden an 6 Werktagen in der Woche. Manchmal auch noch am Sonntag. Oftmals in Akkordarbeit. Zumeist ohne nennenswerte ›Mittagspause‹, ein Begriff der in seiner heutigen Bedeutung erst später, im Zeitalter der Gewerkschaften, entstand. Eine Sozialversicherung gab es noch nicht. Wer arbeitslos, krank oder durch Unfall invalide wurde, war auf Almosen angewiesen, auf die Mitarbeit seiner Kinder in den Bergbaugruben, auf Prostitution seiner Frau oder auf einen schnellen und gnädigen Tod.

Die Menschen hatten sich an den Takt der Maschinen anzupassen. Die Maschinen liefen fast immer. Die Hochöfen der Stahlproduktion brannten beständig. In den damaligen Arbeiterfamilien lebten bis zu 16 Personen in einem Zimmer, mit ihrer eigenen Körperwärme als Heizung in den Wintermonaten. Der so genannte Manchester-Frühkapitalismus war aus dem Schweiß, den Tränen und dem Blut der Arbeiter gemacht. Erst 1833 wurde staatlicherseits aufgrund des sozialen Engagements einiger Fabrikanten wie Robert Owen, gesellschaftskritischer Romanschriftsteller wie Charles Dickens und Politiker wie William Cobbett, Autor von *The Poor Man's Friend*, für Jugendliche unter 18 Jahren die Nachtarbeit untersagt und die wöchentliche Arbeitszeit für Kinder auf 48 Stunden beschränkt.

1815 verhängte die Regierung die Todesstrafe auf das Notwehrdelikt der Maschinenzerstörung. In Kontinentaleuropa kam es derweilen zu den Weberaufständen, da diese durch den Einsatz der neuen Webmaschinen zunehmend verelendeten. Auch auf dem Petersfeld (»Peterloo«) bei Manchester musste 1819 eine Arbeiterdemonstration niedergeschossen werden. Bauern, Arbeiter und der neue bürgerliche Mittelstand hatten bis 1832 kein Wahlrecht. Aber England schaffte als einzige unter den großen Nationen den Sprung über die Schwelle des Industriezeitalters – ohne Revolution und ohne Bürgerkrieg. Innenpolitisch kam es zu einem Bündnis zwischen konservativ-aristokratischen Kräften (*Tories*) und großen Teilen der Arbeiterschaft: Es entstand die Torydemokratie. Außenpolitisch wurde der innere Friede mit einer Zunahme an Kolonialismus und Imperialismus aus anderen Kontinenten finanziert.

Noch 1895 rechtfertigte der Diamantengroßhändler Cecil Rhodes, zeitweilig britischer Gouverneur in Südafrika und Gründer einer Geheimgesellschaft nach dem Muster des Jesuitenordens, in einem Brief an einen Freund die Ausbeutung der Welt mit der Aufrechterhaltung des sozialen Friedens in Großbritannien: »Ich war gestern im Ostende von London und besuchte (incognito) eine Arbeiterversammlung. Als ich nach den dort gehörten wilden Reden, die doch nur ein Schrei nach Brot waren, nach Hause ging, da war ich von der Wichtigkeit des Imperialismus mehr denn je überzeugt. Meine große Idee ist die Lösung des sozialen Problems; d.h. um die 40 Millionen Einwohner des Vereinigten Königreichs vor einem mörderischen Bürgerkrieg zu schützen, müssen wir Kolonialpolitiker neue Ländereien erschließen, um den Überschuss der Bevölkerung aufzunehmen, und um neue Absatzgebiete zu schaffen für die Waren, die wir in unseren Fabriken und Minen erzeugen. Das Empire, das habe ich stets gesagt, ist eine Magenfrage. Wenn Sie den Bürgerkrieg nicht wollen, müssen Sie Imperialist werden.«[12]

Die ideologische Grundlage der imperialen Außenfinanzierung des innenpolitischen Friedens und der dadurch entstehenden englischen Vorform des späteren Sozialstaates, war das Manchestertum. Diese Richtung des Wirtschaftsliberalismus setzte sich für einen internationalen und schrankenlosen Freihandel, für die Abschaffung aller Zölle und Warenbesteuerungen sowie gegen staatliche Eingriffe in die Wirtschafts-Freiheit ein. Kernpunkte ihrer Lehre: Die treibende Kraft in Wirtschaft und Gesellschaft sei der Egoismus des Einzelnen, insbesondere des Unternehmers und Freihändlers, der anonyme Mechanismus des Marktes würde sich selbst regeln. Richard Cobden, der Präsident der Handelskammer von Manchester, propagierte die Theorie des »trickle down effect« des Adam Smith, schottischer Steuereintreiber und zeitweilig Professor für Logik, sowie von David Ricardo, Bankierssohn und Börsenmakler. Diese Theorie besagt, dass ab einem bestimmten Sättigungsgrad der Kapitalanhäufung automatisch Teile des akkumulierten Kapitals auch an die unteren Gesellschaftsschichten »durchsickern« würde. Dies geschähe entweder durch Erhöhung der Löhne und Gehälter oder durch Wohltätigkeit und Spenden. Ein Blankoscheck auf die Zukunft?

Zu diesem zukünftigen Heilsversprechen des Manchester-Kapitalismus gesellte sich unglücklicherweise noch der missverstandene Utilitarismus eines John Stuart Mill, demnach alle Handlungen und Leistungen nach ihrer (in der späteren Praxis eher geschäftlichen als gesellschaftlichen) Nützlichkeit zu bewerten sind. Diese Maxime impliziert schon den Gedanken der Euthanasie des weniger Nützlichen oder gar des, im Sinne des wirtschaftlich-technologischen Materialismus, Unnützen und Überflüssigen. In einer zunehmend automatisierten Maschinenwelt, deren künftiges Internetgehirn auf der Basis der künstlichen Intelligenz funktioniert, der Verbindung von ehemals menschlichen Nervenzellen mit Computerchips, kontrolliert von neoliberalen Technokraten, wäre dieses überflüssige Element möglicherweise der Geist des Menschheitlichen und das höhere Ich, das *summum bonnum*, des Menschen. Wir stehen an der Schwelle. Der Kampf um die Seele des Menschen hat eine neue Stufe der Eskalation erreicht.

Nach dem NS-Staat: Soziale Marktwirtschaft als temporäre Maske

> Der Mensch ist ein Raubtier,
> das Raubtier ist die höchste Form
> des frei beweglichen Lebens;
> es lebt kämpfend, siegend, vernichtend.
> Das eigentliche Rassegefühl der Raubtiere
> ist der Hass.
>
> Oswald Spengler, *Der Untergang des Abendlandes.*

Es gibt in der Leidens- und Bewusstwerdungsgeschichte der Menschheit immer wieder Versuche des Bösen, des Totalitären und Antihumanen, die Menschheit zu versklaven. Einer der offensichtlichsten und gewalttätigsten dieser Versuche scheiterte 1945. Aber die Kräfte, darunter die Großindustriellen der I.G. Farben-Konzerngruppe (u.a. BASF, BAYER, HOECHST), die damals Hitler, Himmler und Konsorten mitfinanzierten, wirken weiter, haben die Farbe ihrer Verkleidung gewechselt und bedienen sich anderer Instrumente für ihre Weltherrschaftspläne.

Im März 1944 entstand in dem von der Reichsgruppe Industrie finanzierten Institut für Industrieforschung in Nürnberg die Studie »Kriegsfinanzierung und Schuldenkonsolidierung«, welche sich u.a. mit der Lösung der währungspolitischen Fragen *nach der Niederlage* befasste. Hauptautor dieser Studie und zugleich auch Institutsleiter war ein gewisser Ludwig Erhard, später Architekt der ›sozialen‹ Marktwirtschaft und »Vater des Wirtschaftswunders«. Drei Monate später, im Juni 1944, legte Erhard im Auftrag der deutschen Kapitalmächte ein ›Programm für die Bearbeitung wirtschaftlicher Nachkriegsprobleme vom Standpunkt der Industrie‹ vor.

Was waren die Grundgedanken von Studie und Programm, in denen noch davon ausgegangen wurde, dass Deutschland die Niederlage ohne dauerhafte Besetzung und mit einer eigenen, hitlerfreien Regierung überstehen würde?

1. Um Enteignungsversuche gegenüber der Privatwirtschaft zu verhindern und die dem NS-Staat gewährten Konzernkredite zu sichern, müssten die Staatsschulden des Dritten Reiches auf einen staatlichen Rechtsnachfolger übertragen werden, der dann auch eventuelle Reparationszahlungen zu leisten hätte.

2. Industrievermögen sollte, soweit möglich, in liquide Finanzmittel verwandelt und im Ausland zwischengelagert werden. Die nahe Schweiz, Spanien und Südamerika böten sich hierfür an.

3. Um sozialen Unruhen vorzubeugen, sollten die nach Kriegsende arbeitslosen Soldatenmassen sofort in den Aufbau einer Konsumwirtschaft integriert werden. Die Unternehmen sollten zur neuen Ordnungzelle des Staates werden.

4. Durch Anhebung des konsumwirtschaftlichen Masseneinkommens und damit der Steuereinnahmen sollten langsam die Kriegsschulden getilgt werden, sodass die Großindustrie nicht für Reparationszahlungen aufkommen müsse.

5. Das deutsche Finanzkapital sollte sich mit dem Kapital anderer Länder stärker verbinden, um eine internationale Interessengemeinschaft zu bilden.

Am 10. August 1944 kamen die führenden Vertreter deutscher Konzerne und Banken im Straßburger Luxushotel Maison Rouge zusammen. Der Vertreter des Thyssen-Konzerns, ein Herr Scheidt, erklärte laut einer später wieder aufgetauchten Protokollabschrift: »Jeder Industrielle muss Kontakt mit ausländischen Firmen aufnehmen und mit ihnen Verträge abschließen. (…) Weiterhin müssen Vorbereitungen für die Aufnahme beträchtlicher ausländischer Kredite für die Zeit nach Beendigung des Krieges getroffen werden.«[13]

Der Rüstungskonzern Thyssen war weltpolitisch gut beraten. Die internationale Verwaltung des Vermögens von Konzern-Chef Fritz Thyssen, der zu den frühen Förderern Hitlers NSDAP gehörte, übernahmen die Bankiers von Union Banking New York – an der Spitze W.A. Harriman und Prescott Bush, der Großvater von George Walker Bush. Auch ein Fritz Thyssen konnte später, dank der Geschäftsfreunde in den USA, als Kriegsgewinner sein blutbelastetes Vermögen ›entnazifizieren‹ lassen. Vorsorglich hatte er aus seinem Schweizer Domizil schon 1942 in den USA ein Buch mit dem Titel *I paid Hitler* verlegen lassen. In diesem taktischen PR-Machwerk distanziert der alte Fritz sich theatralisch von seiner »Jugendsünde, zeitweilig infolge einer Täuschung« die NSDAP finanziert zu haben.

Die deutschen Konzern- und Kapitalbesitzer, viele davon Mitglieder des SS-Ordens, waren nun bereit, sich ihren anglo-amerikanischen Kollegen unterzuordnen. Der Wolf frisst Kreide. Durch internationale Konzernverflechtungen und Kreditaufnahmen gaben sie der späteren Globalisierung der Wirtschaft (oder sollte nicht besser von einer Totalisierung der Welt-Wirtschaft gesprochen werden?) einen mächtigen Anstoß. Sie retteten damit ihre eigene Haut sowie ihren durch Kriegswirtschaft und Zwangsarbeiterschaft gesteigerten Kapitalbesitz. Und sie retteten noch etwas anderes mit hinüber in die neue Weltwirtschaft: einen dunklen Impuls, jenen Virus, der zeitweilig in der SS seinen Wirtskörper gefunden hatte und nun auf der Suche nach einem neuen Wirt war.

Im Dezember 1944 verhandelten Repräsentanten des I.G. Farben-Konzerns mit Vertretern der US-Konzerne Standard Oil (heute Exxon) und Du Pont (Chemische Industrie) über Firmenbeteiligungen und Kredite in Lissabon. Die Firma General Motors, die dem Nazi-Regime in den 30 Jahren für die Wehrmacht den Opel Blitz lieferte, wurde damals von dem US-Nazi Irenee DuPont geleitet. Im Januar 1945 bat der Vorstand des Telefunken-Konzerns das Reichswirtschaftsministerium (RWM), die Verlängerung seines Kartellvertrages mit der Radio Corporation of America zu bewilligen. Hierbei ist der RWM-Unterstaatssekretär Otto Ohlendorf behilflich. Er ist zugleich Volkswirtschaftler, Chef des Sicherheitsdienstes Inland und als SS-Brigadenführer ein enger Mitarbeiter Heinrich Himmlers. Zu einer Zeit, in der Menschen wegen Wehrkraftzersetzung und Fahnenflucht hingerichtet wurden, hatten die Industriellen und Bankiers mächtige Freunde, die schützend ihre schwarze Hand über deren Aktivitäten hielten. Der SS-Orden hatte mittels verschiedener Tarnorganisationen und Sympathisantengruppen seine krebsartigen Tentakel schon längst in alle Welt ausgestreckt. Nun bereitete man die Aussaat der SS-Metastasen für die Zeit nach dem Zusammenbruch des NS-Muttergeschwüres vor.

Die deutschen Finanzmächte, der von ihnen zwischenfinanzierte Nationalsozialismus und seine esoterische Sektion, der SS-Orden, fanden nicht nur in Teilen der US-amerikanischen Hochfinanz Kollaborateure, sondern z.B. auch im »German-American Bund«, in der »Black Legion« (eine Art US-SS), den antisemitischen »Silver Shirts«, der fundamentalistischen »Christian Front« und der elitären »Skull & Bones«-Hochschulbruderschaft. Seit 1916 war Prescott Bush (wie nach ihm sein Sohn George und sein Enkel George W.) Mitglied in dem 1833 gegründeten Skull & Bones-Orden, dessen Insignien Totenschädel und Knochen nicht nur an die Seeräuber-Flagge erinnern sondern ebenfalls zur symbolischen Grundausstattung des SS-Ordens gehörten.[14] Im Jahr 1937 teilte der demokratische US-Botschafter in Berlin, der Roosevelt-Vertraute William E. Dodd, einem Reporter der

New York Times mit: »Eine Clique von US-Industriellen ist versessen darauf, unsere demokratische Regierung durch einen faschistischen Staat zu ersetzen, und arbeitet eng mit den faschistischen Regimes in Deutschland und Italien zusammen.«

Um diesem faschistoiden Zusammenspiel entgegenzutreten, erließ die Regierung Roosevelt u.a. den »Trading with the Enemy-Act«, ein Gesetz, welches den Handel mit dem Feind unter Strafe stellte.

Der profaschistische Pfarrer und Radiopriester Charles E. Coughlin, eine Art Vorgänger des Fernsehpredigers Billy Graham, verkündete am 1. September 1939 in seiner zynischerweise *Social Justice* genannten Wochenzeitung: »Wir sagen schon heute, dass ... die amerikanischen Nationalsozialisten unter diesem oder einem anderen Namen organisiert, voraussichtlich die Regierungsgewalt auf diesem Kontinent übernehmen werden. Das Ende der Demokratie in Amerika ist gekommen.«

Ganz so (schnell) ging es nicht, wie es sich dieser theologische Faschist wünschte. Aber es gab damals viele unter den fundamentalistisch und erzkonservativ gesinnten US-Christen sowie unter den die Partei der Republikaner finanzierenden Konzernherren (einer Milieumischung, der auch George W. Bush seine Macht verdankt), die der sozial-demokratisch ausgerichteten Anti-Konzern-Politik des damaligen demokratischen Präsidenten Franklin D. Roosevelt den schnellen Tod wünschten.[15] Seine Frau Eleanor führte nach Roosevelts Tod im April 1945 dessen Werk fort und setzte u.a. die antirassistische Allgemeine Erklärung der Menschenrechte mittels der von ihrem Mann initiierten UNO durch.

Schon 1937 warnte Roosevelt in einer Rede »die friedliebenden Nationen vor der Ausbreitung der ansteckenden Krankheit des Rassismus und Faschismus«. Er forderte, dass die Welt diesem Krebsgeschwür mit einer Quarantäne energisch entgegentreten müsse. Roosevelt handelte auch. Am 20. Oktober 1942 beispielsweise schloss die Bundesregierung die Union Banking Corporation in New York City als Bankfiliale der Nazis. Einer der Bankdirektoren war Prescott Bush.

Die Rassisten im Christen- wie im Hebräergewand sind nicht ausgestorben. Es gab und es gibt überall in dieser Welt Männer (und Frauen), die bereit waren und bereit sind, ihr Lebenswerk einer antihumanistischen und rassistischen Raubtier-Ideologie zu weihen. Die Männer der SS waren keine Ausnahmeerscheinung sondern eher Teil der schwarzen Kerntruppe einer geistigen Sonnenfinsternis.

Es gab wahrhafte Menschen und Humanisten wie Roosevelts Finanzminister Henry Morgenthau und die Investigators of the Civil Affairs Division der US-Armee unter Oberst Bernard Bernstein, die sich ernsthaft bemühten, die NS-Finanziers ihrer Beteiligung am Genozid und an weiteren Kriegsverbrechen zu überführen. Aber es gab auch jene US-amerikanischen Kollaborateure, welche Hitlers Machtergreifung co-finanzierten. Allan Welsh Dulles, im Zivilberuf Bankjurist und Bruder des Unternehmers John Foster Dulles, der sich 1933 mit Hitler in Köln traf, griff als Leiter des damaligen US-Nachrichtendienstes OSS[16] zugunsten der großindustriellen SS-Mitglieder in die laufenden Ermittlungen ein. Ihm zur Seite standen Leute wie Robert Murphy, später Präsident Eisenhowers finanzpolitischer Berater, und die Offiziere der Industry Branch, der Wirtschaftsabteilung der alliierten Militärregierung. Die meisten von ihnen waren US-amerikanische Industrielle und Wallstreet-Broker in Militäruniform. Die US-Hochfinanz hatte durchaus ein Interesse daran, dass gewisse Segmente deutsch-amerikanischer Geschäftsbeziehungen nicht Thema eines öffentlichen Gerichtsprozesses wurden.

Finanzminister Morgenthau war seit dem Tod Präsident Roosevelts, für den in einigen rassistischen und finanzpolitischen Zirkeln Tag und Nacht gebetet wurde, ohne wirksame Unterstützung in Washington DC. Der Bernstein-OMGUS-Bericht, der die internationalen Kapitalverflechtungen von I.G. Farben, Dresdner Bank und Deutscher Bank untersuchte, wurde lange Zeit regierungsintern unter Verschluss gehalten. (Erst 1986 unter den Titeln *OMGUS – Ermittlungen gegen...* im Franz

Greno Verlag, Nördlingen, erschienen.) Die US-Industrie ließ mit großem Presseaufwand zwei Munitionsfabriken in Bayern sprengen. Dies war so, wie es das naive Publikum mochte. Es sah beeindruckend aus und machte viel Lärm. Mit den Titeln zweier Lustspiele von Shakespeare gesprochen: »As you like it« oder: »Much ado about nothing«. Erst später stellte sich heraus, dass die Fabriken Staatsbesitz waren und von der I.G. Farbengruppe lediglich mitverwaltet wurden. Beide waren zudem technisch veraltet. Das Schauspiel hatte System.

In den geheimen Machtzirkeln dieses Washingtoner und New Yorker Systems, u.a. im Verteidigungsministerium und in der Wallstreet, wurde schon vor Kriegsende von den Vorgängern Donald Rumsfelds und Dick Cheneys beschlossen, den westlichen Teil Deutschlands zu einem Frontstaat gegen die zu diesem Zeitpunkt noch verbündete Sowjetunion umzubauen. Statt die Fabriken der I.G. zu demontieren, sicherten sich US-amerikanische Ostküsten-Kapitalisten dort indirekt die Aktienmehrheit. Ihre deutschen Kollegen sorgten währenddessen dafür, dass einige hochqualifizierte Wissenschaftler und moderne Technologien nicht nur ihren Weg in die USA (z.B. der Raketentechniker Wernher v. Braun) sondern auch in die Sowjetunion fanden (z.B. der Physiker Manfred v. Ardenne). Indem man das belastete Klima der Alliierten weiter vergiftete, bereitete man seine unentbehrliche Juniorpartnerschaft für den aufkommenden Kalten Krieg vor. Unter Aufsicht Allan W. Dulles´ reorganisierte ab Herbst 1945 Generalleutnant Reinhard Gehlen, zuvor im deutschen Generalstab zuständig für »Fremde Heere Ost«, den westdeutschen Auslandsnachrichtendienst.

Der Prozess gegen die deutschen Konzern- und Bankdirektoren fand pro forma statt. Zehn Juristen des US-Finanzministeriums saßen 60 deutsche Spitzenanwälte gegenüber. Noch während des Prozesses wegen Vorbereitung eines Angriffskrieges (Punkt 1), Raub und Plünderung (Punkt 2), Zwangsarbeit und Massenmord (Punkt 3), Mitgliedschaft in der SS (Punkt 4) sowie Verschwörung (Punkt 5) ließ etwa Otto Ambros, BASF, Lastwagen voller Aktenmaterial über das I.G. Auschwitz von seinen persönlichen Assistenten in Ludwigshafen vernichten. Die meisten Nazi-Manager und NS-Fabrikbesitzer wurden mangels Beweisen freigesprochen. Die wenigen Verurteilten wurden schon Anfang der fünfziger Jahre wieder freigelassen. Der Historiker Karl-Heinz Roth schrieb im Vorwort der deutschsprachigen OMGUS-Übersetzung: »Die I.G. verlor ... den Krieg, aber sie gewann den Nachkrieg.« Es gab noch andere Überlebende: einige von jenen, die zuvor mit der Sieg-/Sig-Rune hantierten.

Und dennoch gelang es im 20. Jahrhundert für einen Zeitraum von ungefähr 50 Jahren, von etwa 1949 bis 1999, den Raubtier-Kapitalismus und seine enthemmte Freie Marktwirtschaft zu zügeln. Zu früh gaben sich jedoch manche der Illusion hin, dass dies schon eine Zähmung gewesen sei.

Die Konsumenten und Staatsbürger im Westen hatten die Soziale Marktwirtschaft und den relativ spendablen Sozialstaat dem Kalten Krieg zu verdanken. Im Konkurrenzkampf der beiden Systeme Kommunismus contra Kapitalismus bzw. Staatssozialismus contra Wirtschaftsliberalismus sahen sich die westlichen Kapitalbesitzer aus taktischen und strategischen Gründen genötigt, gegenüber den westlichen Arbeitnehmern[17] einen sozialverträglichen Stillhaltekurs zu fahren und diese finanziell vermehrt an der Ausbeutung der Naturressourcen und der Länder der so genannten Dritten Welt teilhaben zu lassen.

Dieser Übergang von der NS-Rüstungswirtschaft in die systemerhaltende Konsumwirtschaft der so genannten Wirtschaftswunderzeit wird in den Abbildungen der nachfolgenden Werbeplakate anschaulich. Die Konsumverheißung der NS-Organisation »Kraft durch Freude« (KdF) von 1936, »5 Mark die Woche musst Du sparen – willst Du im eignen Wagen fahren!«, diente dazu, den Bürgern zusätzliche Mittel zum Aufbau der Automobilindustrie zu entlocken. Die Wünsche wurden zwar geweckt, aber damals (noch) nicht erfüllt. Letztlich wurden mit dem angesparten Geld Panzer statt VW-Käfer gebaut. Der Nachkriegskapitalismus, ein gesteigerter Raubbau an den Bodenschätzen und ein Vernichtungsfeldzug gegen Natur und menschliche Gesundheit, nahm diese unerfüllte Verheißung des Industrialismus und nationalen Faschismus wieder auf. Konsumismus statt Kommunismus.[18]

1936: Potenzielle Unzufriedenheit wurde mit Konsumverheißungen kompensiert und kanalisiert

1968–1998: Das Prinzip Rendite (Gewinn-Beteiligung) statt Revolution (System-Veränderung) funktioniert auch heute noch

Das CDU-Plakat (klingelnde Registerkassen, volle Warenkörbe, S. 56) von 1961 und das der SPD (Auto-Mobilität) von 1965 spiegeln die Verbindung, den faustischen Pakt, von sozialer Sicherheit, Ruhe und Ordnung mit stetig wachsendem bzw. wucherndem Wohlstand wider. Den Preis für unser modernes Konsum- und Sicherheitssystem zahlt u.a. die ›Dritte Welt‹ – durch Ausbeutung, Neokolonialismus, nordwestliche Waffenimporte, Stellvertreterkriege (zur Steigerung des Bruttosozialproduktes der ›Ersten

Welt‹) und zunehmende Unsicherheit im Alltagsleben. Diese Unsicherheit kehrt via Terrorismus zunehmend in die ›Erste Welt‹ zurück. Ausbeutung, Demütigung und Hunger erzeugen Hass. Manche Marionetten beginnen sich zu wehren. Es gab Menschen und Weltbürger, die den Mut hatten, diese Zusammenhänge anzusprechen. So im September 1975 der damalige CDU-Abgeordnete Herbert Gruhl in seinem Buch *Ein Planet wird geplündert*. Er wurde 1978 zum Parteiaustritt gezwungen. So 1985 der ehemalige SPD-Bundeskanzler und Friedensnobelpreisträger Willy Brandt in seinem Buch *Der organisierte Wahnsinn*.

»Ich sage nicht zum ersten Mal, aber mit Nachdruck: Wir können uns auch kaputtwirtschaften und zu Tode rüsten, ohne tatsächlich einen großen Krieg zu führen.«[19] Hitlers finanzielle Förderer und nolens volens mit dessen mentalem Virus infizierte Erben führen mehr oder weniger bewusst einen Wirtschaftskrieg und Konsumterror-Werbefeldzug gegen Natur, Menschheit und Individualität – vereint im Begriff eines spirituellen und ökologischen Humanismus. Dieser verführerische aber längerfristig

Goebbels Erben: »Globales Marketing« bzw. globale Gleichschaltung durch die Werbe-Industrie

selbstmörderische Wirtschaftsfaschismus spiegelt sich auch symptomatisch in der »Test the West«-Reklame. Der coole, blauäugige und schwarzgekleidete Versucher mit den wasserstoffblond entfärbten Haaren (der an das modernisierte Idealbild eines SS-Mannes erinnert!) drängt der diffamierend dümmlich dargestellten Naturköstlerin (deren Gemüsekorb auf dieser Plakatvariante kaum mehr sichtbar ist) seine ihr Schaden bringende Zigaretten auf.

Die sozialen Zügel, die dem Raubtier-Kapitalismus angelegt wurden, werden seit dem Überschreiten der Schwelle ins 21. Jahrhundert von wirtschaftlichen Topmanagern und militanten Technokraten in teuren Maßanzügen erneut gelockert, und das zeitweise gezügelte Raubtier kehrt in zunehmend enthemmter Form wieder. Es geschieht im Namen der Globalisierung – der Name einer Erklärungsnot-Lüge.

Total Global –
Von der National- zur Globalökonomie

> Man hat Gewalt, so hat man Recht.
> Man fragt ums Was, und nicht ums Wie.
> Ich müsste keine Schifffahrt kennen:
> Krieg, Handel und Piraterie,
> Dreieinig sind sie, nicht zu trennen.
>
> Goethe, *Faust II, 5. Akt*

Setzen wir in obige Zeilen eines Weimarer Ministers anstelle von Schifffahrt den Überbegriff Weltwirtschaft, so sind wir im 21. Jahrhundert angekommen. Was Goethe erkannte: dass wirtschaftliche und die ihr dienende militärische Gewalt (also ein hemmungslos egoistisches Wirtschaftsstreben) das Rechtsleben innerhalb eines Staates wie auch zwischen den Staaten beugt, korrumpiert, demoralisiert und letztlich als eigenständigen Bereich vernichtet, kennzeichnet auch unsere Epoche.

Die Zeiten übergreifende Gültigkeit dieser Erkenntnis demonstriert uns die aktuelle US-Regierung, die sich nicht einmal sonderlich bemüht, den Eindruck zu verschleiern, dass sie eine Delegation und Lobbygruppe der US-amerikanischen Erdöl-, Energie- und Rüstungsindustrie ist.[20]

Ein Jahr nach dem State of the World Forum in San Francisco erschien im September 1996 der SPIEGEL mit der Titelgeschichte »Total Global – Wie der Turbo-Kapitalismus die Welt verändert«.

Gleichzeitig veröffentlichte der Rowohlt Verlag ein Buch der beiden SPIEGEL-Autoren Hans-Peter Martin und Harald Schumann. *Die Globalisierungs-Falle. Der Angriff auf Demokratie und Wohlstand* provozierte und produzierte Schlagzeilen. Das Buch wurde zum Bestseller.

Generation EGO: So sieht es aus, wenn Rendite die Revolution ersetzt (siehe Abbildung auf S. 55)

Die beiden Journalisten beschreiben darin, wie Schritt für Schritt die weltweit agierende und heimlich regierende Wirtschaft, insbesondere die großen Multinationalen Konzerne, die *global players*, de facto die wirtschafts-politische Macht in den Nationalstaaten übernehmen. Der in Fachkreisen schon länger benutzte Begriff der Globalisierung wird fast über Nacht zum Wort des Jahres. Das Muster für den Erfolg hatte das im Vorjahr in den USA erschienene Werk der beiden Journalisten Phillip Cook und Robert Frank, *The Winner-Take-All Society,* geliefert.

Die 320 Seiten starke Analyse der neuen Supermacht Weltwirtschaft und der Abdankung von Politik und Nationalstaat ist brillant. Jeder, der sie gelesen und verstanden hat, weiß, dass das globale Finanzkapital unter anglo-amerikanischer Dominanz systematisch Sozial- und Rechtsstaatlichkeit abbaut. Die etwa 15 Seiten, darunter »Zehn Ideen gegen die 20:80 Gesellschaft«, die sich mit Reaktionsmöglichkeiten und Alternativen beschäftigen, sind jedoch peinlich schwach. Mehr als eine letztlich illusionäre währungs- und steuerpolitische Festung Europa fiel den beiden Autoren nicht ein. Dem wichtigen Thema »Global Governance«

(Globale Regierungsformen) widmeten sie ganze drei Seiten, auf denen sie andeuten, dass dieser erweiterte UNO-Gedanke infolge von weltwirtschaftlichem Lobbyismus, nationalen Einzelinteressen, Langsamkeit der Diplomatie und US-Veto nicht durchsetzbar sei.[21]

Aber mit dem Thema Global Governance bzw. Formen Globaler Regierung war 1996 kein Bestseller zu machen. Der im Bertelsmann Verlag publizierte Club of Rome-Bericht *Ist die Erde noch regierbar?* (englisch: *The Capacity to Govern*) des Politikwissenschaftlers Yehezkel Dror blieb 1996 weitgehend unbeachtet oder wurde sogar, etwa von der Wirtschaftsredaktion der ZEIT, arrogant bespöttelt.[22]

Am 9. Dezember 1996, dem Vorabend des Feiertages der Allgemeinen Erklärung der Menschenrechte, trafen sich im Club der Bonner Universität u.a. die Journalisten und Autoren Harald Schumann (Spiegel), Anton Andreas Guha (Frankfurter Rundschau), Jürgen Streich (WDR) und der Autor dieser Zeilen zu einer öffentlichen Podiumsdiskussion über die Folgen der Globalisierung.[23]

Die zentrale Zukunftsfrage, über die man sich verständigte, lautete: »Wollen wir eine unsichtbare, undemokratische und nicht legitimierte Weltregierung, die wir de facto bereits haben, oder wollen wir eine de-jure-Weltregierung, deren Strukturen wir gemeinsam und verantwortungsvoll bestimmen?«

Wie um die Notwendigkeit dieser Frage bzw. These zu unterstreichen, verkündete vier Tage später auf einer viel beachteten Pressekonferenz der Vorstandschef eines Multinationalen Konzerns mit Hauptgeschäftssitz in München: »Härtere Gangart bei Siemens« und in der Untertitelung der Berichterstattung: »Gewinn stagniert – Trennung von Randbreichen – 6.000 weitere Arbeitsplätze weg.«[24]

Warum verloren 6.000 Menschen ihren Arbeitsplatz, ihr Familieneinkommen, ihre psychologische Tagesstruktur, wenn der Gewinn der Firma Siemens stagniert, sprich in verständlichem

Deutsch: wenn der Gewinn gleich bleibt und kein Verlust erfolgt? – Weil die zumeist anonymen Aktien- und Kapitalbesitzer die Daumenschrauben wieder anzogen? Weil die Geldgeber eine Steigerung des Aktienwertes und der Kapitalverzinsung von 10 auf 15 Prozent wollten? Und weil diese Ziele nicht mehr alleine durch mehr menschliche Arbeit, sondern nur noch durch Rationalisierung, Technisierung und Automatisierung zu erreichen waren? Die soziale Maskerade zerfällt und der naive Kleinbürger steht staunend vor einer unschön erneuerten Wirtschaftsweltdiktatur.

Die Technosphäre, von der noch die Rede sein wird, entsteht nicht von selbst. Dahinter verbergen sich die Wirtschaftsmacht-Interessen der Herrscher über die Technologie-Investitionen. Wie die Grafik auf S. 29 veranschaulicht, hat sich der Wirtschafts- und Technologiebereich als einziger der drei sozialen Sektoren globalisiert bzw. auf der globalen Ebene wirkungsvoll institutionalisiert. Der Staats- und Rechtsbereich sowie der Kulturbereich (dazu zählen auch das geistig-literarische, das künstlerisch-musikalische und das religiös-kultische Leben) sind auf der globalen Ebene nicht wirkungsvoll institutionalisiert.

Ein Weltparlament der Weltkulturen bzw. -kulturbereiche ist bis heute nicht etabliert. Stattdessen dominiert der internationale willensbetonte Körperkult der Olympischen Spiele oder der Fußballweltmeisterschaft – die kommerzialisierte Perversion eines Teilbereiches des Kulturlebens. In der Antike mögen die Olympischen Spiele als körperbetonter Mysterienkult der Verehrung der Götter gedient haben. Heute sind sie zum Werbe- und Profitmittel der sie sponsernden Konzerne der Weltwirtschaft degradiert. Bemerkenswert ist höchstens noch ihre seelenhygienische Ventilfunktion, da sie dem (nicht immer) sportlichen Wettkampf als Ersatzmittel für die militärischen Feldzüge zwischen den Völkern und Nationen den Vorrang geben.

Ähnlich bescheiden sieht es mit dem internationalen Rechtsleben aus. Die auf Kredit agierende Wirtschaftssupermacht USA ignoriert die von ihr klein gehaltene UNO, welche von

Franklin D. Roosevelt als zukünftiges Weltparlament gedacht war und unter UN-Generalsekretär Dag Hammarskjöld tatsächlich zeitweise eine solche Funktion ausüben konnte und boykottiert den UN-Strafgerichtshof für Verbrechen gegen die Menschlichkeit. Für eine ethische Kontrolle der Weltwirtschaft war die UNO sowieso nie zuständig, weswegen ihre Umweltschutzkonferenzen bislang auch relativ wirkungsarm bleiben.

Der welt-rechtsfreie Raum auf der globalen Ebene hat ganz konkrete Konsequenzen für die körperliche Gesundheit eines jeden Menschen. Dass auch die Weltmeere jenseits der nationalen Küstengewässer über Jahrhunderte zu den rechtsfreien Räumen gehörten, wurde von den modernen Konzernbossen reichlich ausgenutzt. Viele multinationale Erdölfirmen gaben ihren Tankerkapitänen die Anweisung, Restölbestände nicht gegen Gebühren in den Häfen entsorgen zu lassen sondern in internationalen Gewässern in die Weltmeere zu pumpen. Dieses kostensparende ›Verfahren‹ fanden die Herren der Chemiefabriken ganz vorbildlich. Und so ließen u.a. Sandoz, Ciba-Geigy, Bayer, BASF und Hoechst (darunter die alten Kameraden der I.G. Farben) ihre hochgiftigen Chemie- und Pharma-Abfälle preisgünstig auf den Weltmeeren verklappen. Rohöl, Chemie- und Pharmagifte im Wasser, im Plankton, in den Fischen. Belastung des menschlichen Immunsystems. Steigende Allergie- und Krebsraten. Die Gesundheit der Freunde des Speisefisches hat die Topmanager in ihrer Geld- und Machtgier noch nie sonderlich gekümmert.

Dass sich dieser Tatbestand heute zumindest in den nordwestlichen Gewässern tendenziell etwas gebessert hat, verdanken wir hauptsächlich individuellen Initiativen. Erstens Umwelt- und Meeresschützern wie z.B. Elisabeth Mann-Borgese, Tochter Thomas Manns, und – inspiriert von Dag Hammarskjöld und der Weltbürgerbewegung von 1948 – Verfasserin des Club of Rome-Berichtes von 1985 über »Die Zukunft der Weltmeere«. Darin fordert Elisabeth Mann-Borgese, deren Ehemann als Professor an der Universität von Chicago 1948 zu den Autoren eines Entwurfs für eine Weltverfassung gehörte, die Einführung eines

Weltmeeresrechts. Die Mann-Borgeses traten für die Weltmeere als gemeinsames Erbe der Menschheit ein, das kein Ausbeutungsobjekt für korrupte Nationalstaatspolitiker und Großindustrielle werden dürfe.

Zweitens verdanken wir es dem Einsatz von Menschen in NGOs wie z.B. Greenpeace, welche mit medienwirksamen Schlauchboot-Aktionen auf die kommerzielle Vergiftung der Meere aufmerksam machten. Und drittens dem durch Jahrzehnte lange Lobbyarbeit von weltweiten Bürgerinitiativen 1999 in Hamburg errichteten UN-Seegerichtshof. Dort können nun kriminelle Erdöl- und Chemietankerkapitäne, Reedereien und Konzerne angezeigt und auf Schadensersatz verklagt werden. Ein Sieg des Rechts- und des Lebensprinzips über das Geld- und Machtprinzip. Nicht nur das Böse ist aktiv in dieser Welt. Auch Licht und Menschheit schlafen nicht.

Dass die Wirtschaft, insbesondere die Technologiekonzerne und die Finanzwelt, ihren Durchmarsch auf die globale Ebene vollziehen und von dort aus durch den Sogeffekt des Vakuums eines rechts- und ethikfreien Raumes das Rechts- wie auch das Geistesleben global dominieren und unterdrücken würde, war schon Anfang des 20. Jahrhunderts für Menschen wie Hjalmar Hammarskjöld, Woodrow Wilson und Rudolf Steiner ersichtlich. Damals vollzog sich der Entwicklungssprung von der National- zur Globalökonomie, von der Volks- zur Weltwirtschaft. Doch infolge des nationalen Egoismus und Chauvinismus von Regierungen und Bevölkerung blieben Rechts- und Geistesleben, Staat und Kultur, im schmutzigen Staub der Nationalismen, Rassismen und des aufkommenden Faschismus zurück. Dermaßen unausgeglichen war das Wirtschaftsleben nicht nur gezwungen (nicht zuletzt auch, um den späteren Konsum- und Kapitalinvestitions-Frieden zwischen den hochindustrialisierten Nationen herzustellen), total global zu werden, sondern es unterlag auch der Versuchung des Totalitären – etwas, das ich als Veranlagung zum systemimmanenten Weltwirtschaftsfaschismus bezeichnen möchte.

Wirtschaftstotalitarismus –
Alles neu macht das MAI

Es naht sich, unabweislich, zögernd
furchtbar wie das Schicksal selbst
die große Aufgabe und Frage:
wie soll die Erde ... verwaltet werden? (...)
Die Geschichte als die große Versuchs-Anstalt:
die bewusste Weisheit vorzubereiten,
welche zur Erd-Regierung nottut. (...)
Die Erd-Regierung ist ein nahes Problem.
So auch die Gefahr, dass die Weltregierung
in die Hände der Mittelmäßigen fällt.

Friedrich Nietzsche,
Von Nutzen und Nachteil der Historie für das Leben

Um diesem psychohistorischen Prozess der Globalisierung, der
ja als positive Entwicklungsmöglichkeit Menschheitswerdung
im positiven Sinne bedeuten könnte, gerecht zu werden, braucht
es eine menschheitlichere Perspektive und eine neue, zielgerich-
tete Begrifflichkeit. Einer von denen, welche an diesem Projekt
mitgearbeitet haben, war Rudolf Steiner. Schon in dem Titel eines
Essays für die Genfer Zeitschrift *Le Genêvois* vom 13. November 1920 prägte er angesichts des Entstehens der ersten Weltorganisation, des später von nationalen Egoismen zerrissenen
Völkerbundes, die notwendige Idee einer ›Menschheitspolitik‹.
Nachfolgend drei Zitate aus Vorträgen, die 1988 unter dem Titel
Staatspolitik und Menschheitspolitik erschienen:

»Die alten [nationalen] Staatsgebilde, die sich das Geistesleben und die Wirtschaft in weitem Umfange einverleibt haben,
werden keine Gebilde der Menschengemeinschaft sein, in
denen sich die modernen Menschheitsfragen lösen lassen. Die
Unruhe der modernen Zivilisation hat ihren Ursprung in dem

64

Herausstreben des Geistes- und des Wirtschaftslebens aus diesen Staatsgebilden.« Und über den Konflikt zwischen nationaler Staatsmacht und tendenziell internationaler Kapitalmacht, 1933 genauso sichtbar werdend wie 1999, schreibt Steiner: »Die Staaten wollen, dass ihre Kapitalisten in ihren Dienst sich stellen. Die Kapitalisten wollen, dass die im Staate konzentrierte Macht ihren wirtschaftlichen Interessen dienstbar werde.« Angesichts der völkischen Blut-und-Boden-Nationalismen liegt in diesem Bestreben durchaus auch ein potenzieller Zukunftskeim: »Die gekennzeichnete Tendenz der Weltwirtschaft wird den Volksegoismen in der Zukunft entgegenarbeiten.«[25]

Die Gefahr, die Steiner 1920 in Bezug auf die bolschewistische Revolution (»Sowjetmacht plus Elektrifizierung«) wahrnahm: »Im europäischen Osten ... wollen sie einen militärisch organisierten Wirtschaftsstaat gestalten«, hat sich mittlerweile globalisiert. Durch die Blutsbrüderschaft ihres innigen Ringkampfs während des Kalten Krieges haben sich UdSSR und USA (NATO) einander faktisch angenähert. Das krebsartige Prinzip des militärisch-industriellen Machtkomplexes beherrschte am Ende beide Parteien.

Wer das demokratische Wohlstandsmäntelchen, bald vielleicht vom Winde verweht, durchschaut, kann schon jetzt den hüllenlosen Kaiser erkennen. Am 24. Juni 2003 beklagte z.B. NATO-Generalsekretär Lord George Robertson in Berlin die »mangelnden militärischen Fähigkeiten« der Europäer im Vergleich mit den USA und forderte, dass die europäischen Staaten mehr in ihre militärisch-technologische Aufrüstung investieren.[26] »Europa muss seine sicherheitspolitischen Ambitionen durch Investitionen in die Verteidigungshaushalte ... unterfüttern.« Raubtier-Fütterung. Was der humanoide Roboter, sprich US-Lobby-Arbeiter, Lord Robertson verschwieg: Die Bush-Regierung steigert ihre Militärausgaben zu Lasten von Schulbildung, Umweltschutz, Sozial- und Entwicklungshilfe. Darüber freuen sich die Aktienbesitzer der multinationalen Rüstungskonzerne. Um deren Gewinne und die von Lord Robertson geforderte Aufrüstung zu finanzieren, soll nun auch in Deutschland der einzelne Arbeitnehmer in den kommenden fünf Jahren »500 Stunden ohne Lohnausgleich zusätzlich arbeiten«. So zu lesen als Vorschlag der Deutschen Industrie- und Handelskammer auf der Titelseite der *Stuttgarter Zeitung* vom 20. Juni 2003 unter der *Deadline* »Wirtschaft fordert Mehrarbeit«.

Hier schleicht sich der Robotgeist der I.G. Auschwitz (»Arbeit macht frei«) und des imperial ausgerichteten Manchester-Frühkapitalismus wieder durch die Hintertür ein. Wir befinden uns auf dem Irrweg in einen hochmilitarisierten, nordwestlich dominierten Weltwirtschaftsstaat.

In seinem Buch *Ein Planet wird geplündert* schreibt Herbert Gruhl: »Man hat der Wirtschaft [nach dem politischen Desaster des 2. Weltkrieges] zunächst alle Freiheit gelassen, die sie so ausgiebig genutzt hat, dass sie allmächtig wurde. Nun steuert nicht mehr der Staat und schon gar nicht das Parlament, sondern die Wirtschaft den Kurs, und der Staat ist ihr beflissenster Diener.«[27] Nun gut, könnte man als hartgesottener Pragmatiker sagen, solange die Großindustrie den Sozialstaat durch ihre Steuerabgaben finanziert, möge sie auch den Ton der staatlichen Musikkapelle angeben. Wieviel Steuern hat aber z.B. ein Konzern wie BMW im Jahr 2002 tatsächlich an das Finanzamt überwiesen?

Die Bayrischen Motoren Werke überwiesen 1988 etwas mehr als 545 Millionen D-Mark zur Finanzierung der deutschen Solidargemeinschaft, deren moderne Infrastruktur der Konzern für die Erwirtschaftung seiner Produktionsgewinne nutzt. 1992 waren es nur noch 31 Millionen DM. Im Jahr 1993 bekam der BMW-Konzern, trotz steigender Gewinne, 32 Millionen DM vom Finanzamt zurückerstattet. BWM, genau wie Siemens oder andere ehemals ›deutsche Konzerne‹, zahlt keine Steuern mehr an die Bundesrepublik Deutschland. Die *inter*nationalen Großkonzerne haben sich steuer-rechtlich in den globalen *Zwischen*raum jenseits der Nationalstaaten zurückgezogen.

Entwicklungshilfe 2002. Öffentliche Leistungen

in Mio. Dollar

	in Mio. Dollar	in % der Wirtschaftsleistung
USA	12 900	0,12
Japan	9 220	0,23
Deutschland	5 359	0,27
Frankreich	5 182	0,36
Großbritannien	4 749	0,30
Niederlande	3 377	0,82
Italien	2 313	0,20
Schweden	1 754	0,74
Norwegen	1 714	0,89
Dänemark	1 632	0,96
Spanien	1 608	0,25
Belgien	1 061	0,42
Schweiz	933	0,32
Österreich	475	0,23
Finnland	466	0,35
Irland	397	0,41
Portugal	282	0,24
Luxemburg	143	0,78

Quelle: OECD

© **Globus** 8470

67

Von dieser rechtsfreien globalen Ebene aus plündern sie die Nationalstaaten. Diese müssen den Weltkonzernen Subventionen, bei der Organisierten Kriminalität (Mafia) spräche man von Schutzgeldern, bezahlen, damit die Inhaber nicht noch mehr Arbeitsplätze abbauen und ihre Produktion gänzlich ins Ausland verlegen. Eine solche Placebo-Drohung funktioniert psychologisch nur in einem internationalen 200 Staaten- bzw. Standorte-System, in dem alle regulierenden Einfuhrzölle mittels WTO-Wirtschaftsrecht abgeschafft wurden. Wenn sich die Konzerne der nationalen Besteuerung entziehen, dann brauchen wir eine internationale Besteuerung, wie ansatzweise in der Idee einer Tobin-Tax angedacht, oder verstärkt nationale bzw. europäische Zölle auf die Importe und Exporte der Multinationalen Konzerne. Zudem brauchen wir als Bürger und Konsumenten ein an den (zumeist noch sehr ideellen) sozialen und ökologischen ›Menschenrechten‹ orientiertes reelles Weltrecht, dessen Gerichtssystem uns vor den Übergriffen der Weltmacht Weltwirtschaft schützt.

Natürlich versucht die Weltwirtschaft dem entgegenzuwirken. Im Wirtschaftsteil der Zeitungen, z.B. unter der Überschrift »Konzerne drohen mit Abwanderung«, finden sich immer wieder Sätze wie: »Besonders verärgert seien die Konzerne über die geplante Mindestbesteuerung von Unternehmen.« Viele der großen Konzerne haben mittlerweile eigene Banken (Beispiel: BWM-Bank) gegründet und steigern mit Währungs- und Aktiengeschäften ihre Gewinne. Faktisch haben Multinationale Konzerne, Investmentfonds und Banken die meisten der nationalen Regierungen zur Zeit wirtschaftspolitisch in ihrer Hand. Wie das faschistische Plakat aus der Endzeit der Weimarer Republik (s. S. 43) zeigt, wird ein solches Marionetten-Spiel irgendwann wieder soziale Unruhen in der betroffenen Bevölkerung wachrufen – die ideale Voraussetzung, um notwendigerweise den Polizeistaat zu verschärfen. Aber auch Polizeistaaten, siehe Wilhelminisches Kaiserreich und DDR, können zerfallen.

Vielleicht wird die Regierung aber in naher Zukunft ihre Polizeibeamten nicht mehr bezahlen können? Kein Weltuntergang, es gab in Deutschland bereits Erfahrungen mit der Privatisierung von Staatsorganen. Der Arier und Großindustrielle Friedrich Flick hatte sich schon sehr früh dem Keppler-Kreis, einer Gruppe deutscher Fabrikherren und Großbankiers um den SS-Führer Heinrich Himmler angeschlossen. Zusammmen mit Krupp und Thyssen finanzierte er während der Weimarer Republik den weltweit agierenden deutschen Militär-Geheimdienst unter der Leitung ihres Privatangestellten Oberst Walter Nicolai durch Geldmittel aus dem Ruhrfond der rheinisch-westfälischen Schwerindustrie.

Die Zeit rieselt rasant durch das Stundenglas der Geschichte. Die zumeist eher anonym bleiben wollenden Finanzmächte hinter den weltweit agierenden Konzernen und den Investmentfonds globaler Bankenkonsortien greifen nach einer staatenlosen globalen Regierungsform. Die Veränderungen geschehen heimlich und zugleich unheimlich schnell – im Turbotempo. Eine Art von Sachzwangsrausch, dem sich nicht nur der einzelne Bürger hilflos ausgesetzt fühlt, sondern der die ehemaligen nationalen Volkswirtschaften in regionale Standorte zersplittert und der die Souveränität von nationalen Regierungen in den letztlich gnadenlos ruinösen Wettbewerb einer einseitig technologisch-ökonomischen Globalisierung mitreißt.

Dieser Griff der Weltwirtschaft nach der de jure Weltherrschaft findet sich meisterhaft beschrieben in dem Werk *Die neuen Herrscher der Welt* des Kosmopoliten und Sonderberichterstatters der UNO-Menschenrechtskommission Jean Ziegler: »Die neuen Herrscher wollen die Ordnung der *stateless global governance* errichten, der planetarischen Regierung ohne Staat...« »Die Staaten behalten zwar ihren institutionellen Rahmen, aber die Macht ... wird nun zunehmend von den Apparaten des Finanzkapitals ausgeübt.«[28]

Paris, OECD-Hauptquartier, September 1995
Im Kellergewölbe der Organisation for Economic Cooperation and Development (OECD) treffen sich – dominiert von den

USA – die Vertreter der 29 reichsten Industrienationen, zumeist Staatssekretäre aus den Wirtschafts- und Finanzministerien, mit den Repräsentanten Multinationaler Konzerne sowie der Internationalen Industrie- und Handelskammer. Es ist dies der Beginn der Verhandlungen über das Multilateral Agreement on Investment (M.A.I.): eine mehrseitige Übereinkunft zum weltweiten Schutz von Kapital-Investitionen. Es sind dies jene Septembertage, an denen sich in San Francisco die Herren der Welt zu einem State of the World Forum treffen. Es sind dies jene Schicksalsstunden, in denen einer der Top-Manager in Kalifornien gelassen den bereits zitierten Satz ausspricht, der die kapitalistische bzw. kannibalistische Gesellschaftsordnung der Zukunft kennzeichnen soll: »To have lunch or to be lunched.«

In Paris finden Geheimverhandlungen statt. Die OECD, im Jahr 2001 auch als Initiator der PISA-Studie bekannt geworden, will unter Ausschluss von Medien und Weltöffentlichkeit im Mai 1998 den MAI-Vertrag unterschriftsfertig haben. Aber einige Leute können glücklicherweise nicht den Mund halten. Der Präsident der Welthandelsorganisation (WTO), Renato Ruggiero, lobt das MAI 1996 bei einer Tagung in Singapur als »die Verfassung einer einzigen globalen Wirtschaft«.

Einige Menschen werden hellhörig. Man vermutet, dass entweder zwei UNO-Diplomaten oder Vertreter der kanadischen Regierung den MAI-Vertragsentwurf den Medien und einigen kosmopolitisch orientierten Nichtregierungsorganisationen in die Hände gespielt haben. Die großen Medienkonzerne schweigen – noch. Die NGOs veröffentlichen den Text weltweit im Internet. Als erste Zeitung wagt der *Globe & Mail* in seiner Ausgabe vom 3. April 1997 darüber zu berichten. Mutige Weltbürger. Und einige mutige Publizisten.

Nun konnten jene Menschen, die wachsam und aktiv am Zeitgeschehen teilnahmen, den Wortlaut des MAI-Vertrages lesen. Alles lief darauf hinaus, dass den großen Konzernen das Recht eingeräumt würde, nationale Regierungen vor einem MAI-internen Tribunal auf Schadensersatz verklagen zu können, wenn diese Regierungen den Großindustriellen so genannte »Investitions-Hemmnisse« nicht aus dem Weg des Kapitalflusses räumten. Im Kleingedruckten durften die Bürger dann nachbuchstabieren, was Investitionshemmnisse sein können: Sozial- und Umweltschutzgesetze, kommunale Mitbestimmungsrechte, arbeitsrechtliche Schutzbestimmungen wie z.B. Arbeitszeitbegrenzung und alle anderen Errungenschaften eines modernen Sozial- und Rechtsstaates.

Kurz gesagt: das MAI war der wirtschaftsmachtpolitisch skrupellose Versuch, über Nacht eine Art inoffiziellen Weltwirtschaftsstaat juristisch zu inthronisieren. Unter dem Titel »In der Hand der Multis« wagte als erste große deutsche Wochenzeitung die ZEIT am 19. Februar 1998 einen Bericht über das MAI. (Ein Grund, warum viele der großen und kostenintensiven Medien zunächst schwiegen, war u.a. ihre Abhängigkeit von Anzeigeneinnahmen aus der Industrie.) Der ZEIT-Autor hat es treffend formuliert: »Multis machen demokratisch gewählte Regierungen zu ihren Marionetten, Umweltschutz und Arbeitnehmerrechte gehören der Vergangenheit an – kurzum: Die Herrschaft transnationaler Konzerne tritt an die Stelle nationaler Souveränität.«

Im April 1998 scheitern die MAI-Verhandlungen an zuviel Weltöffentlichkeit. Die Zivilcourage einer weltweiten Bürgerbewegung drängt zeitweise den Willen der Weltwirtschaftseliten zur globalen Machtergreifung zurück. Die Regierungen von Frankreich und Kanada lehnen das Abkommen ab. Mephistopheles ist auf dem Rückzug von Paris nach Genf (WTO, GATS-Vertragsentwurf) und Washington DC. Mit der juristischen Eroberung der Präsidentschaft durch den Industriellensohn George W. Bush & Company im Spätherbst des Jahres 2000 haben die Mächte hinter der Weltwirtschaft nach der MAI-Niederlage zum Gegenschlag ausgeholt.

Intermezzo: Welt-Staats-Bürger

Viele wissen es noch nicht, aber wir sind über Nacht zu unbewussten Teilnehmern eines wirtschaftlichen Weltstaates geworden. Wir leben und wir sterben in einer durch Welthandel, Weltkriege, Weltreligionen, Weltwirtschaft, Weltmeisterschaften, Weltbank, Weltfriedensorganisationen, Weltfinanzmächte, weltweitem Egoismus, Tourismus und Terrorismus schon weitgehend globalisierten Welt. Keiner wird uns je fragen, ob uns dies passt, denn es handelt sich um einen welthistorischen Prozess. Versuche, ihn zu verhindern, sind kleinbürgerlich, und das Anti-Globalisierungs-Protestgeschrei ist zumeist hilf- und heillos kindisch.

Was wir als Weltbürger versuchen können, ist, diesen Prozess mit zu gestalten und zu verbessern, d.h. zu humanisieren, und der bislang eher einseitig weltwirtschaftlichen Globalität auch eine Globalisierung von Rechts- und Sozialstaatlichkeit entgegenzusetzen.

Regierende müssen gesetzlich bezwungen, Staatsdiener durch Publizität bewegt werden. Dies ist die Aufgabe publizierender Menschen sowie sozialer und zivilgesellschaftlicher Bewegungen. Dass die weltweite Zivilgesellschaft stetig erneuert und verstärkt wird, ist die ethische Verpflichtung eines jeden Welt-Staats-Bürgers. Wer keine Menschheitspolitik mitgestalten will, dessen Konsumentenherz wird seine wenigen verbliebenen Menschenrechte bald schon an Multinationale Konzerne und NATO-Geheimdienste verramschen können.

Dass junge Menschen in sich diesen Welt-Bürger entdecken und entwickeln können, dies ist in einer zunehmend elternlosen Gesellschaft die Aufgabe eines jeden wahrhaften Lehrers und Pädagogen. Wer keine Menschheitspädagogik betreiben will, der sollte sich aus den Schulen fernhalten.

Deutsche Bank.
Ein Blick in den Kampf um die Regierung der Welt

> Wir befinden uns in einer präfaschistischen Situation.
> Faschismus entspringt bestimmten ökonomischen
> und finanzpolitischen Trends.
> Jeder autoritäre amerikanische Politiker …
> der dem Volk verheißt, dass er ihm Brot verschafft
> und dies noch mit rassistischen Untertönen mischt,
> wird bald hoch gewinnen.
>
> *William Greider*[29]

»Die Herrschaft transnationaler Konzerne …« Wie wahr und doch wie irreführend zugleich. Auch in namhaften Medien wie der ZEIT wird zumeist sehr anonym von »Konzernherrschaft« gesprochen. In Wahrheit geht es dabei immer um die Herrschaft, die einzelne Mega-Unternehmer und ihre Chefmanager, einzelne Vorstands- und Aufsichtsratsmitglieder, hochrangige Staatsbeamte und Parteipolitiker ausüben. Der Widerstand läuft ins Leere, wenn er gegen anonyme Konzern- und Finanzmächte geführt werden soll. Die Macht und der Machtmissbrauch haben Namen und Biografien. Diese Männer gehören nicht selten geheimen Logen oder sonstigen Organisationen der Macht an. (Und im Gestrüpp dieser Geheimzirkel und Organisationen kann man sich optimal verlaufen.) Oft vererbt sich diese Mitgliedschaft auch vom Onkel auf den Neffen oder vom Großvater auf den Vater auf den Sohn und Enkel, wie z.B. bei den Familien Bush, Rothschild und Rockefeller.

Der von Menschen wie Friedrich Nietzsche vorausgesehene Kampf um die Regierung der Welt tobt auch heute noch hinter den Kulissen der Weltpolitik. Und zum Glück für die Menschheit steht dabei (noch) Loge gegen Loge, Zirkel gegen Zirkel, Organisation gegen Organisation, sodass sich einiges an bösen

Absichten gegenseitig neutralisiert. In den 80er Jahren hatte sich die alte deutsche Machtelite verjüngt reorganisiert. In der Zeit des Nationalsozialismus war z.b. ein Karl Blessing, assoziiert mit Himmlers wirtschaftspolitischem Keppler-Kreis und Gast auf dem SS-Ordenszentrum Wewelsburg, Aufsichtsratsmitglied der Dresdner Bank, Direktoriumsmitglied der Deutschen Reichsbank und im NS-Wirtschaftsministerium zuständig für geostrategische Erdölfragen. Nach dem Krieg wurde er 1958 Präsident der Deutschen Bundesbank.[30]

Im Jahr 1931 wurde Werner Blessing geboren. Er war ein Sonnenkind. Seine steile Karriere führte ihn bis an die Spitze des Vorstandes der Deutschen Bank. Dort war er der Vorgänger und Mentor Alfred Herrhausens. Beide setzten sich massiv für die Entschuldung der ›Dritten Welt‹ ein. Dieses Engagement für einen Schuldenerlass teilten sie mit Olof Palme, dem ehemaligen schwedischen Ministerpräsidenten. Palme, der sehr von Dag Hammarskjöld als UN-Generalsekretär und Mitverfasser der schwedischen Sozialgesetzgebung inspiriert war, führte zusammen mit Nehrus Tochter Indira Gandhi zeitweise die New Yorker Parlamentarians for Global Action an. (Die PGA betreibt u.a. Lobbyarbeit für ein Weltparlament und für die Entschuldung der ›Dritten Welt‹.) Aber möglicherweise hatte Olof Palme ganz andere, humanistischere Motive für seinen Einsatz als die Herren von der Deutschen Bank.

Werner Blessing war, seitdem er sich für einen Schuldenerlass zugunsten der durch Manipulationen verarmten Länder Afrikas und Lateinamerilas einsetzte, ein gern gesehener Gastredner auf Evangelischen Kirchentagen und bei Entwicklungshilfe-NGOs. Über die Massenmedien, die christlichen Kirchen und die Weltzivilgesellschaft übten Blessing und der charismatische Herrhausen einen indirekten Druck auf die US-amerikanischen Gläubigerbanken aus.

Blessing war neben Uwe Barschel, Armin Gutowski und Hans Tietmeyer Referent beim 5. Malenter Symposion der Heinrich-Dräger-Stiftung vom 11.-13. November 1985. Dort wurden u.a. europäische Initiativen zur Entschuldung der ›Dritten Welt‹ besprochen: zu Lasten der US-amerikanischen Großbanken. Diese hatten so genannte Drittwelt- und Schwellenländer mittels sehr wackeliger Kredite und profitabler Zinseszins- und ersatzweise Rohstoff-Ausbeutung in ihrer Hand, während die Deutsche(n) Bank(en) in diesem Machtspiel so gut wie kein Risikokapital investiert hat(ten). Eine globale Schuldenstreichung und der daraus resultierende Zinsverlust hätten also das fragile amerikanische Bankensystem (Partner und Vorbote der US-Geheimdienste) schwer angeschlagen und eventuell seiner globalen Vorherrschaft beraubt. So war auch die Unterstützung des damaligen Versuches Fidel Castros, ein die US-Banken boykottierendes Kartell der Schuldnerländer zu organisieren, im Gespräch. Wer hatte Castro wohl auf diese Strategie gebracht?[31] Zudem hätte dies für ausländisches Kapital, und damit auch für die Deutsche Bank, den Weg frei gemacht, einige der schwer angeschlagenen US-Banken preisgünstig zu übernehmen.

Dieses Interesse, sich in das US-amerikanische Banken- und Wirtschaftssystem einzukaufen, kündigte Werner Blessing am 11. Juni 1987 bei einem Meeting mit New Yorker Wallstreet-Brokern an – und er meinte es ernst. In genau dieser Zeit verlor die Bank von Amerika ihre italienische Niederlassung mit über 100 Filialen an die Deutsche Bank – nicht ganz freiwillig. Am 21. August 1987, also etwa zwei Monate nach Bekanntgabe der Expansion auf dem US-Kapitalmarkt, verstarb der kerngesunde und erfolgsverwöhnte Blessing »völlig unerwartet«, wie die *Frankfurter Rundschau* berichtete, angeblich an einem Herzversagen im Chiemgau. Eine offizielle gerichtsmedizinische Untersuchung des Leichnams des 56-Jährigen wurde nicht durchgeführt.[32]

Beim Poker um die Weltherrschaft blieben Werner Blessing und der sozialdemokratische Entschuldungspolitiker Olof Palme, der am 28. Februar 1986 auf offener Straße erschossen wurde, nicht die einzigen Opfer. Sieben Wochen nach Blessing verstarb am 11. Oktober 1987 ein weiterer Referent des 5. Malenter Symposiums auf mysteriöse Weise: der Ministerpräsident und Verwaltungsratsvorsitzende der Schleswig-holsteinischen Landesbank Uwe Barschel, der inkognito zu einem Geheimtreffen mit ausländischen Bankiers in die Schweiz gereist war. Dort traf ihn der Tod. Die offizielle Darstellung eines so genannten Bilanzselbstmordes als Schuldgeständnis hinsichtlich innenpolitischer Affären konnten sich indes nicht lange halten.

Wiederum sieben Wochen später, am 29. November 1987, verstarb »völlig überraschend« (*NZZ*) der 57-jährige Wirtschaftswissenschaftler und Regierungsberater Armin Gutowski in Hamburg. Gemäß der ZEIT vom 4.12.1987 wussten die Ehefrau und einflussreiche Freunde eine Obduktion zu verhindern.

Ebenso wie Gutowski gehörte auch Staatssekretär Hans Tietmeyer (er war stellvertretender deutscher Gouverneur bei der Weltbank in Washington) zum Kreis des Symposiums in Malente. Tietmeyer überlebte am 20. September 1988 einige Warnschüsse.[33]

Dies waren deutliche Menetekel, Zeichen der amerikanischen Geschäftsfreunde, nicht zu weit zu gehen und das US-dominierte Nachkriegssystem nicht in Frage zu stellen.

Im Jahr 1883 schreibt einer der bekanntesten Philosophen Mitteleuropas: »Der Mensch ist ein Seil, geknüpft zwischen Tier und Übermensch – ein Seil über einem Abgrund.« Ostern 1955 antwortet ein Generalsekretär der Vereinten Nationen in seinem Tagebuch: »Das Seil über den Abgrund wird von denen gespannt, die es am Himmel festmachen – durch Treue zu einem Glauben, der ständiges, äußerstes Opfer ist.« Gott scheint tot, verstummt, in unserer Zeit. Und wiederum tut sich im Schweigen Gottes ein bodenloser Abgrund auf für jene, die den Willen zur Macht haben. Die Macht, das Seil zu spannen.

Auch Alfred Herrhausen ist ein Seil, ein Drahtseil, über dem Abgrund gespannt, auf dem Weg zum Übermenschen. Aber wo ist er verankert? Nur fünf Wochen nach dem denkwürdigen Tod Werner Blessings spricht er Ende September 1987 auf der Jahrestagung von Weltbank und Internationalem Währungsfond (IWF) vor Wirtschaftsjournalisten aus aller Welt von der Notwendigkeit eines Schuldenerlasses für die ›Dritte Welt‹. (Zuvor schon hat er die Regierung Kohl »gebeten«, zusammen mit befreundeten

europäischen Regierungen in dieser Angelegenheit wirtschaftspolitischen Druck auf die Reagan-Administration auszuüben.)
Der Mann pokert hoch. Noch in Washington wird für ihn die Luft
bleihaltig. Er äußert seinem späteren Biografen, dem Wirtschaftsjournalisten Dieter Balkhausen, gegenüber die Warnung einer
inneren Stimme: »Nimm den nächsten Hubschrauber und verlas-
se Washington, oder du wirst hier abgeschossen.« Zwei Wochen
später stirbt stattdessen sein Geschäftsfreund Uwe Barschel.

Am 30. März 1989 titelt die WELT: »Die Deutsche Bank bläst
zum Angriff – weltweit«. Herrhausen sucht nach einer internationalen, anglo-amerikanischen Investmentbank, um mit dieser
Speerspitze in die Reihe der zu dieser Zeit geschwächten US-
amerikanischen Global Players einzudringen. Er sucht einen
Übernahmekandidaten. Herrhausen philosophiert: »Die Macht
der Banken, das ist die Macht der Bankiers, und das bin ich.«
Létat c'est moi. Die moderne Variante. Und bei einer Finanz-
institution wie der Deutschen Bank mit über 400 Aufsichts-
ratsmandaten, über 400 Milliarden D-Mark Geschäftsvolumen
sowie entscheidender Industriebeteiligung (z.B. bei den Konzernen Bertelsmann, Hapag-Lloyd, Hoesch und Daimler-Benz)
könnte der Vorstandsvorsitzende bzw. Vorstandssprecher Alfred
Herrhausen schlicht Recht haben. So gilt der Daimler Konzern
als »Industriefiliale« der Deutschen Bank, was ein interessantes
Licht auf seine spätere ›Fusion‹ mit dem angeschlagenen US-
Konzern Chrysler wirft.
    »Die Zeit ist reif – Schuldenkrise am Wendepunkt«. Unter die-
ser Überschrift hatte Herrhausen am 30. Juni 1989 im *Handelsblatt* die rhetorische Frage gestellt: »Ist ein Aderlass der Gläubigerbanken nötig? Die Antwort lautet: Ja«. Und dann setzte er
hinzu: »Die Zeit ist reif für einen neuen Versuch.«
    Der Aderlass der US-amerikanischen Siegerbanken, die in-
tern mit den Folgen ihrer imperialen Überdehnung zu kämpfen hatten. Der Aderlass der ehemaligen Geschäftsfreunde der
Nationalsozialisten, der Co-Finanziers der Regierung Papen
und Hitler. Die Zeit, reif für einen erneuten Versuch gegen die

großen Brüder in den USA, um nach der wirtschaftspolitischen und ideologischen Hegemonie über die Welt zu greifen? Ein lebensgefährliches Unternehmen. Hat dieser Herrhausen denn keine Angst zu sterben? Welche Berufung treibt ihn, treibt ihn über die Schwelle des Selbsterhaltungstriebes hinaus? Welche Freunde und Zirkel, glaubte er, schützen ihn? Was ist überhaupt sein spirituelles Selbst-Verständnis?[34]

Ein verbrämtes Gralsrittermotiv taucht in der Juni-Ausgabe1989 des *Manager-Magazin* auf. Wie ein »weißer Ritter« habe die Deutsche Bank unter der Führung Alfred Herrhausens die Übernahmeschlacht gewonnen. Für 2,7 Milliarden D-Mark erwarb sie die internationale Investmentbankgruppe Morgan Grenfell (MG) mit Hauptsitz Great Winchester Street in der Londoner City. Morgan Grenfell ist keine gewöhnliche Investmentbank. Schon vor dem Ersten Weltkrieg gehörte dieses Bankhaus, damals noch Mitglied der internationalen Bankengruppe des US-amerikanischen Bankiers John Piermont Morgan, zu den Finanziers des militärisch-industriellen Komplexes zwischen Großbritannien und Frankreich. (C.E. Grenfell war zeitweilig Direktor der Bank von England.) MG hatte eine geostrategische Schlüsselposition inne. Mit ihrer Übernahme war Herrhausen auf dem Weg zum Global Player.

Die Unterzeichnung des komplexen Übernahmevertrages fand Ende November 1989 statt. Wie die Journalisten Gerhard Wisnewski, Wolfgang Landgraeber und andere mutige Fragesteller mittlerweile recherchieren konnten (siehe u.a.: *Das RAF-Phantom*), gibt es Hinweise darauf, dass ein Attentat auf Alfred Herrhausen bereits am 23. November 1989, kurz vor der Unterschrift unter den MG-Kaufvertrag, hätte stattfinden sollen. Der Vertrag wurde am 27.11. unterzeichnet. Alfred Herrhausen starb kurz danach, am 30. November 1989, durch ein mysteriöses Bombenattentat auf seinem morgendlichen Weg zur Zentrale der Deutschen Bank. Das Attentat wurde der RAF unterschoben. Es gibt genügend besser informierte Menschen, die dies bis heute nicht ›glauben‹.

Das gut informierte *Wall Street Journal* schrieb am 1. Dezember 1989 in seinem Nachruf: »Als Herrhausen 1985 stellvertretender Sprecher der Deutschen Bank wurde, führte er eine Vision mit sich – eine Vision, in der die Deutsche Bank West-Deutschlands Aufstieg zu einem Global Player anführen und finanzieren würde.« In derselben Ausgabe wird einer der Konkurrenten um die Weltfinanzmacht zitiert, Robert Hormats, der Vizepräsident der Investmentgruppe Goldman Sachs International: »Seine Ermordung ist nicht weniger bedeutend als der Mord an einem europäischen Staatschef. Sowohl was sein Eintreten für die Europäische Einigung als auch sein Engagement für enge Ost-West-Wirtschaftsbeziehungen angeht, war Alfred Herrhausen Europas angesehenster Finanz-Staatsmann.«[35]

Am 9. November 1989 fiel die Mauer, Deutschlands Wiedervereinigung stand kurz bevor. Viele Länder Osteuropas suchten die Anbindung an Mitteleuropa. Was für ein Machtpotential tat sich da für einen Menschen wie Herrhausen auf. Für seine anglo-amerikanischen ›Geschäftsfreunde‹ starb Herrhausen gerade rechtzeitig. Die Journalisten des *Wall Street Journal* wussten, warum sie schrieben, der Tod Alfred Herrhausens habe »nicht nur die Deutsche Bank, sondern auch Deutschland einer visionären Führerschaft beraubt«.

Am 1. April 1991, eine halbe Stunde vor Mitternacht, wurde Deutschland einer weiteren Führungspersönlichkeit beraubt. Detlev Carsten Rohwedder, ein alter Freund Herrhausens und mittlerweile als Chef der Anstalt zur treuhänderischen Verwaltung des Volkseigentums (kurz Treuhandanstalt) der Vorstandsvorsitzende der weltgrößten Industrie-Holding, hatte sich bislang den anglo-amerikanischen Forderungen nach einer schnellen Privatisierung der ehemaligen DDR-Betriebe erfolgreich widersetzt. Rohwedder, ein renommierter Unternehmenssanierer (Hoesch AG) wollte Betriebe sanieren und Arbeitsplätze retten. Die britischen und amerikanischen Geschäftsfreunde forderten den raschen Ausverkauf, sie waren auf Schnäppchenjagd.

Laut Stellungnahmen im *Handelsblatt* vom 26. November 1990 befürchteten die anglo-amerikanischen Chefmanager, dass »zuviel Zeit zur Rettung der angeschlagenen Ost-Firmen« vergeudet würde. »Ganz offen klingt dabei die Vermutung an, dass die Deutschen … Interessenten aus dem Ausland fernhalten wollen«, kommentiert die *Handelsblatt*-Redaktion.

Kurz vor Mitternacht trifft Rohwedder in seinem Düsseldorfer Arbeitszimmer mit chirurgischer Perfektion die Kugel eines Profis in den Rücken, zerbricht seine Wirbelsäule, durchschlägt Aorta, Speise- und Luftröhre. Wie fast schon üblich, wird in den Medien ein angeblicher RAF-Bekennerbrief platziert, in welchem Rohwedder als Vertreter von »Deutschlands Großmachtplänen« angeklagt wird. Solche Klagen werden mit der Zeit immer vertrauter.

Anlässlich einer Rede von Bundesbankpräsident Pöhl über die Einrichtung einer Europäischen Zentralbank in Frankfurt am Main wütet der britische Handels- und Industrieminister Nicholas Ridley, ein Mann des anglo-amerikanischen Großkapitals, am 4. Juli 1990 im *Spectator*: »Das ist alles ein deutscher Vorstoß, sich ganz Europa unter den Nagel zu reißen. (…) Ich bin nicht grundsätzlich gegen die Preisgabe von Souveränität, aber nicht an diesen braunen Haufen. Da könnte man sie offen gestanden gleich an Adolf Hitler abtreten.«

Hinter dieser scheinbar verbalen Entgleisung steckt System, siehe nachfolgendes Beispiel. Ein Jahr später, in der Ausgabe vom 22. Juni 1991, referiert im selben britischen Wirtschaftsmagazin ein John Laughland über »die Nazis und heutige deutsche Ziele in Europa«. Die Headline lautet »The Thousand-Year Reich«. Bezüglich der deutschen Pläne nach dem Ende des Zweiten Weltkrieges tönt er: »Auf der Grundlage der hochangesehenen Position der Reichsmark wollten die Nazis die neue europäische Wirtschaft nach deutschen Maßstäben organisieren.« Desweiteren stellt dieser britische Wirtschaftsfachmann düstere Vermutungen darüber an, ob es »einen geheimen Fahrplan«, die Wiederauferstehung des Tausendjährigen

Reiches, hinter den deutschen Plänen für eine Wirtschafts- und Währungsunion gäbe.

In die Kerbe des nationalsozialistischen Gespenstes »Groß-Deutschland« (dieser Dorn sitzt tief im Fleisch des Establishments von ehemals Groß-Britannien), haut 1991 auch der bekannte britische Kolumnist Peregrine Worsthorne: »Ja, ich vergleiche Kanzler Kohl mit Hitler, nicht in Bezug auf Immoralität, sondern in Bezug auf Zielstrebigkeit und die Gefahr, die von dieser Zielstrebigkeit für Großbritannien ausgeht.«

Durch zwei Weltkriege verlor Großbritannien schrittweise die Kontrolle über sein Weltreich an die USA. Ein Trauma. (Und einer der Gründe, warum US-amerikanische Finanzkreise sowohl Hitler-Deutschland wie auch England finanzierten, sodass die Kriegsschulden der beiden Großmächte-im-Niedergang sie zu Junior-›Partnern‹ der US-Regierung degradierten.) Ist diese Furcht vor der Wiederkehr des Verdrängten berechtigt, hat sie eine deutsche Bezugsquelle oder entspringt sie nur britischem Verfolgungswahn?

Bei der Suche nach einer deutschen Bezugsquelle stoßen wir wieder auf die Kreise um das Nürnberger Institut für Industrieforschung (NS-Reichsgruppe Industrie). Heinz Homeyer, Hauptabteilungsleiter Wirtschaft im Generalbezirk Taurien, verfasst am 1. März 1944 eine Denkschrift: *Der Gedanke Europa – die Kriegsentscheidung*. Darin schreibt er u.a.: »Was könnte uns hindern, selbst in diesem Augenblick bitterster Verteidigung … der Atlantik-Charta … und dem bolschewistischen Europaplan, unsererseits eine Europa-Charta entgegenzusetzen? Einen Europa-Ausschuss aller, auch der geschlagenen Mächte, einzuberufen, eine europäische Aufbaubewegung zu erwecken [die amerikanischen Geschäftsfreunde versuchten diesen Impuls später via OEEC und Marshallplan zu ihren Gunsten zu kanalisieren; *Anm. Verf.*] und sie nach Herzenslust in Zukunftsbilder des befriedeten und geeinten Kontinents schwelgen zu lassen?«[36]

Phänomenal, die Verwandlungsfähigkeit des Wolfsrudels. Eigentlich müsste soviel Kreidefresserei doch irgendwann zum

Erbrechen führen. Im September 1944 erscheint der Entwurf einer Europa-Charta von Werner Daitz. Demnach beruht die Zukunft darauf, »auf der Grundlage eines europäischen Sozialismus … eine lebensmächtige, arteigene, nichtimperialistische und weder nach innen noch nach außen ausbeuterische, europäische Weltanschauung und Kultur zu entwickeln.« Klingt gut, würde der Autor dieses Buches eventuell mit unterschreiben.

Im nachfolgenden Oktober 1944 reift auch Richard Riedl, Vorsitzender des Aufsichtsrats des NS-Konzerns Donau Chemie AG, vom Saulus zum Paulus und greift zur Feder. Die Studie nennt sich (wohl ungewollt doppeldeutig) *Weg nach Europa. Gedanken über ein Wirtschaftsbündnis europäischer Staaten.* In Paragraf 28 schreibt er zum Thema Europäische Einheit und Wohlstand: »Gemeinsam können die Völker sich diese Sicherheiten erringen und wahren. Einzeln müssen sie in rettungslose Abhängigkeit den großen Weltmächten … und damit ihrem Abstiege verfallen.«

Hier streicht jemand pseudo-humanistische Schminke über die Fratze der »blonden und blauäugigen Bestie«. Der arische Herrenmensch, der Homo SS – Sapiens Superior, die falsche Schlussfolgerung aus Nietzsches missverständlichem Übermenschen-Entwurf, versucht sich in der Rolle des guten Europäers. Karma der Geschichte: Im Angesicht des Zusammenbruchs ihrer imperialen Machtalpträume befürchten die deutschen Industrie- und NS-Finanzkreise den Abstieg Groß-Deutschlands zu einer Kolonie der UdSSR oder der USA.

Weltwirtschaftskrieg und Geheimdienstoperationen

> Die US-Regierung will Verbündete, die ihr gehorchen.
> Sie will keine Diskussion. Unsere Regierung ist taub
> gegenüber den Bedürfnissen aus dem Rest der Welt. (…)
> Europa – und damit auch Deutschland – ist
> eine unglückliche Kolonie der USA.
>
> *Prof. Richard Sennett*[37]

Der Zweite Weltkrieg war auch ein Weltwirtschaftskrieg – und als solcher wurde er 1945 nicht beendet. Bislang schien es, als wären anglo-amerikanische Finanz- und Wirtschaftskreise die Gewinner in diesem wirtschaftlichen Stellvertreterkrieg, der in anderen Regionen der Erde, aktuelles Beispiel Irak, auch militärisch geführt wird. Aber das wirtschaftspolitische Erbe des Dritten Reiches scheint ein Gespenst zu sein, das einigen in diesen Kreisen große Sorge bereitet. Daneben sollten nicht die personellen Erblasten aus der NS-Zeit übersehen werden: CDU/CSU-Regierungspolitiker und Spitzenstaatsbeamte wie Globke, Filbinger, Kiesinger, Karstens, Dickopf und Schrübbers gehörten zur Spitze der braunen Welle, die 1949 in die »neue Bundesrepublik« mit hinüberschwappte. Infolge ihrer biografischen Kompromittierbarkeit, d.h. Erpressbarkeit, und ihrer anti-kommunistischen Nützlichkeit stellte diese erste Nachkriegs-Generation für die anglo-amerikanischen Marionettenspieler scheinbar auch noch keine ernsthafte Gefahr dar.

Wobei die Frage nach dem kaum öffentlich sichtbaren geistig-magischen und ideologisch-mythologischen Erbe von NS und SS-Orden die interessantere Frage – und letztlich die entscheidendere Zukunftsgefahr ist. Nicht nur im anglo-amerikanischen Raum gilt dies allerdings als Tabu-Frage. So etwas wie die Wiederkehr des NS- und SS-Korpsgeistes in weltwirtschaftlicher Verkleidung bzw. Metamorphose ließ sich bislang bestenfalls in Romanform thematisieren. Beispielsweise erschien 1981 unter dem bekannten Namen des Autors Robert Ludlum der Bestseller *The Holcroft-Covenant* (dtsch. *Der Holcroft-Vertrag. 1982.*) Darin schildert Ludlum, wie genetisch ausgewählte Arier-Kinder 1944-45 zu reichen und germanophilen Pflegeeltern in alle Welt geschleust wurden. (Es gibt tatsächlich Hinweise auf eine solche, letztlich wohl aber gescheiterte Aktion.) Einige dieser »nordischen Sonnenkinder«, wie sie in der Nazi-Mythologie hießen, erreichen im Roman wichtige Positionen in Wirtschaft, Geheimdienst und Politik. Zur Finanzierung der stufenweisen Machtübernahme werden ihnen von Nazi-Bankiers in der Schweiz und in Südamerika dafür angelegte Geldguthaben zur Verfügung gestellt. Auch wenn dies nur ein Roman ist, von einem Autor, dem in den Medien allerdings gute Kontakte zu Geheimdienst- und Regierungskreisen nachgesagt werden und der einige Tatsachenfragmente spannend zusammengepuzzelt hat, kann man dennoch mit seiner Hilfe die Unruhe in gewissen Köpfen und die hässlichen Nazi-Vorwürfe im *Spectator* und anderswo ideengeschichtlich besser nachvollziehen. Und manchmal gewinnen Ideen, die in den Köpfen herumspuken, ein Eigenleben, beeinflussen Mythen und Gespenstergeschichten sowie politische Verhaltensweisen. Manchmal tötet man sogar aus Angst vor Phantomen.

Nach dem günstigen Ableben bzw. der Ermordung von Braunmühl, Blessing, Barschel, Herrhausen, Rohwedder und anderer, namenloser, auf obige Art nicht erpressbarer Menschen scheint das Gespenst der Weltwirtschaftsmacht Groß-Deutschland und der Entschuldung der ›Dritten Welt‹ für die anglo-amerikanischen Herren erst einmal gebannt zu sein. In einem Interview mit dem Herrhausen-Nachfolger Hilmar Kopper stellen 1991 die Redakteure des monatlich erscheinenden *Industrie-Magazin*, mittlerweile unter dem Namen *TOP BUSINESS* amerikanisiert, die Gretchenfrage, ob die Deutsche Bank noch zu den maximal zehn Instituten zählen will, die in der Lage sein werden, eine weltumspannende Rolle zu spielen?

Koppers, der 1989 zu dem Team gehörte, das die Übernahme von Morgan Grenfell durchführte, ist nicht lebensmüde. Auch er hat die Lektion der Kreide gelernt. Kurz und bescheiden fällt die Antwort des neuen Vorstandssprechers der Deutschen Bank aus: »Daran glaube ich nicht mehr. Dagegen glaube ich, dass die berühmte Idee von der globalen Megabank ziemlich tot ist. (…) Im Übrigen muss man als Bank wissen, was man auf dem Weltmarkt machen kann und was nicht.«

Über ein Jahrzehnt später werden US-amerikanische Finanz- und Regierungskreise Blessings und Herrhausens humanitären Trick der Schuldenstreichung für ›Drittweltländer‹ (zur finanzpolitischen Destabilisierung der Gläubigerstaaten) gegen die deutschen Geschäftsfreunde einsetzen. In einem Gespräch mit *Spiegel*-Redakteuren lanciert der republikanische Senator Richard Lugar als außenpolitisches Sprachrohr der US-Regierung die Aufforderung an die Gläubigerstaaten des Irak, auf ihre Forderungen aus Krediten und Warenlieferungen zu verzichten: »Der irakische Staat braucht derzeit für seine laufenden Kosten etwa 30 Milliarden Dollar pro Jahr. (…) Und was ist mit dem gigantischen Schuldenberg, der auf bis zu 200 Milliarden Dollar geschätzt wird? Wir brauchen dringend einen Schuldenverzicht der Gläubigerstaaten.«[38]

Da trifft es sich gut, dass die finanziell zu belastenden Hauptgläubiger zufällig jene Staaten sind, welche (durchaus auch aus wirtschaftspolitischen Eigeninteressen) das Rückgrat der Achse des Widerstandes gegen die US-Invasion des Irak bildeten: Deutschland, Frankreich und Russland. Dieses strategische Verhalten der US-Regierung könnte auch als Teil eines globalen Wirtschaftskrieges – *unter Geschäftsfreunden* – verstanden werden.

Ein Jahr nachdem Prof. Samael Huntington mit seinem Werk *Der Kampf der Kulturen* beginnt, den Krieg gegen den Islam ideologisch vorzubereiten, erscheint im Frühjahr 1997 das Buch *Die einzige Weltmacht. Amerikas Strategie der Vorherrschaft.* Autor ist der schon ob seiner drastischen Schlagworte bekannte

Insider Zbigniew Brzezinski. Nachdem Deutschland zurechtge-
stutzt wurde, beschreibt Brzezinski darin, die Warnung des NS-
Industriellen Richard Riedl bestätigend, den Ist-Zustand: »Tatsache ist schlicht und einfach, dass Westeuropa und zunehmend
auch Mitteleuropa weitgehend ein amerikanisches Protektorat
bleiben, dessen alliierte Staaten an Vasallen und Tributpflichtige
von einst erinnern.«[39]

Die Maske der gewohnten Schönrederei senkt sich für einen
literarischen Augenblick. Die nachfolgenden Zitate gehören
eigentlich in den Politik- oder Geschichtsunterricht einer jeden
9. Schulklasse. Auf Seite 46 des Buches befürwortet Brzezinski
den amerikanischen Kulturimperialismus: »Amerikas Massen-
kultur besitzt, besonders für die Jugendlichen in aller Welt, eine
geradezu magnetische Anziehungskraft. (...) Amerikanische
Fernsehprogramme und Filme decken etwa drei Viertel des
Weltmarktes ab. Die amerikanische Pop-Musik ist ein ebenso
beherrschendes Phänomen ...«[40] Einige Zeilen später sinniert
Brzezinski über die Indoktrination ausländischer Studenten
an amerikanischen Elite-Universitäten: »Annähernd eine halbe
Million ausländischer Studenten drängen alljährlich in die USA,
und viele der Begabtesten kehren nie wieder nach Hause zurück.
Absolventen amerikanischer Universitäten sind in den Regie-
rungskabinetten aller Herren Länder vertreten.« Diese Aussage
bekommt einen tieferen Sinn, wenn man weiß, dass der CIA
ein Hochschul-Programm zur Anwerbung ausländischer, auch
deutscher, Studenten betreibt und etliche Elite-Professoren, so
auch Mr. Huntington und Mr. Brzezinski, als CIA- und Regierungsberater einen Zusatzverdienst beziehen. Und zur Krönung
auf Seite 48: »Da der *american way of life* in aller Welt mehr und
mehr Nachahmer findet, entsteht ein idealer Rahmen für die
Ausübung der indirekten und scheinbar konsensbestimmten
Hegemonie der Vereinigten Staaten.«
    Für soviel ungeschminkten hohen Mut, sprich Hochmut, und
unbeabsichtigte Selbstoffenbarung, darf man dankbar sein. Um
dieser US-amerikanischen Vorherrschaft mit ihren weltwirt-

schaftlichen und geheimdienstlichen Tentakeln ein gleichwertiges Gewicht entgegenzusetzen, gründeten im Herbst 1997 ›ehemalige‹ Geheimdienstler im Auftrag der französischen Export-Industrie und des Verteidigungsministeriums in Paris die bislang einzige Hochschule in Europa für den Wirtschaftskrieg, die Ecole de Guerre Economique (EGE). Bei der höheren Handelsschule ESLSCA angesiedelt, steht dort für die Jungmanager auf dem Stundenplan: die Abwehr von Industriespionage, die Inszenierung von Desinformationskampagnen (u.a. Gerüchteausstreuung als indirekter Angriff auf die Aktienkurse von Firmen, um diese als Konkurrenten zu schwächen oder preisgünstig zu übernehmen), die wirtschaftspolitische Lobbyarbeit und die Munitionierung von Umweltschutz-NGOs mit belastendem Material über die Fabriken der Konkurrenz. Spätestens im Frühjahr 2004 will der Schulleiter Christian Harbulot, in Zusammenarbeit mit dem Bundesverband der Deutschen Industrie, auch deutschsprachige Kurse anbieten. 2000 Jahre alte Seelenmuster aus der Geschichte beleben sich erneut. Alte Verwundungen aktualisieren sich in neuen Konstellationen. Die gallischen und germanischen Dörfer organisieren langsam wieder den regionalen Widerstand gegen das neo-römische US-Imperium. (Kein Wunder, dass die Geschichten der Gallier Asterix und Obelix gegen die ›Römer‹, als eine der kulturellen Verkörperungen dieses Widerstandsgeistes, in Frankreich und Deutschland so populär sind.) Die ›Vasallen und Tributpflichtigen‹ von heute und gestern verspüren erneut den Impuls, sich zu emanzipieren. Vielleicht ist dies Notwehr. Vielleicht möchten sie aber auch gern wieder, wie vorgestern, in der oberen Liga um die Weltmeisterschaft mitspielen?

Magie der Angst – Der inszenierte Terrorismus

> Das einzige, was erforderlich ist,
> damit sich das Böse durchsetzt,
> ist die Untätigkeit der guten Menschen.
>
> *Edmund Burke*[41]

KaDeWe. Kaufhaus des Westens. Ein Mann rennt los Richtung Ausgang. Eine Frau schreit: »Haltet den Dieb!« Die Überwachungskameras, die Angestellten und die Detektive des Kaufhauses verfolgen den Flüchtigen, sei es körperlich oder visuell. Sollten sie ihn fassen, wird sich herausstellen, dass er nichts oder nur eine relativ wertlose Kleinigkeit gestohlen hat. Derweilen stehlen am anderen Ende des Hauses die Komplizen des Mannes wertvolle Pelzmäntel. Das Prinzip der Ablenkung von einer wichtigen Tat durch eine lautstärkere Tat zur gleichen Zeit ist älter als das Gewerbe der Kaufhausdiebe. Schon der Italiener Niccolo Machiavelli (1469-1527) wusste, bildlich gesprochen, dass es nützlich sein kann, an dem einen Stadttor ein Feuer zu entfachen, um an dem gegenüberliegenden unter dem Ausschluss der Öffentlichkeit Dinge ein- und auszuschmuggeln. Er gilt als einer der Wegbereiter der Lehre, dass die Staatsräson jede Treulosigkeit und jedes Verbrechen rechtfertige. Zwei seiner Epigonen im 20. Jahrhundert, Leo Strauss und Albert Wohlstetter, lehrten an der Universität von Chicago, dass staatspolitische Eliten das Recht und die Pflicht zur Manipulation der Wahrheit haben, zum Gebrauch des Glaubens als Opium für das Wahlvolk (sei es Pseudo-Christentum, sei es nationaler Patriotismus) sowie zum Einsatz des Krieges als legitimes Mittel der Staatspolitik. Neben anderen waren die heutigen Pentagonisten Paul Wolfowitz und Richard Perls damals ihre Schüler.

Im Vorfeld des geheimdienstlich inszenierten Anschlages auf das World Trade Center vom 11. September 2001[42] werden zwischen dem 6. und 10. September für bis zu 15 Milliarden Dollar

(*Berliner Tagesspiegel* vom 13.1.2002) Börsentransaktionen getätigt, welche sich u.a. auf Fluggesellschaften, Versicherungen und Firmen beziehen, deren Geschäfte von den Ereignissen des 11.9. besonders betroffen sein werden. Auffallend viele so genannte Put-Optionen auf die betroffenen Unternehmen werden an verschiedenen Börsen gehandelt. Mit einer Put-Option spekuliert man auf fallende Aktienkurse. Irgendjemand erwartet kurzfristig Kurseinbrüche bei den Gebäude- und Flugzeugversicherern, bei American und United Airlines, bei den im World Trade Center (WTC) residierenden Investmentfirmen, wie z.B. Morgan Stanley Dean Witter. Nach der offiziellen Version wurde dies, im Rahmen einer von der US-Regierung inszenierten Weltverschwörungstheorie, einer geheimnisvollen Terror-Phantom-Organisation namens Al Quaida in die Schuhe geschoben. (Womit man aus einer Stechmücke einen Elefanten zauberte.) Über die Verfolgung der Käuferlinie dieser Put-Optionen könnte man zu den Auftraggebern oder zumindest zu den Mitwissern der Ereignisse des 11. Septembers 2001 gelangen. Die Nachforschungen werden zur Geheim(dienst)sache erklärt und bis heute gibt es kein offizielles Ergebnis. Die Spurensuche verläuft scheinbar im heißen Wüstensand.

Auch Harvey Pitt, der Chef der Börsenaufsichtsbehörde SEC wurde in die Wüste geschickt. Der Bush-Freund William Donaldson, Investmentbanker und Skull & Bones-Mitglied, welcher schon unter Präsident Nixon (Watergate-Skandal) als Unterstaatssekretär einer umstrittenen und ihrem Wesen nach anti-demokratischen Regierung diente, wurde zum neuen SEC-Chef ernannt. Keinen weiteren Kommentar hierzu, dies spricht für sich selbst.

Ärgerlich, optimistisch gesprochen, dass es immer noch freie Journalisten und mutige Redakteure gibt. Der freie Journalist und Bürgerrechtler Tom Flocco (www.tomflocco.com) wies im *San Francisco Chronicle* darauf hin, dass ein guter Teil der Put-Optionskäufe über die US-Investmentbank Alex Brown Brothers (ABB) getätigt wurden. ABB ist zu diesem Zeitpunkt ein von der

Deutschen Bank übernommenes US-Tochterunternehmen. Gibt es bei der Deutschen Bank, deren Vorstandssprecher mittlerweile der Schweizer Bankier Josef Ackermann ist, doch noch tollkühne Nachfolger von Werner Blessing und Alfred Herrhausen? Oder wurde ihre hinzugekaufte US-Tochter von anderen benutzt, um eine falsche Spur zu legen?

Am 25. September 2001 spricht im ARD-Wirtschaftsmagazin PLUSMINUS der Luxemburger Finanzexperte Ernest Backes darüber, dass die Spur der Put-Transaktionen von ABB zu einem Schweizer Rechtsanwalt und Vermögensverwalter führt, der auch einer der Finanzberater des saudiarabischen Familienunternehmens Bin Laden war. Der Name des inzwischen Verstorbenen ist Francois Genoud. Den meisten Lesern wird dieser Name nichts sagen. Genoud war nicht nur in jüngeren Jahren ein begeisterter Nazi-Kollaborateur sondern auch der Schweizer Verwalter des Hitler-Vermögens.[43] Und er gehörte zu jenen Altnazis, denen nachgesagt wird, dass sie neben ihren Verbindungen zum internationalen Terrorismus zur Finanzierung der Metamorphose eines Vierten Reiches bereitstünden. (Naiv, wer glaubt, dass im Zeitalter der Globalisierung dieses Reich nur in der alten Gestalt von 1933-1945 und mit Deutschland als Zentrum wiederauferstehen könnte.)

Um gerecht zu sein, sollte nicht unerwähnt bleiben, dass es auch Hinweise auf entsprechende Börsenspekulationen von jüdischen bzw. israelischen Geldhäusern gab. Siehe hierzu z.B. den Internet-Artikel des israelischen Journalisten Israel Shamir: »A talk I never gave at the conference« vom April 2002 (ww.globalist.org), wobei es aufschlussreich wäre, Näheres über die Biografie Israel Shamirs in Erfahrung zu bringen. Die Machtbesessenen bedienen sich vieler konfessioneller und nationaler Verkleidungen, um den naiven Medienkonsumenten in die Irre zu führen.

Tatsache ist, dass das WTC gerade im Juli 2001 von dem jüdischen Baulöwen und Zionismus-Unterstützer Larry Silverstein gepachtet wurde, als parallel dazu im April 2001 die größte Spionage- und Unterwanderungsaktion des israelischen Geheimdienstes

Mossad auf US-amerikanischem Boden anlief. Silverstein ließ das asbestverseuchte WTC zu Höchstbeträgen neu versichern. Die teure Asbest- und Formaldehydsanierung (mehr als 200 Millionen Dollar) konnte er sich nach dem 11.9. sparen.[44] Einige Autoren glauben in dem kurzfristigen Auszug von israelischen Firmen aus dem WTC einen Hinweis auf Verwicklungen des israelischen Geheimdienstes Mossad zu erkennen. Die Firmen könnten aber auch wegen der Giftstoffe in Wänden und Böden ausgezogen sein. Und man muss das WTC auch nicht unbedingt pachten, um es zu sprengen; zumal die schnelle Ausrufung des Kriegszustandes durch die Regierung Bush es den Versicherungen ermöglichen könnte, sich der Zahlungspflicht zu entziehen. Hier bedarf es qualifizierterer Nachforschung, was finanziell von wirklich frei arbeitenden Journalisten aber wohl kaum zu leisten ist.

Über das Ziel der Ende August aufgedeckten Mossad-Aktion schrieb das amerikanische Nachrichtenjournal *Executive Intelligence Review* (eine Art Insiderblatt für politische Journalisten, Manager und Staatsbeamte): »Überwachung von … US-Regierungseinrichtungen um Querschnittsinformationen für terroristische Angriffe bzw. zur Spionagedurchdringung zu sammeln. (…) Informanten zufolge war das Ziel, wie im Fall der ersten World-Trade-Bombardierung, nominal arabische oder islamische Gewalt und Terrorismus innerhalb der USA zu schüren, um die Unterstützung der Bush-Administration für einen israelischen Anti-Terror-Krieg gegen die Palestinenser und Araber zu gewinnen.«[45]

Der TV-Sender Fox News berichtete darüber unter dem Titel »Massiv Israeli Spy Operation Discovert in US«. Und auf der Sonderseite »Israelisches Spionagenetz in den USA aufgeflogen« der Pariser Tageszeitung *Le Monde* vom 6. März 2002 war u.a. zu lesen, dass es die Aufgabe der Mossad-Agenten, darunter Desinformations- und Sprengstoffspezialisten, gewesen sei »den Al-Quaida-Terroristen auf amerikanischem Territorium nachzuspüren, ohne die dortigen Behörden zu informieren.« Nun ja, vielleicht gab es da noch ein paar weitere Aufgaben.

Wofür sollen die Milliardensummen, die durch Börsenspekulationen anlässlich des 11.9. *erwirtschaftet* wurden, genutzt werden? Und was ist mit den verschwundenen 12 Tonnen Gold und 1.000 Tonnen Silber passiert, die von vier großen Unternehmen und Banken im Kellergeschoss B4 des WTC gelagert wurden? Wurde das Gold und Silber auch von Al Quaida gestohlen? Reiner Zufall, dass im Untergeschoss B3 der Fahrzeugpark von CIA und anderen Regierungsbehörden untergebracht war? Warum fanden sich keine Spuren mehr von den über 1.000 modernen Maschinengewehren, die der Geheimdienst CIA in den Kellerräumen des WTC lagerte? (Die CIA hatte mehrere Etagen im WTC angemietet!) Sehr erfreut dürfte wohl auch die internationale Waffen- und Drogenmafia (Hauptanbaugebiete Kolumbien, Thailand und Afghanistan) gewesen sein, dass die New Yorker Geschäftsstelle der US-Behörde für Drogen und Feuerwaffen (DEA) mit dem WTC verschüttet wurde. Dabei wurde deren Dokumente-Archiv mit Beweismaterial zerstört und auch ein großer Teil der Daten über das DEA- Informanten-Netzwerk ging verloren.

Während im September 2001 solche Informationen noch ihren Weg in die Öffentlichkeit fanden (z.B. über die Nachrichtenagentur afp oder im STERN Nr. 40 vom 27.09.2001), sind diese Tatsachen mittlerweile fast in Vergessenheit geraten. Aber wenn es sich eines Tages eindeutig herausstellen sollte, dass der 11.9. tatsächlich der Coup einer gleichermaßen arabisch-islamistisch wie christlich-fundamentalistisch wie auch jüdisch-zionistisch maskierten Verschwörergruppe aus dem prä-faschistischen Umfeld des militärisch-industriellen Machtkomplexes war, dann sollte uns allen bewusst sein, dass mit den durch den 11.9. *erwirtschafteten* Gewinnen ein riesiger geheimer Reptilienfond entstanden ist, um weiter führende Pläne zu realisieren, die mit normalen staatlichen Haushaltsmitteln nicht zu finanzieren wären, zumal die Verwendung öffentlicher Mittel einer viel stärkeren Kontrolle unterliegt. Weltöffentlichkeit und parlamentarische Kontrolle der Geldmittel dürfte diesen Machtplänen aber sehr abträglich sein.

Die Angst vor dem südöstlichen ›Schwarzen Mann‹-Terrorismus ist in Wirklichkeit die uneingestandene, verdrängte und auf den Islam projizierte Angst vor der Dämonie des nördlichen Raubtier-Kapitalismus und seinen westlichen Geheimdiensten.

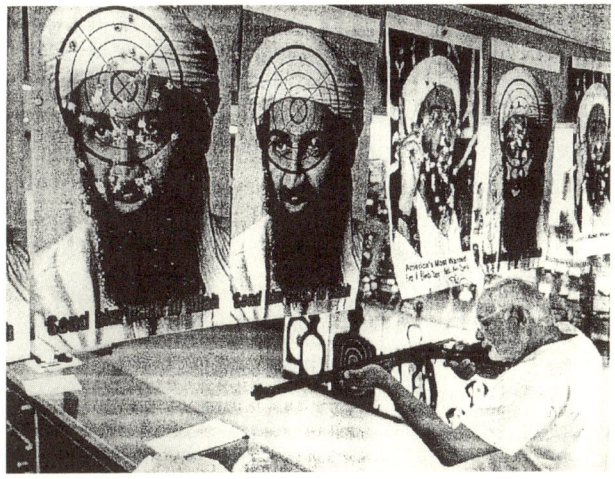

Die nebulöse Terrorgefahr bekam sehr schnell ein menschliches Gesicht: Osama bin Laden als Zielscheibe auf US-amerikanischen Schießständen.

Es gab in der jüngeren Geschichte der USA bereits mindestens einmal einen Geheimplan des militärisch-industriellen Machtkomplexes, einen US-Präsidenten durch den inszenierten Abschuss eines Passagierflugzeuges und der Versenkung eines Schiffes durch »feindliche Kräfte« in einen Krieg zu treiben. Ende Dezember 1961, als die Ostküste der USA von Schneeregen und Eiswinden heimgesucht wurde, kam im Pentagon eine geheime Planungsgruppe zusammen. Unter der Schirmherrschaft von Verteidigungsminister Robert Strange McNamara (von seinen Gegnern »Mara« genannt, das Sanskritwort für Zerstörer) und Generalstabschef Lyman L. Lemnitzer (genannt *lieman*, Lügenmann) legten diese Pentagonisten im März 1962 den Plan zu den Geheimoperationen Mongoose und Northwoods vor. Die innenpolitischen Konsequenzen dieser Pläne versuchte man Präsident John F. Kennedy größtenteils zu verheimlichen, dessen Präsidentschaft durch ein Bekanntwerden der ausgeführten Operationen diskreditiert und beendet worden wäre. (Vielleicht ein wünschenswerter Nebeneffekt für diese Kreise?)

Dieser Geheimplan empfahl, dass US-Militär und Geheimdienst ein ziviles Charterflugzeug auf dem Weg Richtung der kubanischen Überflugzone gegen ein ferngesteuertes Flugzeug austauschen und dieses von einem als kubanischen Militärjet getarnten US-Jagdflugzeug abschießen lassen. (Es soll auch die Alternative erörtert worden sein, eine echte Passagiermaschine abzuschießen.) Danach sollte eine manipulierte Totenliste in der Weltpresse veröffentlicht werden, um Stimmung für eine Invasion Kubas zu machen. Weiterhin plante man die Versenkung eines US-Schiffes vor dem Militärstützpunkt Guantanamo durch kubanische CIA-Söldner sowie ›kubanische‹ Anschläge in Florida und anderen US-Bundesstaaten.[46] Präsident Kennedy verbot jedoch seinem kriegswilligen und aus der Rüstungsindustrie kommenden Verteidigungsminister McNamara (in dessen Amtszeit später das Massaker an den vietnamesischen Frauen und Kindern von My Lai geschah), die Ausführung des Planes. Kennedy entließ General Lemnitzer und CIA-Chef Allan Dulles und feuerte Sicherheitsberater Richard Bissell, einen Skull & Bones-Mann von der Universität Yale. Kurzum, Kennedy machte sich, genau wie zuvor Dag Hammarskjöld, Feinde im geheimdienstlich-weltfinanzpolitischen und militärisch-industriellen Machtkomplex. Todfeinde. Später, von Mitte 1968 bis 1981, war McNamara Präsident der Weltbank. Es ist noch diplomatisch formuliert, wenn der UNO-Menschenrechtsbeauftragte Jean Ziegler rückblickend feststellt: »McNamara zerstört jetzt keine Dörfer mehr, um sie zu retten, sondern ganze Volkswirtschaften. (…) So schwer die Zerstörung ist, die dieser Mann in Vietnam angerichtet hat, in seiner Amtszeit bei der Weltbank hat er sie noch überboten.«[47] ›Mara‹ hat sich seinen Rufnamen verdient.

Geheime Operationen von Partei- und Regierungszirkeln gegen das eigene Land sind weitaus älter als der Northwoods-Plan aus den 60er Jahren. Sie dienten in der Vergangenheit schon des öfteren der Rechtfertigung von Notstandsgesetzen oder als Grund zum Eintritt in einen Krieg. In diese Reihe gehören u.a.:

- die Sprengung des US-Schiffes Maine am 15. Februar 1898 im Hafen des damals spanisch regierten Havanna (Kuba) durch einen angeblichen »Torpedo-Angriff der Spanischen Marine«. In Wahrheit waren es US-Agenten, die einen Sprengsatz nahe dem Munitionsmagazin zündeten. Dieser »spanische Terrorakt« diente als Rechtfertigung für die Kriegserklärung vom 25. April an die Regierung Spaniens. Im folgenden Krieg ›beerbten‹ die US-Regierung und deren Finanzkreise mit dem Schlachtruf: »Denkt an die Main!« das spanische Kolonialreich um u.a. Puerto Rico, Guam, Hawaii und die Philippinen.
- die Todesfahrt des aus New York kommenden Passagierschiffes Lusitania, welches vorsätzlich mit erheblich reduzierter Geschwindigkeit (damit leichter treffbar) und abgezogener Kriegsschiffeskorte in ein Gebiet gelotst wurde, in welchem der britische Marinegeheimdienst ein deutsches U-Boot lokalisiert hatte. Was die Passagiere nicht wussten: In den Laderäumen befanden sich Waffen und Munition für die britische Armee. (Es war dies nicht die erste Fahrt der Lusitania

als Transporteur ahnungsloser Passagiere und inoffizieller Militärgüter.) Am 7. Mai 1915 wurde das ›Passagierschiff‹ Lusitania vom deutschen U20 versenkt. Es wurden 1198 Menschen verschiedener Nationalitäten geopfert, darunter auch viele Amerikaner. Mit diesem Ereignis begann in den USA eine Pressekampagne, um die zuvor eher unwillige Bevölkerung für einen Krieg an der Seite Großbritanniens gegen Deutschland zu motivieren und den zögernden Präsidenten Thomas Woodrow Wilson unter Handlungsdruck zu setzen. (Es dauerte jedoch noch zwei Jahre bis zur Kriegserklärung am 6. April 1917.)

• der von den Nazis inszenierte Brandanschlag auf das Reichstagsgebäude am 27. Februar 1933 in Berlin, der den Kommunisten in die Schuhe geschoben wurde. Der Reichstagsbrand erlaubte dem frisch gewählten Hitler, die Notstandsverordnungen hemmungslos auszunutzen und durch das dem Brand nachfolgende parlamentarische Ermächtigungsgesetz endgültig die Diktatur einzuleiten.

• der von der SS mit polnischen Armeeuniformen am 1.9.1939 inszenierte Überfall auf den Rundfunksender Gleiwitz, an der damaligen Grenze zu Polen, heute Gliwice. Die Rundfunkankündigung Hitlers, dass »zurückgeschossen« würde, leitete den Anti-Terror-Blitzkrieg gegen Polen ein, und damit den 2. Weltkrieg. Der Hitler-Bush-Vergleich der ehemaligen deutschen Justizministerin Hertha Däumler-Gmelin wurde vielleicht nicht von den Massenmedien, allen voran Springers Bild-Zeitung, aus einem Mangel an Substanz rhetorisch niedergeknüppelt, sondern weil er möglicherweise ein Zuviel an unerträglicher und nonkonformer Substanz enthielt? Wie sagte schon der Geschichtsphilosoph George Santayana (1863-1952): »Those who cannot remember the past, are condemned to repeat it.«

• der von der US-Regierung provozierte und geduldete »Überraschungangriff« der japanischen Flugzeugträgerflotte auf den US-Pazifikstützpunkt Pearl Harbor (Hawaii) am 7. Dezember 1941, der es der Regierung Franklin D. Roosevelt ermöglichte, endlich offiziell in den weltweiten Kampf gegen den Faschismus der Achsenmächte Japan-Deutschland-Italien aktiv einzugreifen. Die Kriegserklärung der USA erfolgte am 8. Dezember. Dies war der Anfang vom Ende der faschistischen und totalitären Regierungen der Achsenmächte. Roosevelt kam innenpolitisch nicht mehr dazu, den industriellen und finanziellen Sympathisanten eines schleichenden US-Faschismus den Prozess zu machen, eine Radikalkur, die erst nach dem siegreichen Ende des Krieges möglich gewesen wäre. (So blieb dieser unausgetrocknete Sumpf für Nixon, Reagan und Bush verfügbar.) Roosevelt wurde 33 Tage nach Reichskanzler Hitlers Ernennung (30.1.1933) zum Präsidenten gewählt und er starb, zu früh, 18 Tage vor Hitlers Selbstmord (30.4.) am 12. April 1945. Während Hitler mental dem pseudo-esoterischen Umfeld des Thule- bzw. Germanenordens nahe stand, war Roosevelt Hochgradmitglied eines aussterbenden Zweiges der humanistisch-kosmopolitischen Freimaurerei. Die parallele Regierungszeit dieser beiden Persönlichkeiten und die zwischen diesen beiden Gravitationszentren herrschende Polarität könnte mehr als nur ein historischer Zufall gewesen sein.

- die angebliche Torpedierung des US-Schiffes Maddox im August 1964 durch »kommunistische Kräfte« im Golf von Tonkin (Vietnam), die zum schrittweisen Eingreifen der USA in den Vietnam-Krieg führte und schlicht eine Propagandalüge aus dem Hause des Pentagonchefs McNamara war.
- Von Januar bis Mai 1999 verschwanden auf tschetschenischem Territorium etwa 120.000 Tonnen Rohöl aus der Transit-Pipeline von der aserbaidschanischen Erdölstadt Baku zum russischen Hafen Noworossisk. Anfang Juni wurde die Pipeline durch einen Sprengstoffanschlag islamistischer Rebellengruppen unterbrochen, die Ausbildung und Bewaffnung während des Afghanistan-Krieges durch die Bin Laden-Organisation erhielten. Der russische Geheimdienst behauptete, Hinweise auf die Verwicklung der CIA zu haben. Die russische Regierung entschloss sich insgeheim, einen massiven Feldzug zu

starten. Aber genügen gesprengte Pipelines, auch wenn dies an die wirtschaftliche Substanz geht, als Rechtfertigung dafür?

• Am 9. August 1999 wurde der Chef des Inlandgeheimdienstes (FSB) Wladimir Putin von Präsident Boris Jelzin zum russischen Premierminister ernannt. Am 31. August explodierte die erste Bombe in einem Moskauer Kaufhaus. Es folgten am 9., 13. und 16. September weitere Bombenanschläge auf Hochhäuser in Moskau, bei denen über 300 Menschen starben. Nun genügte die Zustimmung in der russischen Bevölkerung für den Beginn des 2. Tschetschenien-Krieges. Erst später wurde bekannt, dass FSB-Mitarbeiter in die Vorbereitung eines gescheiterten Bombenattentats für den 22.9. verwickelt waren.

Im Jahr 1998 tritt eine neuformierte erzkonservative Gruppe aus dem Umfeld der republikanischen Partei und des militärisch-industriellen Establishments ins Licht der Öffentlichkeit. Dieser ultrarechte Think-tank (Denk-Fabrik!) nennt sich »Project for the New American Century« (PNAC). In einem Brief vom 26. Januar 1998 an den demokratischen Präsidenten Bill Clinton fordern die Mitglieder die kriegerische Entmachtung des irakischen Regimes Saddam Husseins sowie die Kaltstellung der UNO.[48] Clinton, der schon im Herbst 1996 dem Druck erzkonservativer Kreise nachgab und die Wiederwahl von UN-Generalsekretär Boutros Boutros-Ghali mittels Veto im Sicherheitsrat verhinderte, wollte so weit nicht gehen. Danach bekam er Probleme durch die Monika Lewinski Sex-Affäre, das anschließende Amtsenthebungs-Kesseltreiben des republikanischen Staatsanwaltes Starr sowie durch einen Wiederaufwärmungsversuch des Whitewater-Immobilienskandals (u.a. Steuerbetrug) aus seiner Zeit als Gouverneur in Arkansas.

Die Herren des PNAC (www.newamericancentury.org) aber wollten mehr. In den Abgründen ihres Unterbewusstseins »develops the new century itself as a new fury«. In einem Strategiepapier, teilweise in Zusammenarbeit mit dem Council on Foreign Relations, aus dem Wahljahr 2000 erkannten sie, dass sich die absolute Vorherrschaft innerhalb und außerhalb der

USA am einfachsten durchsetzen ließe, wenn »ein katastrophales Ereignis« stattfände, welches »als Katalysator dient – ein neues Pearl Harbor«.[49] Zufällig im gleichen Jahr brachte die Traumfabrik Hollywood den Film »Pearl Harbor« auf den Kinomarkt. Dreizehn Monate nach dieser kollektiven Gehirnwäsche, am 11. September 2001, bekam die USA dann ihr neues Pearl Harbor.

Am 22. August 1939 spricht der ›Homo SS Adolf Hitler‹ (und er steht hier stellvertretend für viele machtbesessene Politiker, Bankiers und Militärs) in einer zunächst geheim gehaltenen Sitzung vor den Oberbefehlshabern der Wehrmacht über die Inszenierung des kommenden Weltkrieges: »Ich werde propagandistischen Anlass zur Auslösung des Krieges geben, gleichgültig, ob glaubhaft. Der Sieger wird später nicht danach gefragt, ob er die Wahrheit gesagt hat oder nicht. Bei … Führung des Krieges kommt es nicht auf das Recht an, sondern auf den Sieg.«[50] Statements von Mitgliedern der US-Regierung zu Beginn ihres weltweiten ›Anti‹-Terror-Krieges, es könne notwendig werden, zu lügen, zu täuschen und Dinge zu verschweigen, damit dieser Kampf der Kulturen (und der Kulte) gewonnen werde, klingen sehr ähnlich. Die NS-Dämonie in der deutschen bzw. mitteleuropäischen Volksseele wirft ihren Schatten bis nach Amerika. Was einst bekämpft wurde, gewinnt Macht über die Sieger. Der Schatten Hitler-Deutschlands. Es ist dies auch die Aussaat der Emigranten Leo Strauss und Albert Wohlstetter.

Besessenheit.
Ein spirituelle Skizze der Dämonie

> Er, Bush, ist so besessen ... und nicht in der Lage,
> die Wahrheit zu akzeptieren. Plötzlich werden die
> Bürgerrechte ausgesetzt, auf einmal können Leute
> ohne Anklage ... verhaftet werden –
> das ist es, was gerade in Amerika passiert.
> Das erinnert mich doch sehr an die Methoden
> von Hitler, Stalin und Mussolini.
>
> *Harry Belafonte*[51]

»Ich hoffe, es ist klar, dass nicht alle Amerikaner mit unserem
Präsidenten darin übereinstimmen, ein Krieg gegen den Irak sei
rechtmäßig. Millionen von uns sind überzeugt, dass Bush, Che-
ney und Rumsfeld bis zu einem gewissen Grad besessen sind von
ihrem Größenwahn, getrieben von Gier nach dem irakischen
Öl«, schreibt Marvin Stevens aus New Hampshire in seinem
Leserbrief an den SPIEGEL.[52] Besessen von Größenwahn, getrieben von Gier. Was tut sich in den Seelen dieser Männer, die
bereit sind, über Zehntausende von Leichen zu gehen, um ihre
wahnhafte Besessenheit und Machtgier zu ›befriedigen‹? Auf
welchen (okkulten) Wegen wandeln sie? Welchem Abgrund entstammen ihre Inspirationen? Welcher psychohistorische Prozess
hat den Weg freigeräumt zu ihrer Machtergreifung und zu ihrer
Machtergriffenheit?

Friedrich Nietzsche (1844–1900) hat den Weg gesehen. Und den
Abgrund. Und die Mächte dahinter. In der Vorrede zu seinem
zwischen 1883 und 1885 entstandenen Werk *Also sprach Zarathustra* schreibt er: »Der Mensch ist ein Seil, geknüpft zwischen
Tier und Übermensch – ein Seil über einem Abgrund.« Hier
schreibt und schreit einer, der fast hellsichtig miterlebt, was sich
in der abendländisch-christlichen Seelengeschichte ereignet hat.

Sein berühmtester Satz ist wohl auch der am häufigsten verkürzte und missverstandene: »Gott ist tot!« Und es gibt dafür auch einen Grund: »Wir haben ihn getötet, – ihr und ich!«

Nietzsche hat nicht nur die heuchlerische Gottlosigkeit des ihn umgebenden Pseudo-Christentums diagnostiziert, sondern auch die bunte Geistlosigkeit der modernen abendländischen ›Kultur‹ durchschaut. Er, der 1870 als freiwilliger Krankenpfleger im Deutsch-Französischen Krieg tätig war, sah den geistigen Untergang des Abendlandes.[53] Der junge Rudolf Steiner, der den 1889 unter der Last seiner Schauungen und seiner Sensitivität (beim Versuch, einem brutal peitschenden Turiner Pferdekutscher in den Schlagarm zu fallen) nervlich zusammengebrochenen Philosophen 1894 in Naumburg besuchte, veröffentlichte im Jahr danach das Buch *Friedrich Nietzsche. Ein Kämpfer gegen seine Zeit*. Steiner war es auch, der später, 1917, unter geisteswissenschaftlich-tiefenpsychologischen Gesichtspunkten über die Hintergründe jener Zeit gesprochen hat. Hintergründe, die den Seher Friedrich Nietzsche letztlich in den tiefen Abgrund einer schweren Depression gestoßen haben.

»Gott ist tot! Wir haben ihn getötet, – ihr und ich!« Und Nietzsche stellte die bange Frage: »Ist nicht die Größe dieser Tat zu groß für uns?« Über ein Jahrtausend Machtmissbrauch, Heuchelei und Kreuzzüge im Namen dieses armen Gottes haben ihn diskreditiert und seinen Namen entehrt und entleert. Die Fassaden glänzen noch, aber die Seele, in der Sprache der Alten »das Haus Gottes«, steht leer.

In immer neuen Wellen durchwühlen die *Ismen* der falschen Götter die Häuser der Leute ohne ICH-Qualität. Wo immer Individualität, Sozialität und Humanität nicht erneut in der Seele verankert werden, ziehen die Dämonen in moderner Gestalt ein: Industrialismus, pathogener Egoismus, Kapitalismus, Imperialismus, Katholizismus, Kollektivismus, Nationalismus, Militarismus, Kommunismus, fröhlich-frivoler Materialismus, totaler Konsumismus, sexueller Hedonismus, Sadomasochismus, Vatikanismus,[54] Nihilismus, Faschismus, Totalitarismus und selbstmörderischer Exterminismus (vom Genozid zum Geozid) sind die modernen Steigerungsformen des Bösen. Diese das Denkvermögen trübenden und bei manchen Leuten das neue Massenphänomen Kopfschmerzen mitverursachenden Kräfte, die in und durch die Ismen wirken, degradieren Menschen zu Tieren und löschen dieses ›Schlachtvieh‹ schließlich auf der letzten Steigerungsstufe aus.

Was passieren kann, wenn der alte Gottes-Begriff innerlich tot-gespielt und leer-gelaufen ist, und die Veranlagung zu einer neuen Geistes-Freiheit noch keine ICH-Verankerung im unterentwickelten Bewusstsein gefunden hat, zeigt exemplarisch Henry Dunants Buch *Eine Erinnerungen an Solferino* (1862). Der Schweizer Dunant (1828-1910) schildert darin, wie er 1859 als Zivilist die Schlacht zwischen Österreichern und Franzosen/Italienern, südlich des Gardasees, erlebte (zu diesem Zeitpunkt war Nietzsche 15 Jahre alt): »Es gibt kein Pardon. Es ist ein allgemeines Schlachten, ein Kampf wilder, wütender, blutdürstiger Tiere. Selbst die Verwundeten verteidigen sich bis zum letzten Augenblick. Wer keine Waffen mehr hat, packt den Gegner und zerreißt ihm die Gurgel mit den Zähnen.« Es waren getaufte Christen, die dies einander angetan haben. Aber in den Seelen dieser Leute ist Gott tot. Solferino gehört nicht zu den »Sternstunden der Menschheit« (Stefan Zweig). Solferino ist ein Name für die anti-humane Verdunklung des menschheitlichen Geistes. Solferino ist das Menetekel einer anti-christlichen Sonnenfinsternis im Herzen des Christentums.

Aber Solferino entzündet auch das schlafende Licht in dem Geschäftsmann Dunant. Noch vor Ort meldet er sich, wie später Nietzsche, als Verwundetenpfleger. Zurück in Genf investiert Henry sein Vermögen in den Aufbau einer internationalen, humanitären Organisation. Im Jahr 1864 gründet er das Rote Kreuz. Er bringt viele Regierungen dazu, Vereinbarungen über die Schonung und medizinische Versorgung Verwundeter zu unterschreiben, über die menschenwürdige Behandlung Kriegsgefangener und über den Schutz der Zivilbevölkerung in Kriegszeiten. In diesen Genfer Konventionen wurde auch der Schutz des Roten Kreuzes selbst garantiert. (Es gab und gibt immer wieder Regierungen, die die Genfer Konventionen missachten, darunter die Regierung Hitler, die Regierung Churchill und die Regierung George W. Bush.) Aber Henry Dunant macht sich durch seinen kompromisslosen Einsatz auch Neider und Feinde. Durch Intrigen wird er aus dem Vorstand des Internationalen Komitees vom Roten Kreuz gemobbt und lebt zeitweise als Landstreicher. Doch er bleibt menschlich im Leiden. Henry Dunant hat den Seilakt bestanden. In ihm leuchtet ein starkes Ich. 1901 erhält er den Friedensnobelpreis. Henry Dunant war innerlich ein Christ und äußerlich ein Kosmopolit: sein Christentum/Menschentum äußerte sich in seinem Weltbürgertum. Die evangelische Theologin, Menschenrechtlerin und Friedensaktivistin Dorothee Sölle notiert 1997 in ihrem Werk *Mystik und Widerstand* über den Kampf eines Menschen zwischen ICH-Suche und EGO-Ismen: »Hammarskjöld war ein Mensch der Moderne. Ihm ist schmerzlich bewusst, dass mit dem Verschwinden Gottes das Ich zum einzigen Gott avanciert ist. [...] Aber wie könnte das Ich mystisch frei werden, wenn es so geschult ist, sich selbst in jeder Verkleidung zu durchschauen, so unbestechlich und verzweifelt weiß, wer es ist. [...] Hammarskjöld hat nicht um übernatürliche Eingriffe einer göttlichen Macht gebetet; der Glaube, um den er rang, war nicht eine nostalgische Kinderreligion. Es war eine erwachsene diesseitige Mystik.«(S.282) Hammarskjöld war einer von Jenen im 20. Jahrhundert, die über das EGO-Seil balancierten, und in deren ICH der Geist (Gottes) wieder zurück auf die Erde kam.[55]

Es ist dies die individualisierte Rückkehr jenes Geistes, dem die Kirchenfunktionäre beim achten Konzil in Konstantinopel im Jahr 869 versucht haben, die Existenz abzusprechen. Damals wurde theologisch für den Bereich des staatlichen Kirchenchristentums entschieden, dass der Mensch nur aus Leib und Seele (lat. *anima*) besteht. Für die Heils-Vermittlung des Geistes sei die

Kirche notwendig und zuständig. Außerhalb des Kirchenmonopols gäbe es für den einzelnen Menschen weder Geist noch Heil. Durch die Abspaltung des Geistes bzw. des Göttlichen aus dem menschlichen Zusammenhang bereitete sich im Wirtskörper der römisch-katholischen Kirche die Veranlagung zum späteren naturwissenschaftlichen Darwinismus und psychologischen Materialismus (Psychologismus und Biologismus) vor. Ohne die Gnadenvermittlung der Kirche, bzw. später der Naturwissenschaft und der Technologie, bliebe der Mensch nur ein etwas höher entwickeltes Tier. Diese Ideologie ist die optimale Voraussetzung für die Ausübung theologischer und später technologisch-staatlicher Macht-Herrschaft. Der Mensch als seelisches Herdenwesen mit gesellschaftlich ein-gebildeter Ich-Struktur (Ego), welches der theologischen wie der ideologischen Führung bedarf: Dies ist einer der Quellorte von Faschismus und Totalitarismus.

Was passiert, wenn den einzelnen Menschen die individuelle Geistentwicklung ausgetrieben wird, wenn das individuelle Ich und Ich-Bewusst-Sein negiert wird und damit im Seelenwesen ein geistiges Vakuum entsteht, zeigt das Zeitalter der Ego-Ismen: Es bilden sich selbst-mörderische (dämonische) Besessenheiten in den Ich-Sinn-entleerten Seelenräumen. Aber man hatte den Menschen im Bereich des Kirchenchristentums nicht nur ihr Geist-Erbe verschwiegen, sondern auch ihren Glauben an die Wiederkunft Christi ins Leere laufen lassen.

Unternehmen wir eine kleine Zeitreise ins Jahr 999/1000 unserer Zeitrechnung, in welchem die materielle Wiederkunft Christi erlösungs-sehn-süchtig erwartet wurde. Stellen Sie sich bildhaft die Tage zwischen Sylvester und Epiphanias (6. Januar) vor: überfüllte Kirchen und Kirchenvorplätze, die Selbstkasteiungen der Geißlerbewegung, die Entlassung von Leibeigenen, das bußfertige Tragen von Armutskleidern (z.B. aus Getreidesäcken), das Aufblühen des Handels mit Sündenablassbriefen[56], das kollektive Gebetsmantra »Herr komme!«, die Mitternachtsmesse, der 1. Januar des neuen Jahrtausends – und nichts geschieht. Dieses Nicht-Ereignis war ein traumatischer Schock für die damalige

Seelenlage. Man hatte Gott und Geist überall gesucht, nur nicht in sich selbst; ein Weg, der durch das Konzil von Konstantinopel zunächst versperrt war. Was hat diese schockartige Ent-Täuschung nun in den Seelen der Menschen ausgelöst?

Das kollektive Trauma, die Wunde, führte zu einer Spaltung. Die einen wandten sich nun dem Weg nach Innen zu, verbanden und versöhnten Christentum mit der Gnosis und den griechischen Mysterien. Gnothi seauton – Erkenne Dich selbst! Und Du erkennst Gott und die Geheimnisse des Weltenalls auch in Dir wirkend. Das Trauma war der letzte Tropfen, der den Kelch zum Überfließen brachte. Es war dies die geistige Geburtsstunde der mittelalterlichen Mystik und der christlichen Seelenerforschung.[57] Mutige Christen begannen eine persönliche Gebets-Verbindung zum Geist und zu dem, was sie als Christuslicht erkannten und verstanden, herzustellen. Neben vielen anderen Visionären sind hier Namen wie Hildegard von Bingen, Franz von Assisi, Meister Eckhart, Johannes Tauler, Johann Scheffler (Angelus Silesius) und George Fox (Begründer der Quäker) zu nennen. Auf dem Balkan versammeln sich die christlichen Bogomilen (›Gottesfreunde‹) und in Mitteleuropa emanzipiert sich die frühfeministisch-christliche Beginen-Bewegung. In Südfrankreich erwuchsen die Katharer aus den Nachklängen der Katastrophe des Jahres 1000. Die meisten dieser im christlichen Rahmen zum geistigen Menschsein erwachten Persönlichkeiten und Strömungen wurden vom exoterischen Staatschristentum misstrauisch beobachtet, verfolgt und unterdrückt.

Die Spaltung, die Unter-Scheidung der Geister durch das Trauma. Und welchen nicht- oder sogar anti-meditativen Weg gingen die anderen? Die Mehrzahl der Kirchenfürsten und des Kirchenvolkes versuchte der Frustration und Depression durch Aggression zu entfliehen. 1054 spaltet sich die griechisch-orthodoxe Ostkirche in Byzanz, nach einer Provokation Roms (Päpstliche Bannbulle), von der Westkirche ab. Unter Gregor VII (Papst von 1073–1085), selbst von Verbündeten wie dem hl. Petrus Damianus als »scheinheiliger Satan« bezeichnet, eskalierte der Krieg zwischen Papst- und Kaisertum. Die Pseudoisidorische Kirchenrechtssammlung, eine Fälschung, wird vom Papst benutzt, um seine Kirchenmacht auszubauen. Kaum auf dem Stuhle Petri, lässt er erste Pläne für einen Kampf gegen Islam und Judentum entwerfen. (Ein ›Samael‹ Huntington‹ seiner Zeit!) In Gregor VII bricht der alte, römische Cäsarenwahnsinn wieder durch. Genius loci: Schon der Ort der Papstburg, das ehemalige Hadrian-Mausoleum, war unglücklich gewählt.

Um den Selbsthass und die weitere Selbstzerfleischung der *Christenheit* aufzuhalten oder doch wenigstens einzudämmen, ruft Urban II (Papst seit 1088) 1095 zum Kreuzzug gegen den Islam auf: »Deus lo volt!« (Gott will es!) wird zum Schlachtruf der Kreuzritter. Die oben beschriebene Flucht und die zumeist unbewusste Suche nach der verloren gegangenen Christus-Beziehung führte sie bis vor die Mauern von Jerusalem. 1099, im Geburtsjahr der Hildegard von Bingen, wird die Heilige Stadt im Namen Christi blutig erobert, Moslems und Juden gnadenlos abgeschlachtet. Und dies ist erst der Anfang des *christlichen* Kolonial-Ismus.

Verwundert es da noch, nach dieser psychohistorischen Blut- und Gehirnwäsche, wenn etwa 800 Jahre später ein Friedrich Nietzsche die Diagnose laut ausspricht: »Gott ist tot.«, und »Wir haben ihn getötet« – indem wir Christen Jahrhunderte lang, nicht in Selbstverteidigung, sondern in einem Angriffskrieg, Moslems, Juden und so genannte Heiden abgeschlachtet haben, und dies im Namen jenes Geistesmenschen, der die Worte sprach: »Liebet eure Feinde!« Damit haben wir auch »Christus in uns« ertötet.

Dies ist des Pudels Kern: Warum aus einer falsch verstandenen Erlösungssehnsucht eine uneingestandene Todessehnsucht wurde. Die Angst erzeugenden Kräfte von Egoismus, Materialismus und Nihilismus[58] sorgten dafür, dass unserer geistig-kultureller Selbst-Mord, eine Art spiritueller Gedächtnisverlust (*Memozid*), zu einem mörderischen Ausrottungskreuzzug gegen andere Kulturen und Völker (Genozid) sowie gegen die Biosphäre der

Erde und das Leben selbst (Biozid) mutierte. Dieser Schatten verfolgt uns. Dieser Doppelgänger ist der unsrige. Ein George W. Bush steht hier als Täter und Opfer nur stellvertretend für die ganze moderne, exoterische *Christenheit bzw. Menschheit.* Und daran würde sich auch nichts ändern, wenn diese unsere Geistes-Mangel-Krankheit ihr pseudo-christliches Gewand gegen eine islamische, eine buddhistische, eine neo-germanische oder eine baha'i'istische Verkleidung eintauschen würden. Dieser Schatten folgt uns, einerlei, ob und wie wir uns verkleiden. Daher: Liebet den Schatten gut!

Neue Verkleidungsformen bergen eher die Gefahr, dass dabei ein wichtiges Instrument der Verwandlung verloren ginge: unser Schamgefühl, (noch) keine Nachfolger Jesu zu sein. Und ich meine damit nicht, die Sehnsucht nach Golgatha! (Golgatha brauchen wir nicht zu suchen, es kommt früh genug.) Ich rede von der Realisierung des Ereignisses am Jordan. Und ich rede nicht vom Taufchristentum. Ich rede von der schrittweisen Erleuchtung, von dem langsamen Erwachen einer geistigen Sonne und eines geistigen Wortes (Ortes) im Menschen selbst und in der Menschheit.

Und ich rede nicht vom Übermenschen, nicht vom Christenmenschen (und seiner angeblichen Überlegenheit z.B. gegenüber dem Moslem oder Hindu) und auch nicht vom deutschen oder angloamerikanischen *homo sapiens superior.* Ich rede vom Homo Humanus, vom interreligiösen Menschen, der sich vor dem Geist im anderen verneigt, wo auch immer er dieses geistige Menschsein findet.

Und ich rede nicht von Scharon, Hussein, Bush, Putin, Rumsfeld, Annan, Blair, Merkel, Stoiber, Gysi, Schröder oder Schlauch. Ich rede von Nelson Mandela, Vaclav Havel, Hans Blix, Arundhati Roy, Susan Sontag, Boutros-Ghali, Cynthia McKinney, Aldo Moro, Anwar-el-Sadat, Willy Brandt, Erich Fromm, Martin Luther King, Dag Hammarskjöld und Mahatma Gandhi. Ich rede von den Menschen, mehr noch: ich rede von den Traumatologen.

Aber es wird Zeit, dass wir auch über die dunklen Begleiter der Menschwerdung sprechen, über die Dämonen. Wer das Neue Testament aufmerksam liest, dem wird nicht entgehen können, dass eine zentrale Wirksamkeit jener Kraft bzw. Wesenheit, die dort als Christus bezeichnet wird, die Fähigkeit ist, Dämonen auszutreiben und Besessene zu heilen. Es ist dies die seelische Wunden heilende Kraft des Urwortes und des Urzeichens. Das Bewusstsein des Urgrundes siegt über den Abgrund. Dazu bedarf es noch nicht einmal der Mitgliedschaft in der christlichen Kirchengemeinde. Im Markus-Evangelium (9, 38-40) weist der Menschensohn seine übereifrigen Jünger zurecht: »Meister, wir sahen einen, der uns nicht nachfolgt, in deinem Namen Dämonen austreiben, und wir wollten ihn hindern, weil er uns nicht nachfolgt.« Jesus aber sprach: »Hindert ihn nicht, denn niemand wird in meinem Namen ein Zeichen wirken und bald darauf Böses über mich reden können. Denn wer nicht gegen uns ist, der ist für uns.«

Wie anders klingt das bei dem »wiedergeborenen Christ« George W. Bush: Wer nicht für uns (und unseren Anti-Terror-Kreuzzug) ist, der ist gegen uns (und damit ein potentieller Terrorist). Anti-Christentum. Am gefährlichsten im Gewand des Christentums.

Viele Seiten zuvor erwähnte ich im Zusammenhang mit Nietzsche die spätere Rückschau Rudolf Steiners, der 1895 eine Art frühe Biografie über Nietzsche schrieb. In einem Vortrag vom 6. Oktober 1917 spricht er über die Visionen Nietzsches, »der über alle Vaterländer und über allen Chauvinismus weit erhaben war«. Er beschreibt, wie die Leute äußerlich Anhänger von Nietzsches Doppelgänger – dem falsch verstandenen Zarathustra – wurden, dabei aber nicht verstanden haben, worum es Nietzsche ging: »Nietzsche hat das Ideal der ›blonden Bestie‹ aufgestellt. Verstanden haben die Menschen wenig davon. Aber Ricarda Huch sagt: Ein jeder, der nicht einmal die Anlage hat, ein respektables Meerschweinchen zu werden, hat sich eingebildet, selber nun die ›blonde Bestie‹ zu sein im Sinne Nietzsches. – Ja, das ist nämlich heute der Standpunkt des Spießbürgertums.«[59] Ricarda Huch stellt in ihrem Buch ›Luthers Glaube‹ fest, dass es für die gegenwärtige Menschheit notwendig sei, den Teufel erneut erkennen zu lernen. Man schaue sich symptomatisch die traurigen Klein- und Spießbürgergestalten eines Adolf Hitler oder eines Heinrich Himmler an: Die *ideale* Seelenkonfiguration, um von ›Zarathustras dunklem Doppelgänger‹ in den Größenwahnsinn getrieben zu werden. Zumal eine Besessenheit zuvor Ich-schwacher Menschen eine fast übermenschliche, in Wahrheit unmenschliche, Kraftentfaltung ermöglichen kann, wie der Neurologe und Psychiater Peter Halama in einem der wenigen mutigen Fachartikeln[60] zu diesem Thema seitens der nicht-anthroposophischen Medizin ausführt. An Nietzsches Visionen streiten sich die Geister.

Am 14. Oktober 1917[61] spricht Steiner über die Macht hinter den ›Ismen‹, besonders über Ahrimanismus und Materialismus, indirekt auch über Nationalismus und Kommunismus. Er beschreibt einen Kampf im geistigen Bereich zwischen michaelisch-apollinischen und ahrimanisch-dämonischen Kräften. Als Folge dieses kosmischen und ordnungspolitischen Geisteskampfes seien aus einer höheren Schwingungsebene (Dimension) bestimmte dämonische (zerstörerische) Kräfte, die sich dann schrittweise in den verschiedenen ›Ismen‹ (wie dem Materialismus) äußerten, zwischen 1841 und 1879 in den Wirkraum der menschlichen Seele eingesickert. Die kurze Schilderung einer Schlachtszene von Solferino wie auch die Besprechung des Filmes *Soylent Green* am Anfang dieses Buches dienen als Beispiele, um die Auswirkungen dieses schleichenden Vorganges in ihrer letzten Brutalität zu veranschaulichen.

In seinem Vortrag vom 7. Oktober 1917[62] spricht der Begründer der anthroposophischen Seelenmedizin über das Vakuum in den Herzen und Köpfen der *Menschen*: »Aber in Wirklichkeit leer bleibt nichts in der Welt. [...] Und wenn sich die Seelen nicht dazu bequemen wollen, Impulse aufzunehmen, die nur aus dem spirituellen Wissen kommen können, dann wird der Leib angefüllt von dämonischen Gewalten. Diesem Schicksal geht die Menschheit entgegen, dass die Leiber angefüllt werden können

US-Soldat vor Bagdad   Salma Hayek

von ... ahrimanisch-dämonischen Gewalten.« In den Gestalten der Ismen, vom Sexismus über den Konsumismus bis hin zum Sadomasochismus, vom Katholizismus über den Protestantismus bis hin zum Zionismus, vom Materialismus über den Kapitalismus bis hin zum Faschismus etc. erleben wir diese Gewalten, die versuchen, das ganzheitliche Denkvermögen, die menschliche Individualität und die menschheitliche Moralität auszuradieren. Oder wie einer, der den UNO-Geist verkörperte und in dem Denkvermögen, Individualität und Moralität Gastrecht hatten, erkannte: »Dämonen kommen ungeladen, wenn das Haus leer steht. Anderen Gästen musst du schön die Tür öffnen.«

Wer nur auf die Hüllen der Ismen schaut, übersieht leicht das Wesentliche. Die Mehrzahl der Menschen ist noch damit beschäftigt, über Nebensächlichkeiten zu klagen. UN-Generalsekretär Dag Hammarskjöld notierte 1956 während der Suez-Kanal-Krise in sein Tagebuch: »In der Arena, wo Ormuzd mit Ahriman kämpft, vergeudet die Zeit wer [streunende] Hunde verjagt.«

110

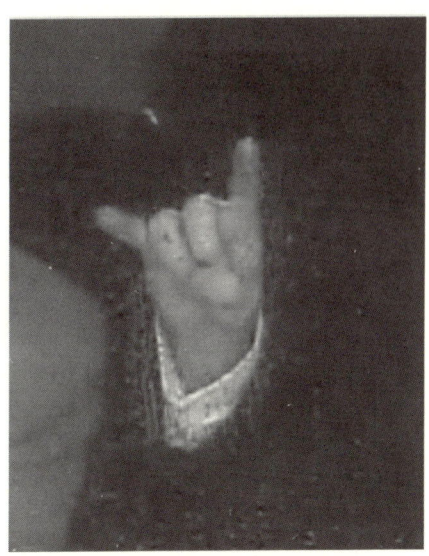

Ein weit verbreitetes Symbol ...

Ahriman, in der Religion des Zarathustra die Verkörperung des bösen Geistes, strebt nach der Herrschaft über die Gedanken, die Gefühle und letztlich über die Körper der Menschen. Er ist der finstere Gegenspieler des Lichtgottes Ormuzd bzw. Ahura Mazdao. Am 28. Dezember 1919 weist Rudolf Steiner in einem Vortrag darauf hin, dass in naher Zukunft, am Anbeginn des 21. Jahrhunderts, diese dämonische Kraft von einem Menschen »in der westlichen Welt« Besitz ergreifen wird, dessen Allerweltsname zum Beispiel »John William Smith« lauten könne.[63]

Wie kann eine solche In-Besitznahme bzw. Inkorporation vor sich gehen? Und welche Voraussetzungen begünstigen die ahrimanische Einwohnung? Dass eine solche dämonische Kraft, die wir an dieser Stelle Ahriman nennen, sich zu ihrer machtpolitischen Entfaltung keinen Straßenkehrer oder Zeitungsverkäufer als Opfer bzw. Träger aussucht, liegt in der Natur ihrer Machtergreifung. Oder falls doch, so würde dieser in relativ kurzer Zeit eine rasante machtpolitische Karriere absolvieren. Wen es auch

treffen würde: Die menschliche Psyche muss zuvor quasi weich-
gekocht werden. Ideal wäre ein Ich-schwaches Muttersöhnchen
mit starken Minderwertigkeitskomplexen, das gerne äußerlich
den starken Mann spielt. Alkoholismus, Hang zur Bigotterie und
eine manisch-depressive Verstimmung könnten auch nützlich
sein. Weiterhin wären das Eingebettetsein in eine reiche Politi-
ker- oder Bankiersfamilie oder die Mitgliedschaft in einer okkulten Vereinigung (gehobenes Niveau) hilfreich. Nach geglückter
Besetzung wären eine ungewohnt charismatische Kraftentfaltung
und Wesenveränderung zu beobachten. Bestimmte Schwächen,
die beim Auftreten hinderlich sind, könnten plötzlich entfallen.
Es wäre eventuell sogar eine intellektuelle Intelligenzsteigerung
zu beobachten. Aus einem wenig erfolgreichen Tagträumer und
Spaziergänger könnte ein Stalker, ein Pirschjäger, werden.

Eine positive Metamorphose findet sich im Neuen Testament:
Die zeitweise Erblindung und Verwandlung des mörderischen
Saulus in einen pro-christlichen Paulus beim Christus-Licht-
Erlebnis von Damaskus (soweit man den Quellen vertrauen
darf). Eine negative Metamorphose bzw. Psychose dürfte Adolf
Hitlers Erblindung und Verwandlung nach dem Senfgas-Angriff
vom 15. Oktober 1918 gewesen sein. Seinem hysterisch-psy-

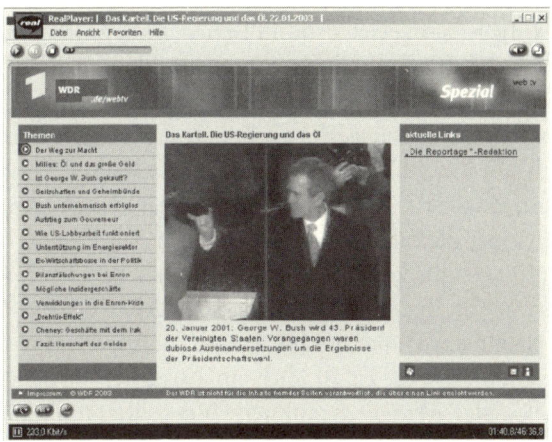

In den letzten Monaten wurde das Satanisten-Kennzeichen, der zu zwei symbolischen Hörnern (»der Gehörnte«) gespreizte Zeige- und kleine Finger, im US-amerikanischen Raum sehr populär. Diese Fotos zeigen Präsident Bush bei einer privaten und inoffiziellen Siegesfeier im Madison-Hotel (mit einem Teleobjektiv vom gegenüberliegenden Hochhaus durch die regennasse Fensterscheibe von einem WDR-Kamerateam aufenommen), sowie einen von vielen US-Soldaten bei der Eroberung Bagdads und die US-Schauspielerin mexikanischer (azte-kischer!) Herkunft Salma Hayek, welche vor Beginn ihrer Hollywood-Karriere in pornografischen Horrorfilmen mitgewirkt hat.

chosomatischen Temperament gemäß (zeitweilig an der Todes-schwelle schwebend), hatte er im Militärspital Pasewalk jene glorreiche Vision und hörte jene (dämonische) Stimme, die ihm befahl, Deutschland zu retten bzw., wenn es sich nicht von ihm retten ließe: Deutschland zu vernichten.[64]

Die Verkörperung des Dämonischen kann aber auch noch in ei-ner ganz anderen Art und Weise geschehen als in einem dunklen Buhmann. Beim Lesen dieser Ausführungen fiele es leicht, sich das Gesicht von George W. Bush vorzustellen. Diese Lösung des Rätsels wäre zu einfach. Selbstverständlich ist der momentane Bushismus eine smarte Form des wirtschaftlich-militärischen Faschismus. In seiner seelisch-moralischen Angegriffenheit nimmt ein George W. Bush auch für die vielen kleinbürgerlichen Faschisten in seinem politischen Umfeld (und in der Welt), die sich gerne groß- und weltbürgerlich geben, eine Stellvertreterrolle ein. Er ähnelt aber mehr einer Marionette als einem ahrimanischen Imperator. Zugleich ist er vielleicht der Stein des langsamen Anstoßes zu einer globalen Metanoia. Ein zeitweiser, sanft dosierter Antiamerikanismus kann eine emanzipatorische Therapie für die amerikanisierten Teile der Weltseele sein. Aber George W. Bush ist kein geeignetes Dauerziel für unseren Selbst-Hass und unsere existenzielle Paranoia. Er ist eher ein Ausdruck unserer eigenen dunklen Geistes-Mangel-Krankheit. Wir sollten ihn nicht verabscheuen, wir sollten von seiner Krankengeschichte lernen, denn sie ist auch, im schwächeren Ausmaße, unsere Seelengeschichte.

Die Technosphäre – Das Vierte Reich

> Das überhand nehmende Maschinenwesen
> quält und ängstigt mich,
> es wälzt sich heran wie ein Gewitter,
> langsam, langsam;
> aber es hat seine Richtung genommen,
> es wird kommen und treffen.
>
> Goethe, *Die Wahlverwandtschaften*

In den Straßen Deutschlands am 1. Januar 1999
Der Salpeter- und Schwefelgestank des Silvesterfeuerwerks hängt noch zwischen den Häusern. Ab und zu detonieren irgendwo Kracher und Kanonenschläge. Auf den Gehwegen liegen die Papierfetzen der Chinaböller und die ausgebrannten Gerippe der Feuerwerksraketen. Es sieht fast so aus, als wenn große Kinder mitten im Konsumfrieden ein bisschen Krieg gespielt hätten.

Nur die leeren Sektflaschen, Konfetti und Farbkondome geben der Szene eine etwas frivole Partynote.

Die Neujahrsausgabe der ZEIT druckt fett auf der Titelseite: »Mach's gut, Mensch«. Ein verschwommen digitalisiertes, aber noch menschliches Gesicht mit dem Fadenkreuz-Abdruck eines Zielfernrohrs unterhalb des rechten Auges und einer Nummernfolge auf der Stirn schaut den Leser an. Der Untertitel verkündet: »Das letzte Jahrtausend des Homo sapiens geht zu Ende. Wer kommt nach uns?«

Im Text kann man zur Begrüßung des Jahres 1999 lesen: »Zur Zeit ist der Mensch im Begriff, sich mit einer interaktiven, rechnenden Maschinenwelt zu umgeben. Noch ein paar Generationen, dann werden sich die Maschinen womöglich selbst umbauen, den Weg aller Evolution gehen und schließlich eine eigene Art kollektiver Intelligenz entwickeln. Vielleicht beschützt diese Technosphäre [*Hervorhebung durch den Verf.*] die Erde dann besser als der Mensch«.

1993 erscheint das Buch des Umweltjournalisten Dirk Fleck mit dem Titel *GO! Die Ökodiktatur*. Darin beschreibt der Autor, wie im total vernetzten Jahr 2020 (u.a. ist das Bargeld zugunsten einer universalen Kreditkarte abgeschafft) ein Geheimbund von Technokraten mittels Beherrschung der elektronischen Computerwelt eine ökologisch notwendig gewordene Weltdiktatur errichtet.

Mit dem Datum Sylvester 1999 beginnt das Buch *Der Planet schlägt zurück. Ein Tagebuch aus der Zukunft*, das Anton-Andreas Guha, Redakteur der Frankfurter Rundschau, ebenfalls 1993 veröffentlicht hat. Die fiktiven Aufzeichnungen eines Umweltjournalisten über die globale Krise des modernen Industriesystems, basierend auf der hemmungslosen Gier und der blindwütigen Fortschrittsneurose des Homo sapiens, enden mit dem Eintrag von Sylvester 2020: »Die künstliche Intelligenz streikt! ... Der Mensch ist entmachtet, die Computer haben ihm das Gesetz des Handelns aus der Hand gewunden. (...) Ein Wendepunkt in der Geschichte der Menschheit! Die Großrechner haben die Gestaltung unserer Zukunft übernommen. Sie haben erkannt, dass es so nicht mehr weitergehen kann.«

Manche Schriftsteller sind ja inspirierte Geistesarbeiter, die nicht nur dumpf ahnen, an welcher Schwelle wir als Menschheit stehen, sondern die dies, was da langsam aber sicher auf uns zukommt, auch fiktiv in Worte, Bilder und Begriffe fassen können. Lewis Mumford bezeichnete diesen neuen Technokult in seinem gleichnamigen Buch 1966 als den *Mythos der Maschine*. Die Entwicklung dieser ›ahrimanischen‹ Technosphäre versuche ich mit den nachfolgenden Grafiken visuell zu veranschaulichen. Sie zeigen die ursprünglich inspirative und imaginative Verbindung von Noosphäre (Geistige Welt) und früher Humanosphäre; und hierbei das Entstehen einer Techniksphäre, die die Welt des werdenden Menschenwesens von der Tierwelt durch Kulturtechniken (wie z.B. Acker- und Hausbau) abgrenzt – als eine der Voraussetzungen zur Stabilisierung der Humanosphäre. In der Weiterentwicklung bzw. -verwicklung entsteht eine Technosphäre, die ihre elementaren Kräfte aus der Geosphäre gewinnt, die sich nun zunehmend zwischen Humanosphäre und Noosphäre schiebt und den Kontakt zur buberschen Ideenwelt der Noosphäre erschwert und die Menschen von ihrem geistigen Ursprung isoliert. In alten Mythologien nannte man dies Götterdämmerung. So wie die Leute als eine Unterart der Menschen Jahrtausende lang das Tier- und Pflanzenreich brandgerodet, dezimiert und ausgerottet haben, verdrängt nun die Technosphäre zunehmend diese Leute und die Menschen aus der Arbeits-Welt.

Bei Lesern in Bharat (Indien) würde ich mit meinem Hinweis auf den karmischen Zusammenhang zwischen diesen beiden Prozessen wohl auf Verständnis hoffen können. Im momentan materialistisch verblendeten Nordwesten ist auf ein solches intuitives Verständnis, außer bei religionsphilosophisch oder esoterisch vorgebildeten Lesern, im allgemeinen noch nicht zu hoffen.

Vor ca. 2500 Jahren: Buddha, Platon, Zarathustra, Konfuzius

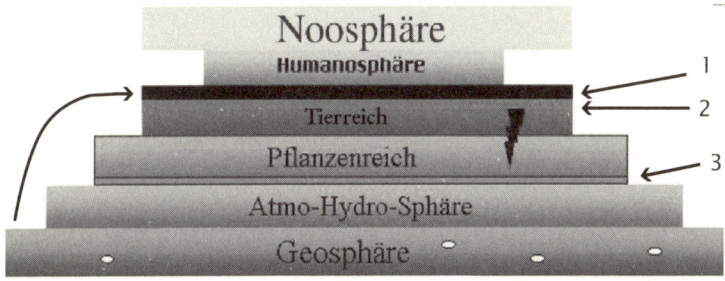

1 Techniksphäre 1
2 Homosphäre
3 Humussphäre

ca.1800: Goethezeit, 1. Industrielle Revolution

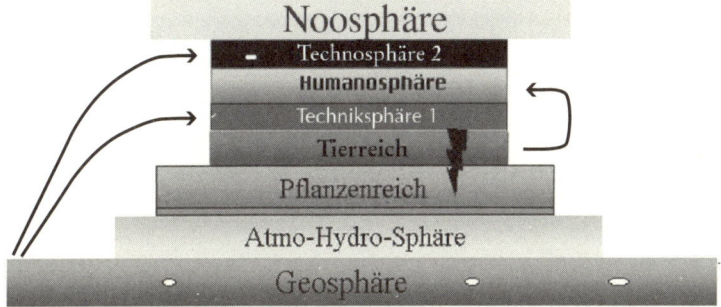

ca.1999: Computerisierung, Automatisierung, Rationalisierung

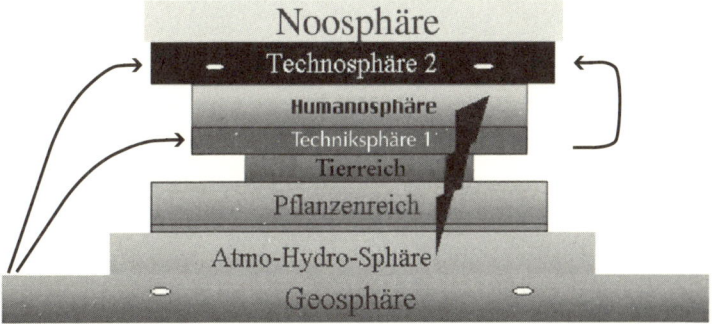

ca. 2003: Künstliche Intelligenz?

ca. 2066/2099: Matrix-Sorat

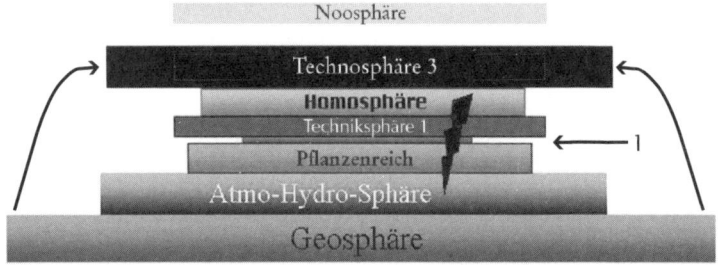

1 Tierreich

Die letzten beiden Grafiken zeigen deutlich die Tendenz der Technosphäre, die Position der Noosphäre einzunehmen.

Diese Grafiken sind als Farbvorlage für Unterrichtszwecke über den Verlag Urachhaus zu beziehen.

Die Suche nach dem individuellen Sündenbock (und ist George W. Bush dies nicht für viele von uns?) würde den Blick dafür vernebeln, dass sich das Dämonische auch in der unmenschlichen Form eines weltwirtschaftlichen Selbstvernichtungs-Systems und einer hochtechnologischen Alltags-Sphäre manifestieren kann. An dieser Stelle eröffnet sich ein weiteres Themenfeld, das jedoch aufgrund seiner Bedeutung einer Ausarbeitung in Form einer eigenen Veröffentlichung wert ist. Ich möchte hier lediglich Hinweise auf die Inhalte geben, die in einem späteren Buch weitergeführt werden:

• Das Reptilgehirn des Menschen – oder wenn der innere Drache erwacht.
• Vom Genozid zum Geozid, vom Völkermord zum Menschheitsmord. Über die Selbst-mörderischen Auswirkungen eines okkulten Impulses in der Seelengeschichte der Menschheit.
• Die Magie der Macht – der Holocaust und die Atombombe als korrespondierende Phänomene.
• Babylonische Sexualmagie – die Kunst der Verführung (Moderne Werbung, Pornographie und Kinofilme sowie ihr sexualmagischer Hintergrund. Das Wiederauftauchen bestimmter antiker Riten und Bilder. Die Betäubungsmittel-Funktion der zunehmenden Sexualisierung der Weltgesellschaft.)
• Himmlers SS-Ordenszentrum Wewelsburg als Ort schwarzmagischer Invokationen (Anrufungen). Das vorbuddhistische, alttibetische Bön-Sonnenfinsternis-Ritual der Anrufung der ›Schwarzen Sonne‹.
• Das Pentagon und die Brüder Berrigan – Institutioneller Exorzismus (Das ›Pen-Dragon‹ als schwarzmagischer Ort, entsprechend der Wewelsburg, und der Versuch einer institutionellen Teufelsaustreibung durch die christliche Friedensgruppe der Priester Daniel und Philip Berrigan während der Präsidentschaft von Ronald Reagan.)
• Lichtgott Apollon und Erzengel Michael – die Rückkehr der Drachentöter (Der Kampf der Weißen gegen die Schwarze Sonnenmagie.)

- Psychohistorie: Solare Impulsierung von Sozialen und Anti-Sozialen Bewegungen? (1833-1866-1899, 1933-1966-1999, 2033-2066-2099)

Die Kräfte hinter den Ismen – nennen wir sie ruhig: das Böse – haben die Menschheit schon oft heimgesucht. Sie wurden bislang letztlich immer wieder erneut besiegt. Dies geschah oftmals nur unter großen Anstrengungen und Opfern. Das so genannte Böse in seiner aktuellen Manifestation ist durchschaubar und besiegbar. Wenn Menschen, Menschengemeinschaften und menschheitlich orientierte Projekte sich verbinden und verbünden, dann entsteht, was in der indischen Mythologie Indras Sternennetz genannt wurde, umgedeutet auf unsere Zeit: eine weltweit vernetzte und zivilcouragierte Welt-Bürgergesellschaft als Gegenüber und Gegenspieler der Drachenkräfte.

Einige dieser Menschen und Projekte, stellvertretend für viele andere, treten in diesem Buch in Erscheinung. Wenn dieser kosmopolitische Strom anschwillt, dann wird zur Mitternachtsstunde die Stimme des Alten mit der Lampe aus Goethes *Märchen* ertönen: »Es ist an der Zeit.« Die Verwandlung der Schlange hat begonnen.

120

II. USA, UNO, Irak und die Türme von Neu-Babylon

Hintergründe und
Elemente einer Beziehungsgeschichte

> Independence is my happiness
> and I view things as they are,
> without regard to place or person,
> my country is the world.
>
> *Thomas Paine*[65]

»Es kommen härtere Tage. Die auf Widerruf gestundete Zeit wird sichtbar am Horizont.« Vor der Rede von US-Außenminister Colin Powell im UNO-Hauptquartier wurde das von Picasso gestiftete Anti-Kriegsgemälde *Guernica* auf Wunsch der US-Regierung mit einem dunklen Tuch auf seinem medienöffentlichen Platz zugehängt. (Die republikanische Stadt Guernica wurde 1937 im spanischen Bürgerkrieg von General Francos faschistischen Truppen unter Mithilfe deutscher Bomber der Legion Condor völlig zerstört.) Im UN-Sicherheitsrat rangen Anfang 2003 auf der einen Seite Frankreich und Deutschland, auf der anderen Seite die USA und Großbritannien, um die Frage: Krieg oder Weiterführung der UNO-Waffeninspektionen im Irak.

Mit obigen Worten beginnt Ingeborg Bachmann 1952 ihr Gedicht »Die Gestundete Zeit«. Bei vielen Zeitgenossen wird dieses Gefühl der gestundeten Zeit heute angesichts der aktuellen Entwicklung wieder lebendig. Der Sand der Weltgeschichte rieselt durch das Stundenglas der Weltpolitik und viele Menschen fühlen, dass wir als Menschheit an einer Schwelle und Wegscheide stehen. Je nach parteipolitischer, kultureller oder religiöser Zugehörigkeit verteufeln wir entweder Saddam Husseins Regime oder George Bushs Regierungskabinett – ohne wahrzunehmen, dass hier der Teufel mit dem Beelzebub ausgetrieben wurde.[66] So haben beide Seiten Recht, denn das dämonische Element war immer schon globalisiert, so wie sich auch die lichten Geisteskräfte der Humanität in allen Kulturen der Erde manifestieren können.

Zum besseren Verständnis der »einzigen Supermacht« lassen sich drei grundlegende psychohistorische Strömungen in der US-amerikanischen Außenpolitik beobachten, die ich in der Folge beschreiben möchte.

1. Internationalismus und Multilateralismus (Mehrseitigkeit)

Der Keim dieser Strömung geht auf die Humanität und den Kosmopolitismus von Persönlichkeiten der Gründungszeit der Vereinigten Staaten von Amerika zurück. Stellvertretend zu nennen wären Benjamin Franklin, Thomas Paine (*The Rights of Man*), Alexander Hamilton (*The Federalist Papers*) und William Penn (*An Essay Towards Peace*). Viele der Erstunterzeichner der liberalen, amerikanischen Bundesverfassung waren damals Freidenker, Humanisten und Freimaurer. Franklin war wie Thomas Jefferson Botschafter im post-revolutionären Paris. Paine war sogar zeitweise Mitglied des französischen Parlaments (Nationalkonvent), bevor Robespierre ihn wegen seines kosmopolitischen Freidenkertums ins Gefängnis werfen ließ, wo er das Werk *The Age of Reason* schrieb. Die Frage des Inter-Nationalismus stellte sich den USA erst vergleichsweise spät, da dem Bewegungsdrang der sich in Richtung pazifischer Westküste erweiternden USA zunächst keine andere moderne Nation in der Weite der westlichen Territorien entgegenstand. Doch halt! Dies war ein Satz, zu schnell geschrieben. Die in einer an Goebbels erinnernden Propagandaaktion zu »wilden Rothäuten« deklarierten Indianer standen dem im Wege und wurden ausgerottet. Der Schatten dieses Genozids begleitet die USA noch heute unsichtbar sichtbar.[67]

Um der historischen Wahrheit einen Hebammendienst zu erweisen, muss gesagt werden, dass das indianische Kulturvolk der Irokesen geistig Pate beim Entwurf der US-amerikanischen Verfassung stand. Die *Wampum*-Vereinbarung der legendären Irokesen-Oberhäupter Hiawatha und Deganawidah ist die älteste Friedensverfassung der Welt. Sie wird auch *Kaianerekowa* genannt: das Große Gesetz des Friedens. Ihre älteste schriftliche Niederlegung findet sich im »Hiawatha Gürtel« vom Beginn des 16. Jahrhunderts: ein sehr breiter und mit symbolischen Schriftzeichen (Piktographen) perlenbestickter Ledergürtel. Bevor die Föderation der fünf zivilisierten Irokesen-Nationen besiegelt wurde, verbannten die Anführer den »Bösen Geist des Krieges« in einer Art zeremoniellen Exorzismus in eine Höhle unterhalb des »Großen Friedensbaumes«. Dort wurden auch die Waffen der Krieger begraben. (In dieser Tradition standen später die Brüder Berrigan in ihrem priesterlichen Exorzismus gegen das Pentagon und den militärisch-industriellen Komplex; von der damaligen christlichen Friedensbewegung auch als ›Pendragon‹, zehnköpfiger Drache, bezeichnet.)

Laut den Irokesen-Führern basiert der ›Gute Geist‹ auf *Gaiwoh* (Rechtschaffenheit), *Skenon* (geistige Gesundheit) und *Gashasdenshaa* (spirituelle Gewalten-Teilung). Häuptling Deganawidah prophezeite, dass die Wurzeln des Friedensbaumes bis in weit entfernte Teile der Erde wachsen könnten, wenn die Menschen dem ›Guten Geist‹ treu bleiben, und dass der Friedensbund der Irokesen eines Tages neue Nationen aufnehmen würde, welche jetzt noch nicht bekannt wären. Die Prophezeihung endet mit der Vision, dass eines Tages viele Völker eine Nation begründen würden. Auf einem der heiligen Plätze der Irokesen steht heute das Gebäude der Vereinten Nationen. Und an der Stelle eines Ablegers des Friedensbaumes errichtete UN-Generalsekretär Dag Hammarskjöld den UNO-Meditationsraum.[68]

Die Strömung der Bürger- und Menschenrechte personalisierte sich später auch wieder in Präsident Abraham Lincoln, unter dessen Führung die nördlichen Staaten die Sklaverei und die Abspaltung der Südstaaten beendeten. Damals stand für die Regierung Lincoln die Frage im Raum: Tolerieren wir die Sklaverei in den Südstaaten (und deren Bestrebungen, eine eigene Staatsform zu bilden und die nördlichen Staaten von bestimmten Rohstoffen abzuschneiden) oder intervenieren wir? Heute lautet eine Frage der Regierung des Texaners Bush, dessen Stammwähler zumeist in den Südstaaten und im Bibelgürtel des mittleren Westens beheimatet sind: Tolerieren wir die Versklavung der Menschen im Irak durch die Diktatur der Regierungspartei Saddam Husseins (und deren regionale Aggressionspolitik mit der Möglichkeit, die nördlichen Staaten vom Erdöl abzuschneiden) oder intervenieren wir? Man sieht, wie sich manche Fragestellungen durch die Gezeiten der Geschichte hinweg in neuen Konstellationen und Dimensionen wiederholen. Während damals beim ›Nordstaatler‹ Lincoln die humanitären Erwägungen überwogen haben, fragen sich heute viele Menschen, ob beim Südstaatler Bush nicht eher die anderen, erdölstrategischen Überlegungen eine ausschlaggebende Rolle spielen.

Im 20. Jahrhundert vertrat Präsident Thomas Woodrow Wilson die Strömung des Internationalismus und Multilateralimus, indem er 1919 die Gründung des Völkerbundes in Genf initiierte und organisierte, wofür er den Friedensnobelpreis erhielt. Rudolf Steiner sprach über Wilson in einem Züricher Vortrag vom 24.10.1919: »Und nicht ich, aus irgendeiner Theorie heraus, sondern dieser Staatsmann, man darf sagen, dieser Weltstaatsmann, er hat es ausgesprochen: Der Grundschaden der neueren Entwicklung liegt darinnen, dass zwar die wirtschaftlichen Verhältnisse fortgeschritten sind, … dass aber die Ideen des Rechtes, die Ideen des politischen Gemeinschaftslebens nicht nachgekommen sind«. Und jenes Schauspiel, das wir heute erleben dürfen, dass eine von Multinationalen Konzernen gesponserte US-Regierung nach der globalen Vormundschaft zu greifen versucht und dass das politische Gemeinschaftsleben der Vereinten Nationen nicht stark genug werden darf, um diesem unzeitgemäßen Herrschaftswillen noch erfolgreicher entgegenzutreten, formulierte Steiner mit Blick auf Wilson so: »Er hat gesehen, wie sich die Trusts, wie sich die großen Kapitalgesellschaften gegründet haben. Er hat gesehen, wie selbst in einem demokratischen Staatswesen das demokratische Prinzip immer mehr und mehr geschwunden ist gegenüber den Geheimverhandlungen jener Gesellschaften … die mit den angehäuften Kapitalmassen … große Menschenmassen beherrschten.« Thomas W. Wilson stirbt entkräftet an den weltpolitischen Widerständen seiner Weltfriedensmission im Februar 1924. Ein weiterer Repräsentant dieser Strömung, Präsident Franklin D. Roosevelt, initiierte nicht nur Anti-Trust-Gesetze, sondern 1945 auch die Gründung der Vereinten Nationen als zweiter Versuch einer Weltorganisation.

2. Isolationismus und introvertierter Egoismus

Die Tendenz, sich vom Rest der Welt abzuschotten, den europäischen Kolonialmächten die Einmischung auf dem neuen Kontinent zu untersagen und sich selbst nicht in die Streitereien Europas einzumischen, wurde am 2.12.1823 unter dem Namen des damaligen demokratischen Präsidenten Monroe zur Doktrin der Nichteinmischungspolitik der USA.

Etwa 100 Jahre später trug diese Strömung dazu bei, dass der republikanisch dominierte US-Kongress dem demokratischen Präsidenten Wilson die Ratifizierung des Beitritts zum Völkerbund verweigerte und sich politisch wieder aus Europa zurückzog, während die US-amerikanischen Trusts wirtschaftlich auf dem alten Kontinent aktiv blieben. Neben anderen Faktoren führten Aktienspekulationen und Anleihen-Rückforderungen ab 1929 zum weltweiten Börsen- und Bankenzusammenbruch. Um diesen selbstzufriedenen Isolationismus von US-Kongress und Bevölkerung zu durchbrechen, der die Gefahren und die Opfer des deutschen, italienischen und japanischen Militarismus und Imperialismus ignorierte, sah sich der demokratische Präsident Roosevelt 1941 gezwungen, den japanischen Überfall auf Pearl Harbor geschehen zu lassen – vielleicht sogar zu provozieren –, damit die US-Regierung dem weltweiten Faschismus der Schwarzen Sonne aktiv entgegentreten konnte. Man könnte diese Spielart des Egoismus als globales Phänomen auch so formulieren: »Was kümmern uns die KZs in anderen Ländern, solange der Genozid nur räumlich oder zeitlich weit genug von uns entfernt bleibt.« Vielleicht handelte Franklin recht damit, dieser ignoranten und spießbürgerlichen Spielart der US-amerikanischen Mentalität mittels Pearl Harbor einen Tritt in das Hinterteil zu verpassen? Man verwechsle nicht die Motivation und Intention eines Franklin D. Roosevelt mit der eines George W. Bush oder der eines Theodore Roosevelt! Eine alte chinesische Drachen-Weisheit sagt: »Wenn ein rechter Mensch sich verkehrter Mittel bedient, so wirken die verkehrten Mittel recht; wenn ein verkehrter Mann die rechten Mittel gebraucht, so wirken die rechten Mittel verkehrt.« Eine gefährliche Lebensweisheit.

3. Imperialismus und extrovertierter Unilateralismus (Pax Americana)

Diese Strömung erschien erstmals 1898 massiv auf der weltpolitischen Bühne. Die Regierung des neugewählten republikanischen Präsidenten William McKinley schürte in den spanischen Kolonien Kuba und Philippinen Aufstände: Im Krieg gegen Spanien vernichten die USA die spanische Ostasien- und die Atlantikflotte. Im Frieden von Paris wird Spanien 1898 gezwungen, Porto Rico, Guam und die Philippinen an die USA abzutreten. Kuba wird unter der Oberhoheit der USA ›selbstständig‹. Hawaii, später Stützpunkt der amerikanischen Pazifikflotte (Pearl Harbor), wird noch im selben Jahr annektiert. Im McKinley-Gesetz werden hohe Schutzzölle auf die Einfuhr außeramerikanischer Waren festgeschrieben.[69]

Als McKinley im September 1901 infolge eines Attentates stirbt, wird sein Vize Theodore Roosevelt Präsident. Dieser formuliert 1902 auf der 2. Pan-amerikanischen Konferenz in Mexiko City die alte Monroe-Doktrin zu einem US-Aufsichtsrecht über die schwächeren mittel- und südamerikanischen Staaten um, wogegen diese vergebens protestieren. Theodore Roosevelt setzt den Bau des Panama-Kanals durch. Ein Gemälde im Weißen Haus zeigt ihn als Unterstaatssekretär der Marine in Uniform auf einem galoppierenden Pferd. Er befehligte 1898 bei der Invasion Kubas die »Rauen Reiter«, ein elitäres Freiwilligenregiment der US-Kavallerie.

Washington DC, Weißes Haus, 7. Februar 2003
An diesem Tag hält George W. Bush eine nationale TV-Anspra-
che zur Notwendigkeit eines Irak-Feldzuges. Die Fernsehka-
meras übertragen nicht nur den Ton und das Bild von Bush in
alle Welt sondern auch das martialische Wandgemälde im Hintergrund. Es zeigt den zum Angriff galoppierenden Theodore
Roosevelt. In solchen Augenblicken offenbart ein solches Bild
mehr als zehntausend Worte. So wie Präsident Ronald Reagen
von der ehemaligen Sowjetunion unter Michail Gorbatschow als
von einem »Reich des Bösen« sprach, das es »totzurüsten« galt,
spricht Bush junior von einer »Achse des Bösen«, die es »militärisch zu entwaffnen« gilt. Ob die Frage gestattet ist, wer den Irak
zuerst bewaffnet hat?

George W. Bush vor dem Roosevelt-Gemälde.

Bushismus –
Der militärisch-industrielle Christuskomplex

> Nirgendwo hat dieser Präsident ein
> göttliches Mandat erhalten, zu bestimmen,
> wer die Guten und wer die Bösen sind,
> um dann überall in der Welt
> das Böse ›präventiv‹ auszurotten.
>
> *Hans Küng*[70]

Viele sind entweder fasziniert oder erschreckt, wenn sie den Präsidenten des Jahres 2003 eine politische Rede halten hören und dabei feststellen, dass dieser Mann tendenziell eine apokalyptische Predigt über Gut und Böse hält, wie man es ansonsten nur von den charismatischen Erweckungspredigern des fundamentalistisch-biblischen Amerika gewohnt ist. Diese Nähe ist kein Zufall. Der berühmteste TV-Prediger der USA, der Baptistenpastor Billy Graham, hat den Sohn seines Freundes George Bush senior Ende der 80er Jahre von dessen Alkoholproblemen und Minderwertigkeitskomplexen mittels einer rituellen Gebets- und Gehirnwäsche kuriert. Seitdem gehört Bush junior zu den etwa 60 Millionen US-Amerikanern, die sich als »wiedergeborene Christen« empfinden. Durch die intensive Gebetsbehandlung, inklusive Händeauflegen zur Austreibung des Alkoholteufels, wurde aus dem bis dahin eher ziel- und erfolglosen Vize-Präsidentensohn ein dynamischer und erzkonservativer Politiker, der die apokalyptischen Kreuzzug-Predigten Grahams, der von den US-Medien auch als »das Maschinengewehr Gottes« bezeichnet wird, in sein weltpolitisches Regierungsprogramm mit übernommen hat. Bush junior ist mit Franklin, dem Sohn und potentiellen Nachfolger des Evangelisten Billy Graham, befreundet, der in jüngeren Jahren ebenfalls unter Alkoholismus litt. Die Grahams gehören dem ›Bund der Südlichen Baptistengemeinden‹ an, einer der größten und fundamentalistischsten Kirchen der USA, der im August 2000 beschloss, dass Frauen in der jetzigen Endzeit nicht mehr Pastorinnen werden dürfen.

Intermezzo: Die in den USA gegründeten Anonymen Alkoholiker benutzen schon seit Jahrzehnten eine durchaus spirituelle Zwölf-Schritte-Methode, um Menschen aus der Alkoholsucht zu befreien. Seit einigen Jahren gibt es nun auch die SRAA, die *Survivors of Religious Abusus Anonymous*, da man erkannte, dass viele ehemals Alkoholabhängige nach ihrer Befreiung das alte Suchtverhalten überkompensieren und leicht zu Mitgliedern religiös-fundamentalistischer Sekten werden, mit ähnlichen Wahnvorstellungen wie in ihrer Alkoholkrankheit. (Wobei Wahn und Wahrheit, Paranoia und Metanoia, Psychose und Metamorphose oftmals sehr nahe beieinander liegen können.)

Die Türme von Neu-Babylon

> Verhängnisvoll aber wird solcher Erwählungsglaube,
> wenn ein machtbesessener Staatsmann,
> unbelehrbar und arrogant, seine imperialistische
> Machtpolitik als göttliche Sendung ausgibt.
>
> *Hans Küng*[71]

Zwei enge Mitarbeiter Billy Grahams, sein Ghostwriter Jerry B. Jenkins und Pfarrer Tim LaHaye, kreierten 1995 eine apokalyptische Roman-Serie, welche seitdem einen Stammplatz auf den US-amerikanischen Bestsellerlisten gefunden hat. Von der *Left Behind*-Serie sind bislang 9 von 12 avisierten Romanen im Bibelverlag Tyndale House Publishers in Illinois erschienen (www.leftbehind.com), der neunte mit einer Auflage von 2,8 Millionen Exemplaren. Die Gütersloher Bertelsmann Gruppe bemühte sich erfolgreich um die deutschsprachigen Rechte. Auf Deutsch heißt die Serie *Die letzten Tage der Erde* – jeder der ein

Exemplar erwirbt, sollte wissen, dass er dadurch militante, rechtsgerichtete kirchliche Kreise mitfinanziert. Der Inhalt der Serie, die auch von George Bush gelesen wird, sei kurz skizziert: Inmitten großer sozialer und ökologischer Katastrophen erscheint in der Gestalt des europäischen Staatsmannes Nicolai Carpathia, zunächst als Wohltäter und Katastrophen-Bewältiger verkleidet, der Anti-Christ und wird zum UN-Generalsekretär gewählt. Im Laufe der Serie verkörpert sich im Anti-Christen immer mehr Satan selbst. (Die Umsessenheit wird zur Besessenheit und diese zur Inkorporation.) Der schwache, weil demokratische und liberale, US-Präsident wird verführt, seine Machtbefugnisse an den UN-Generalsekretär abzutreten. Dieser verlegt die neue Welthauptstadt mit ihren Wolkenkratzern sowie die zur Weltregierung mutierte UNO nach Neu-Babylon, in die Nähe von Bagdad. Die Wolkenkratzer Neu-Babylons stürzen infolge eines übernatürlichen Erdbebens ein. Am Ende wird der als Satan wiedergeborene Anti-Christ von christlich-fundamentalistischen US-Widerstandskämpfern unter Mithilfe einiger zum neuen Christentum bekehrter orthodoxer Juden vernichtend geschlagen. Christus erscheint beim Endsieg der Guten in körperlicher Gestalt.

Die Menschheitsorganisation am East River

> Es sind die USA, die die Autorität
> der Vereinten Nationen, ihre Unabhängigkeit
> und ihre Glaubwürdigkeit bedrohen.
>
> *Ramsey Clark*[72]

Die UNO als Instrument des Anti-Christen und der Irak als potentieller Sitz Satans. Die Phänomenologie eines solchen Glaubens spricht für sich. Gefährlich wird es, wenn eine solche Weltanschauung sich mit ihren Phantomen, Gespenstern, Einbildungen und Projektionen[73] aus dem *freien Geistesleben* in das weltpolitische Rechtsleben einer Regierung überträgt; wenn der irakische Teufel mit dem amerikanischen Beelzebuben ausgetrieben werden soll; wenn Doppelgänger auf Doppelgänger trifft und beiden Parteien suggeriert wird, absolut gut und wahrhaftig zu sein. Wir leben in einer Zeit, in der wir alle versucht werden – die Iraker genauso wie die Amerikaner, die Deutschen wie die Briten, die Schweizer wie die Russen. Und je mächtiger eine Partei ist, desto stärker ist die Versuchung.[74]

Dass die sozialdemokratische und grünliberale Regierung Deutschlands – auch durch die Erinnerung an den nationalsozialistischen Virusbefall geprägt – gegen die Kreuzzugsversuchungen der letzten Supermacht bislang erstaunlich immun geblieben ist, verwundert vielleicht weniger. Aber auch der französischen Regierung sollte man nicht nur gaullistische Eigeninteressen unterstellen. Schon seit der Abspaltung der französischen Freimaurerei 1773 von der Londoner Mutterloge und der anglo-amerikanischen Freimaurerei geht das Pariser Establishment weltanschaulich eigene Wege.[75] Viele Mitglieder der derzeitigen US-Regierung deuten an, dass die USA die UNO künftig politisch und (weiterhin) finanziell ignorieren werden, wenn der Sicherheitsrat sich der Zustimmung des amerikanisch-britischen Irakfeldzuges verweigert.

Zum Zeitpunkt dieser Ausführungen beginnen zumindest in der britischen Bevölkerung die Zweifel anzuschwellen. Zu offensichtlich hat die Regierung Blair versucht, eine breite Öffentlichkeit für den Feldzug gegen Saddam Hussein zu gewinnen, indem Dossiers zunächst verfälscht und dann immer wieder und so lange nachgebessert wurden, bis man tatsächlich den Eindruck gewinnen konnte, der Irak sei in der Lage, mittels Massenvernichtungswaffen innerhalb von 45 Minuten Angriffe katastrophalen Ausmaßes gegen jeden feindlichen Staat durchzuführen. Im Sommer 2003 berichteten die englischen Medien wochenlang über den Tod des ehemaligen UN-Waffenexperten David Kelly, der am 18. Juli in der Nähe seines Hauses bei Oxford mit aufgeschnittenen Pulsadern aufgefunden wurde. Kelly war, wie mittlerweile auch von Mitgliedern der britischen Regierung zugegeben wird, gezwungen worden, seinen Bericht über die Situation der Massenvernichtungswaffen im Irak zu verschärfen. Der Auftrag kam von Alastair Campbell, Tony Blairs Kommunikationsdirekor, den die *Süddeutsche Zeitung* in einem Artikel als »Meister der schwarzen Kunst« der öffentlichen Medienmanipulation bezeichnete.[76] Kellys Dossier sollte – in seinem nachträglich aufgeputschten Zustand – dazu herangezogen werden, als Rechtfertigung für einen Schulterschluss mit den amerikanischen Kriegsbefürwortern zu dienen. Ahnte der ehemalige UN-Waffeninspekteur, dass sein bis dahin nicht mit dem Papier in Zusammenhang gebrachter Name bald als Quelle genannt würde? Verteidigungsminister Geoff Hoon und andere Kabinettsmitglieder mussten davon ausgehen, dass ein David Kelly, der den Medien Rede und Antwort steht, nachdem man ihn als vermeintliche Quelle des Dossiers ausgemacht hatte, das Vertrauen in diese Regierung endgültig zunichte machen würde. Damit war David Kelly zum ›Sicherheitsrisiko‹ geworden.

Kelly, der seine eigene Entwicklung als »vom Falken zum Skeptiker« beschrieb, fühlte sich zuletzt von der britischen Regierung benutzt und im Stich gelassen. Umfragen ergaben, dass nur ein Drittel der englischen Bevölkerung an die Ergebnisse der gerichtsmedizinischen Untersuchung glaubt, die behauptet, Kelly habe sich selbst das Leben genommen. Die Zeitung *The Guardian* schreibt über Tony Blair nach seinem Interview mit dem Journalisten Jeremy Paxman: »Die christlichen Motive, die wir bislang für die treibende Kraft der Blair´schen Politik gehalten haben, scheinen auf Eis gelegt zu sein, sei es aufgrund der Widrigkeiten des politischen Tagesgeschäfts oder durch die privilegierte Intimität mit der größten Macht des Planeten.«[77]

Überraschenderweise war es nur eine Frage kurzer Zeit, bis die Skepsis, die aus den britischen Ermittlungen resultierte, den Weg über den Atlantik fand. Die *Washington Post* vom 30. September berichtete, Bush habe die beiden wesentlichsten Punkte des britischen Dossiers ebenfalls als Grundlage seiner Ansprachen zur Rechtfertigung eines Irak-Krieges verwendet. Weniger bekannt und erst in diesen michaelischen Septembertagen 2003 ans Licht der Öffentlichkeit gebracht, war der Umstand, dass sich die britische und die US-Regierung darin einig waren, es gäbe »keine Beweise für eine Weitergabe chemischer oder biologischer Waffen seitens Husseins an Terroristen und dass der irakische Präsident sich wahrscheinlich nur dann für einen solchen Schritt entscheiden würde, wenn sein Land in die Bedrängnis eines Angriffs käme«.[78]

Weltweit bringen Demonstranten, wie auf dem Bild oben in Brüssel, die jetzige US-Regierung intuitiv mit dem Ungeist des Hitler-Regimes in Verbindung.

Mittlerweile gibt es gerüchteweise Überlegungen aus skandinavischen, französischen und anderen Regierungskreisen, die die UNO als zukünftigen Gegenspieler einer vielleicht zeitweilig de jure aus der UNO ausgetretenen US-Regierung sehen. Eventuell wird dieser Vorgang beschleunigt, falls Kofi Annans alte Forderung »Stimmrecht nur gegen Geld« eine ernst zu nehmende Renaissance erlebt. Mit Blick auf die USA sagte Annan: »Wenn alle vertragsmäßig zahlen würden, hätten wir keine Finanzkrise.«[79] Dem schickte Ghali in einem Interview hinterher: »Ein rasch an Kraft gewinnendes, verantwortungsbereites Europa, das Russland von morgen und ein in die Welt integriertes China werden die künftige Rolle der UNO bestimmen.«[80]

Wir sollten uns durch das vermeintliche Spiel um irakisches Erdöl nicht allzu sehr ablenken lassen von den Dingen, die bei der OECD (MAI-Vertrag) oder bei der WTO (GATS-Vertrag) geschehen. Jene Kräfte, die u.a. 1933 in Nazi-Deutschland zeitweilig die Macht übernahmen, die in Auschwitz und anderen KZs die »Vernichtung durch Arbeit« betrieben haben, sind auch heute wieder global tätig. Dies werden die Kräfte und Mächte sein, denen wir erneut ins Angesicht zu schauen haben. Wieviele der weltweit über 10 Millionen Friedensdemonstranten dies heute wohl schon erahnen? Wieviele wollen dies wissen? Wieviele werden dementsprechend handeln? Zukunftsfragen.

III. Weltbürger und Weltbürgertum

Das Beispiel Garry Davis –
Die Erklärung der Menschenrechte und
die Weltbürgerbewegung von 1948

>»Vergessen Sie nicht, dass die Geschichte nichts anderes ist
>als eine Utopie, die Gestalt gewinnt.« Die Worte fallen
>während einer Massenversammlung in Paris. Der Mann
>der sie spricht, ist der Dichter Albert Camus, und die Sache,
>um die es geht, ist die Weltbürgerschaft.
>
>Hamburger Abendblatt vom 2.5.1949

Jede Bewegung hat ihre menschlichen Symbole und ihre historischen Geburtsstunden, in denen sie – im postmodernen Zeitalter
via Massenmedien – der Weltöffentlichkeit bekannt wird. In
diesem Kapitel will ich den Leser mit dem Initiator der Weltbürgerbewegung, dem ehemaligen Bomberpiloten Garry Davis
bekannt machen. Zuvor möchte ich kurz auf das im Wesentlichen
sehr ähnliche Schicksal eines anderen jungen US-Amerikaners
eingehen: Claude Eatherly, Pilot jenes Flugzeuges, das am 6. August 1945 die Atombombe nach Hiroshima trug. Beide waren als
Soldaten nur ausführende Rädchen im Getriebe des 2. Weltkrieges. Sie taten Ihre ›Pflicht‹ für *Freiheit, Humanität und Vaterland*, wie Millionen andere in der alliierten Kriegsmaschinerie.
Sie kämpften gegen Nazi-Deutschland, gegen den industriellen
Tod von Auschwitz und die massenmörderisch inszenierte Him-
melfahrt des ›auserwählten Volkes‹, gegen die japanischen Kami-
kaze-Flieger und die italienischen Faschisten. Sie vergaßen dabei
vielleicht den amerikanisch-europäischen Völkermord an den
indianischen Ureinwohnern, die britischen Konzentrationslager
im afrikanischen Burenkrieg und die Guillotinen der Jakobiner.
Aber die Substanz ihres menschlichen Gewissens zwang sie,
sich zu erinnern. Eatherly versuchte zunächst, wie Millionen
andere, zu vergessen. Es gelang ihm (un)glücklicherweise nicht.
Er schreckte nachts aus Alpträumen hoch, hinter ihm die Bombe

von Hiroshima mit über 260.000 Toten und vor ihm der Kalte Krieg und die Wasserstoffbombe – geliebt und gezüchtet von Technokraten wie Prof. Eduard Teller. Er kann die internationale Anarchie und den schizophrenen Wahnsinn der ›Normalität‹ nicht mehr länger stillschweigend erdulden. Sein späterer Lebensbericht wird den Titel *Brennendes Gewissen* tragen. Die neue Realität der atomaren Massenvernichtungsmittel hat auch seine Weltanschauung verändert. Inspiriert von Albert Einstein (»One World or non world«) begannen hier die schuldbewussten Geburtswehen eines seelisch bedingten (psychogenen) Weltbürgertums. Aber er war nicht der geborene Broadway-Schauspieler wie sein Leidensgenosse Garry Davis. Diesem gelang es, die individuelle Ohnmacht konstruktiv zu überwinden: durch den symbolisch pressewirksam inszenierten Akt *de jure* der Zurückgabe seiner US-Staatsbürgerschaft (in einer Nachkriegszeit, in der sich Zehntausende von Flüchtlingen nach einer sicheren Staatsbürgerschaft sehnten!) und der Besetzung des UN-Tagungsterritoriums in Paris, um auf die Problematik der Staatenlosigkeit und die Notwendigkeit des Weltbürgertums aufmerksam zu machen.

Der von den US-Medien gefeierte Kriegsheld Claude Eatherly begann stattdessen, in die Häuser seiner wohlhabenden Mitbürger einzubrechen und das entwendete Geld als Geste seines Wiedergutmachungswunsches nach Hiroshima zu schicken. Ein ungewöhnliches Sühnezeichen. Und eine tragische Stellvertreterfunktion. Zugleich war dies auch eine Art von Selbstbestrafung, indem er den Mythos vom Kriegshelden zerstörte und die Staatsgewalt zwang, ihn zu bestrafen – und damit ihre zuvor gewährte Belohnung für die erfolgreiche Vernichtung von Menschenleben im Staatsauftrag zu revidieren. Eatherly landete nicht an der Spitze einer Weltbürgerbewegung, sondern im staatlichen Irrenhaus, wo Ignoranz in weißen Kitteln den »eingebildeten« Schuldkomplex des Hiroshimapiloten mit Psychopharmaka behandelte. Manchmal geht Schuld-Bewusstsein labyrinthartige Entwicklungswege. Aber die Qual des Gewissens ist es oftmals, die die Qualität des Bewusstseins prägt. Im Angesicht massenhafter Gleichgültigkeit und legitimierter Konsumkorruption hat dieser individuelle Kreuzgang etwas zutiefst Edles und Menschliches. So ähnlich muss dies auch der Wiener Philosoph Günther Anders (*Die Antiquiertheit des Menschen*) gesehen haben, als er dem psychiatrisch Inhaftierten schrieb und über ein Jahrzehnt lang seine Rehabilitierung betrieb.

Der Briefwechsel[81] dieser beiden Menschen ist das *Notabene* eines tiefenpsychologisch verstandenen Weltbürgertums. Wozu diese kurze, für viele der heutigen Wohlstandsbürger kaum noch – emotional – nachvollziehbare Skizzierung dieser menschlichen Gewissenstragödie? Sie mag als Intermezzo und Kontrast den Blick öffnen für das historische Umfeld der Massenmediengeburt der Weltbürgerbewegung durch die auslösende Tat eines einzelnen Menschen. Denn was Günther Anders nachfolgend über Eatherly schrieb, das kennzeichnet auch Garry Davis, den offiziellen Gründer der Weltbürgerbewegung: »Nein, das ist kein Verrückter, der erkennt, dass wir in ein Zeitalter eingetreten sind, in dem wir neu zu überprüfen haben, ob wir die Verantwortung für unsere Gedanken und Taten weiterhin gesellschaftlichen Einrichtungen wie Staat, Partei und Kirche überlassen dürfen, oder ob wir uns nicht entschließen müssen, die volle Verantwortung für unser Leben selbst in die Hand zu nehmen.«

Garry Davis, August 1944, im alliierten Bombeneinsatz über Peenemünde, nach der Zerstörung des atomphysikalischen Schwerwasser-Laboratoriums von Dr. Wernher von Braun[82]:
»Der Himmel war plötzlich finster. Ein Garbe von Flak-Geschossen traf den Rumpf der B-17. Instinktiv schob meine Linke die Drosselklappe zurück, während meine Augen über die Bordinstrumente flitzten. Ich drückte die Sprechtaste. ›Motor Drei hinüber und Nummer Zwei sterbend. Öltemperatur in allen Motoren steigend ...‹ ›Notfallkurs und vorbereiten für Bruchlandung‹, rief Lindy, mein Co-Pilot, als er den späteren ›Rosinenbomber‹ über die Ostsee Richtung Schweden lenkte. Ich lehnte mich müde zurück. Landung in einem neutralen Land, das bedeutete laut Genfer Konvention Internierung und das Ende des Krieges für uns. Einerseits wollte ich das nicht. Ich hatte noch eine

Rechnung mit *den Deutschen* zu begleichen. Bud, mein Bruder, war von ihnen bei Salerno getötet worden. Andererseits war ich froh. Vielleicht konnte meine Rechnung niemals aufgehen. Vielleicht war das Werfen von Brandbomben auf Soldaten und Zivilisten nicht geeignet, diese *Rechnung* zu begleichen. Seit meiner ersten Mission über Brandenburg spürte ich Gewissensbisse, und – bei aller Gram und Propaganda – hatte ich begonnen, unser moralisches Recht anzuzweifeln, das deutsche Volk mit Brandbomben zu bestrafen. Wieviel Soldaten, aber auch Zivilisten, Frauen und Kinder, hatte ich indirekt ermordet? Gab es denn keinen anderen Weg, den Faschismus zu stoppen?«

Herbst 1947, New York City, am Anbeginn des Kalten Krieges: »Irgendwie fühlte ich mich mitverantwortlich für die Aufrüstung und den Marsch der Nationen Richtung Dritter Weltkrieg. Es gelang mir auch nicht, mich mit meinem Zivilberuf Schauspieler zu beruhigen, oder damit, nur meine patriotische Pflicht getan zu haben. Ich fasste meine menschliche Umwelt ins Auge. Der Anblick war nicht gerade vertrauenserweckend. Meine Unwissenheit über die Lösungsmöglichkeiten der globalen Probleme entsetzte mich. Ich war erschrocken über die Oberflächlichkeit der Gespräche in der Familie und unter Freunden. Die Gespräche glichen einer Diskussion darüber, wo der Fernseher stehen soll, derweilen das Haus schon abbrennt. Angesichts der Frage des Überlebens schienen wir alle miteinander zu plappern wie Irre. In meine Betroffenheit hallte durch die Presse ein merkwürdiger Satz wider: ›Eine Welt oder keine‹, schrieb Präsidentschaftskandidat Wendell Willkie. ›One world now or none‹, wiederholten Bertrand Russell und Albert Schweitzer, mahnten Einstein und Ghandi. Und daran erkannte ich zum ersten Male die Engstirnigkeit meines bisherigen Denkens. Mein Mittelpunkt war die Nation. Nicht der große Gedanke ›Einer gemeinsamen Welt‹ hatte meine Gespräche bestimmt, sondern die Einbildung ›Mein Land, ob recht oder falsch‹. Ich entdeckte ein Leuchtfeuer in der Finsternis.

Im Januar 1948 las ich Cord Meyers *Peace or Anarchy*[83] und

Clarence Streits *Union Now*[84], worin als Alternative zum Krieg der Nationalstaaten eine Welt-Föderation als völkerrechtliches Mittel zum Weltfrieden vorgeschlagen wurde. Aber die Spannung in der Welt wuchs zu schnell und die Weltföderalisten schienen zu langsam und zu diplomatisch zu reagieren. Unsere eine Welt – meine Welt – konnte jeden Tag in die Luft gesprengt werden. Ich wollte eine Werbekampagne für eine Weltbürgerregierung und keine schönen Versammlungen und feierliche Willenserklärungen. Die Madisons, Monroes und Jeffersons dieses Landes, dachte ich, haben nicht nur eine bundesstaatliche Zentralregierung gefordert. Zum entscheidenden Zeitpunkt haben sie aufgehört, nur Befürworter einer Idee zu sein, und sind zu Praktikern geworden; in jenem Augenblick als sie, nun die Gründungsväter der USA, die Zentralregierung erklärt und durchgesetzt haben.[85] Ich wollte endlich Fakten schaffen statt nur weltföderalistische Flugblätter zu verteilen. Durch Zufall las ich in der *New York Times* über Henry Noel, einen jungen Harvard-Absolventen, der im Juli 1947 auf die US-Staatsbürgerschaft verzichtet hatte, und stattdessen begann, im besiegten Deuschland (Kassel) eine ausgebombte Kirche wiederaufzubauen. Verblüfft starrte ich auf die Zeitung. Dies war der kühne, logische Gedanke, den ich gesucht hatte. Dies war ein grundsätzliches Ja zur Herrschaft des Individuums über sich selbst, auf der jede gute Politik beruhen muss. Meine unverzügliche Erkundigung beim Generalstaatsanwalt der USA ergab, dass ein Bürger sich angeblich auf fremdem Territorium befinden müsse, damit er rechtmäßig auf seine Staatsbürgerschaft verzichten könne. Ich entschied mich für Frankreich, dessen Sprache ich einigermaßen beherrschte und dessen Wein ich schätzte.«

Paris, 25. Mai 1948. »Nachdem mich der zuständige Konsularbeamte eine Woche zuvor mit der Begründung, er müsse zuerst Anweisungen aus Washington D.C. einholen, vertröstet hatte, wobei er mir seine persönliche Psychologie der Dinge scheinbar mitleidsvoll mitgeteilt hatte (›Ich glaube, ich kann Sie verstehen. Der Zustand der Welt und so, eh? Sie sind sicher Kriegsveteran, stimmt's?‹), bestand ich darauf, meine Meinung mittlerweile nicht geändert zu haben. ›Was hat Washington entschieden?‹ Er räusperte sich ein wenig. ›Oh, wir haben Washington nicht angerufen. Wir wollten Ihnen nur ein wenig Zeit zum Abkühlen geben.‹ Ich fühlte, wie ob dieser Behördenwillkür das Blut in mir zu kochen begann. ›Wenn Sie mir nicht in den nächsten fünf Minuten die Verzichtserklärung geben, werde ich selbst in State Department (Außenministerium) eine Dienstaufsichtsbeschwerde wegen der Vernachlässigung Ihrer Pflicht machen. Desweiteren werde ich der Presse berichten, dass Sie sich geweigert haben, den Vorschriften des US-Nationalitätsgesetzes von 1940 Folge zu leisten.‹ Es dauerte zehn Minuten bis die Sekretärin des Konsuls die Eidformel gefunden hatte und, nachdem ich verlangt hatte, den Eid auf die Bibel zu schwören, fast eine halbe Stunde, bis man im gegenüber liegenden Hotel Palais Royal das ›Wort Gottes‹ aufgefunden hatte. Draußen auf der Straße angekommen, war meine erste Reaktion auf dieses Ereignis – Durst. Meine Kleidung war geblieben, mein Haar noch immer rötlich, ich war *nur* um einen Pass leichter. Der Mensch Garry Davis hatte, so schien es, seine Existenz keineswegs einem staatlich genehmigten Stück Papier zu verdanken. Zweck meines Experimentes war, zu zeigen, dass die Dominanz des Nationalstaates weder blutig bekämpft noch untertänig befolgt werden musste. Denn er existierte in Wahrheit nur in den Einbildungen jener, die ihn bekämpften oder verteidigten. Wenn es mir gelänge, in dieser Welt wenigstens eine Zeit lang ohne nationalstaatliche Anerkennung zu überleben, Grenzen ohne einen Pass zu überschreiten, dann hätte ich den Ausschließlichkeitsanspruch des Nationalstaates mitten ins Herz getroffen.

Nachdem der erste Durst gelöscht war, hatte ich einen Interviewtermin mit Bob Wilson, dem Nachtredakteur von Associated Press. Danach fiel mir ein, dass AP ja auch noch Konkurrenten hatte. Nach United Press und Reuters begann meine Geschichte, zum Selbstläufer zu werden, und ich lernte die Wirkungsmechanismen der Weltpresse abzuschätzen und die Möglichkeit Ihres Missbrauchs zu befürchten.«

Zunächst lernte Garry Davis jedoch das kennen, was in Frankreich *Bataille de paperasse* (Papierkrieg) genannt wird. Erst lässt der versuchsweise Revolutionär im Namen des Weltbürgertums sich von einer ungläubigen französischen Beamtin dazu überreden, sich vom US-Konsulat eine schriftliche Bestätigung der Zurückgabe seines US-Passes aushändigen zu lassen. (Dort hoffte man schon, als man seiner ansichtig wurde, er würde klein beigeben.) Sodann stellte die französische Bürokratie ihm ein kostenpflichtiges und auf drei Monate beschränktes Touristenvisum aus. Das Visum platzierte man – ausnahmsweise – auf die Konsulatsbescheinigung der Zurückgabe seines Passes. Garry Davis zahlte, dankte und ging. Zunächst jedenfalls immer noch genarrt durch die amtlichen Ausweichtaktiken. Dies war nicht das *veni, vidi, vici* eines modernen und pazifistischen Julius Cäsars. »Wenn ein Mensch ein Hochschuldiplom an die Wand seines Büros hängt, stellt er in der Tat den Beweis aus, dass er selbst nicht weiß, ob er gebildet ist oder nicht. Er sagt damit, dass er sein Urteilsvermögen einer – zumeist staatlichen – Einrichtung übertragen hat, welche bereit ist, zu beglaubigen, dass er gebildet sei.« Diese Einsicht von Henry David Thoreau[86] dämmert nun auch dem 27-jährigen Garry Davis. Und in Nachfolge der thoreauschen Mahnung: »Wenn das Gesetz dich zum Handlanger des Unrechts machen will, dann, aber nur dann, sage ich: Brich das Gesetz!«, warf er die US-Pass-Quittung mit dem französchischen Touristenvisum in die nächste Mülltonne. Dies sollte Folgen haben. Nach Ablauf des Visums und Bekanntwerden der couragierten Abfallbeseitigung der amtlichen Wertpapiere, bekam Davis keine gebührenpflichtige Visumsverlängerung mehr, sondern – und damit endlich *de facto* wie *de jure* als ›Staatenloser amerikanischen Ursprungs‹ anerkannt – die *refus de séjour*, die Verweigerung des Aufenthaltes und die Ausweisung binnen zehn Tagen. Mit dem ihm eigenen Humor wurde es Davis bewusst, dass er nun entweder Asyl suchen müsste (nur wo?), als moderne Variante des Fliegenden Holländers in internationalen Gewässern herumirren, oder im Gefängnis landen würde. (Keine dieser Erfahrungen sollte er in seinem weiteren Leben als staatloser

Reisender mit – zukünftig – selbst produziertem Weltbürgerpass vermissen.) Zunächst aber kam dem Weltbürger der Zufall in Form der ›Vereinten Nationen‹ zur Hilfe.

Am 11.September 1948 entdeckt er auf der Titelseite der Pariser Ausgabe des *International Herald Tribune* das Bild, auf dem der französische UN-Delegierte Robert Schumann dem damaligen UN-Generalsekretär Trygve Lie einen goldenen Schlüssel aushändigt. Damit übergab er symbolisch das Palais Chaillot der exterritorialen Hoheit der UNO für die Dauer ihrer Tagung in Paris. Sollte dies nicht schon lange von Garry und seinen weltbürgerlichen Freunden in den USA und Frankreich als ein genialer, aber unwahrscheinlicher Schachzug vorausgeplant gewesen sein, so war diese Konstellation wahrlich ein Geschenk der Geschichte, oder – je nach Weltanschauung – des Himmels. Am nächsten Tag musste der staatslose Weltbürger laut *refus de séjour* Frankreich verlassen haben, oder Gefahr laufen, interniert zu werden.

Am Morgen des 12. September fuhr Garry Davis mit der Metro zum Trocadéro und stand um sieben Uhr vor dem weißen Marmor des Palais de Chaillot, das noch verschlossen war. So quartierte er sich und seine Reiseschreibmaschine einige Tage vor der offiziellen Eröffnung der UN-Versammlung in dem gegenüber liegenden internationalen UNO-Sekretariat und -Restaurant ein. Dem französischen Wachmann machte er begreiflich, dass, wenn er ihn auf französchischen Boden hinauswerfen wolle, er gegen die Gesetze und Anweisungen seines eigenen Staates verstoße, welcher ihn, den Staatenlosen, mit heutigem Datum seines Territoriums verwiesen habe, sodass er gezwungen sei, auf dem internationalen Boden dieses der UNO zeitweise überlassenen Gebäudes Asyl zu suchen. Soviel juristisch begründete Sophistik war für die mittlerweile versammelten Wachmänner zuviel. Sie zogen ab, höheren Ortes neue Anweisungen einzuholen. Dabei stießen sie fast mit den ersten Journalisten und Fotoreportern zusammen. Dieses passende Timing war nicht ganz zufällig: Am Abend zuvor tippte Davis eine entsprechende Pressemitteilung, die von Don Livingstone, seinem mit einer Französin verheirateten schottischen Weltbürgerfreund, der Presse zugestellt wurde. Dieses Ereignis war für viele Presseleute im bislang farblosem Vorfeld der kommenden UN-Vollversammlung die vermisste »human interest story«. Je nach politischer Couleur wurde Davis zum Helden oder zum Narren gemacht. Aber immerhin wenigstens 100 Zeilen mit Foto wert. Und wie empfindet der Mensch Garry Davis inmitten der Presselawine, die er da lostrat? »Ich fühle mich wie ein aufgespießter Schmetterling. Sie knipsen mich jetzt beim Tippen. Ich bin nun wie in einem Goldfischglas. Was immer ich tue, wird in Wort und Bild konserviert. Die Aufmerksamkeit, die ich mit meinem Verzicht auf die amerikanische Staatsbürgerschaft erregte, war nur eine leichte Brise im Vergleich zu dem, was ich nun kommen fühle. Ich muss mich sorgsam vorbereiten. Zuviel steht auf dem Spiel. Viele Leute beobachten mich jetzt. Ich symbolisiere vielleicht nun ein großes Ideal für viele Kriegsflüchtlinge und heimatlos Gewordene. Diese Hoffnung darf ich nicht zerstören. Andererseits darf ich nicht zuviel erwarten. Das ist möglicherweise sogar die größere Gefahr, dass ich mich selbst in die Rolle einer Art Supermann, eines neuen Jesus oder so, hineinrede ... Jetzt schießt sogar das *Life Magazine* Bilder. O Bruder, jetzt ist ein Augenblick, indem Geschichte gemacht wird. Bewahre dein Gleichgewicht, Garry. Dies kann vielleicht die Welt bewegen heute. Und morgen ...« (G.D. 1961, S. 35)

Zunächst bewegte es den in Paris schon anwesenden UN-Untergeneralsekretär Konstantin Zinchenko, den Vertreter der ehemaligen UdSSR, zu einer ziemlich arroganten Stellungnahme gegenüber der Presse: »Davis ist ein Welt-Kind. Die Charta sieht nicht vor, dass die UN Kindermädchen spielt. Staaten mögen beitreten, Bürger in Windeln – Njet!« Die Öffentlichkeit schlug sich indes schnell auf die Seite des Staatenlosen, wie Versammlungen vor dem Palais de Chaillot sowie zahllose Briefe, vor allem aus Frankreich und Deutschland, zeigten: »Bon courage, weiter so!«, »Sie verkörpern unsere Hoffnung auf Frieden«, und »Darf ich Sie in Deutschland vertreten?«

Aber nicht nur für Tausende von Nationalismus und Faschismus verführte und nun führerlose Zeitgenossen sowie für

die vom Zweiten Weltkrieg der Nationalstaaten ideell und körperlich Verwundeten wurde Garry Davis nun Ansprechpartner
für ein neues und zukunftsträchtigeres Menschenbild namens
Weltbürgertum, sondern auch für die Philosophen und Literaten
seiner Zeit. Als Erster suchte ihn Robert Sarrazac heim. Dieser
hatte eine radikale Partei, »Le Front Humain«, mit etwa 18.000
Mitgliedern aufgebaut und sie mittlerweile aus Enttäuschung
über die Mehrzahl der Leute auf knapp 20 Mitarbeiter reduziert.
Er fragte Garry Davis nach seinen Plänen. Dieser antwortete, er
wolle die Delegierten der in Paris u.a. zur Berlin-Frage tagenden
Generalversammlung per Rundschreiben dazu auffordern, eine
verfassungsgebende Versammlung nach Artikel 109 der UN-
Charta einzuberufen und eine völkerrechtliche Weltverfassung
zu entwerfen.[87] Kühl lächelnd klärte ihn Sarrazac auf, dass dies
amerikanische Naivität sei. »Verstehen Sie nicht, Mr. Davis, die
so genannten ›Vereinten Nationen‹ sind nicht mehr als die alte
Liga, der Völkerbund, nur mit einem neuen Namen. Wie können nationale Regierungsegoisten sich auf eine sie bindende
Weltverfassung mit sie kontrollierender Weltexekutive einigen?
Sie wären schlicht nicht mehr im Regierungsgeschäft.« Sarrazac
empfahl Davis einen »Conseil d' Avis«, eine Art geistigen Solida-
ritätskreis durch eine Gruppe führender, zunächst französischer
Intellektueller, die er für ihn organisieren wolle. Damit gewann
die bisherige Ein-Mann-Demo eine neue Dimension. Zwischenzeitlich sollten Davis noch einige skurrile Gestalten und Geschäf-
temacher begegnen.[88]

Ende September hatte sich das UNO-Sekratariat mit dem französischen Innenministerium abgesprochen, den »Fall Garry
Davis« zu lösen, indem die Franzosen ihm ein *titre d'identité*
ausstellten und seine Aufenthaltserlaubnis um drei Monate ver-
längerten, sodass er nun das zu publikumswirksame Asyl auf dem
UN-Territorium verlassen konnte. Da diese interne Absprache
keine gesetzliche Grundlage hatte, weigerte sich Davis, eine solche Sonderbehandlung anzunehmen und wurde kurzer Hand in
einer nächtlichen Aktion von französischen Polizisten vom *pro*

forma exterritorialen Gelände der UNO entführt. Nach dieser staatlichen Nacht- und Nebelaktion war das UNO-Territorium von starken Polizeikräften abgeschirmt: Zutritt für Weltbürger verboten. Zwischenzeitlich war Robert Sarrazac aktiv geworden und hatte seinen guten Ruf mit einem Artikel zugunsten von Garry Davis im *Combat*, dem führenden Blatt der französischen Intelligenz, in die Waagschale geworfen.

Mitte Oktober fand das Gründungstreffen des »Conseil de solidarité« im Cité Club statt. Vor versammelter internationaler Presse kam eine Reihe namhafter Weltbürger zusammen, unter ihnen Albert Camus, André Breton sowie zahlreiche Journalisten und weitere Prominente. Weltbürgerliche Übereinstimmung in der ideologischen Verschiedenartigkeit war die Hauptattraktion und eine Quelle des Erstaunens für viele Journalisten. Den nach feierlichen Eröffnungsreden entscheidenden Augenblick der Zustimmung zur Beiratsgründung memoriert Garry Davis in einem Interview. »Sarrazac rief zuerst Albert Camus auf. Camus hatte wie kein anderer einen Horror vor Komitees und Versammlungen. Dies war allgemein bekannt. Er wurde auch von fast allen Anwesenden bewundert für seine geistige Unabhängigkeit und Prinzipientreue. Wir wussten, wenn er zuerst zustimmt, dann würden wir auch alle anderen gewinnen können. Er zögerte. Das Auditorium schwieg. Langsam wandte er sein Gesicht und sah mir nachdenklich in die Augen. Ich lächelte unwillkürlich schüchtern und schluckte. Camus erwiderte das Lächeln und nickte. Die geistige Solidarität war geboren.« Die Zeitungsausschnitte nach dieser Pressekonferenz offenbarten, dass die Botschaft des Weltbürgertums von den Medien nun tiefsinniger und seriöser beachtet wurde. Der *New Yorker* anerkannte: »Mr. Davis ist im Gleichschritt mit dem Universum. Wir anderen marschieren zum Klang eines geplatzten Trommelfells«, und der konservative *Manchester Guardian* bemerkte, der »Weltbürger Garry Davis ist ein Mann, mit dem zu rechnen ist«. Das *Time Magazine* revidierte seine frühere Charakterisierung als »Freak« und kennzeichnete den ehemaligen Amerikaner nun als einen Menschen »von klugem Verstand, der seine Kollegen der französischen Intelligenz permanent überrascht«.

Dies war die Geburtsstunde der Operation Oran, Camus' Novelle *Die Pest* entliehen, deren Kinobilder wenig später um die Welt gehen sollten. Der von Sarrazac ausgearbeitete Plan war, einige der Beiratsmitglieder zusammen mit »Gareth Avis« via Publikumskarten und einige Helfer als Presse- und Bühnenarbeiter zu der teilweise öffentlichen Generalversammlung einzuschleusen. In einem entscheidenden Augenblick sollte »Gareth Avis«, quasi als ein moderner Ritter der weltbürgerlichen Tafelrunde, das Balkongeländer gleich einem Rubikon überspringen und gut sichtbar dem Publikum, den Delegierten und den TV-Kameras seine Einminutenerklärung zugunsten eines Weltparlaments der Weltbürger abgeben. Mitglieder des »Conseil d'Avis« würden diese dann in verschiedenen Sprachen wiederholen. Weitere Beiratsmitglieder sollten genau zu diesem Zeitpunkt im gegenüberliegenden Restaurant eine Pressekonferenz eröffnen. Dort würde Camus die Bedeutung dieser Inszenierung erklären und um die Solidarität der Presse werben.

Freitag, 19. November 1948: »Wir erreichten unsere Plätze auf der Galerie ohne Zwischenfall. Ich wusste, dass wenigstens fünfzig Weltbürger unter den Zuschauern saßen. Ich sah den Dichter Meyer Levin mit dem Kamerateam der Paramount-Wochenschau in einer Pressekabine zusammensitzen. Von allen Seiten trafen mich teils fragende, teils wissende Blicke. Mir war klar, dass die UN-Sicherheitsbeamten alamiert waren, da einer der Kontrolleure davongeeilt war, als ich mit einer legitimen Eintrittskarte, und umgeben von Freunden, das Gebäude betrat. Plötzlich fesselte der Auftritt eines Tontechnikers meine Aufmerksamkeit, der in aller Seelenruhe eine dicke Kabelrolle im Gang abwickelte – genau zu jener Stelle, an der ich sprechen sollte. Er schloss ein kleines Etwas an und ging leicht lächelnd wieder in die Technik zurück. Mir dämmerte es – das Balkongeländer war nun mit einem Mikrophon ausgestattet! Nachdem der Techniker mit Erfolg und zu meinem Erschrecken die Aufmerksamkeit fast aller erweckt hatte, begann der Wochenschau-Mann seine Kamera auf jene Stelle einzurichten. Ich versank in meinem Sitz. Jetzt wurden auch noch die Scheinwerfer auf meinen Balkonteil eingestellt! Ich brach in kalten Schweiß aus. Wollten diese Narren, dass ich von Sicherheitsbeamten umringt würde, noch bevor die Aktion beginnt? Dieses technisch voll ausgestattete Podium war kein Wink mit dem Zaunpfahl – es war geradezu eine Provokation! Jemand, in einen verdächtig langen Mantel mit hochgeschlagenem Kragen gehüllt, setzte sich unten vor mir in die letzte Reihe. Dieses Individium versuchte nonchalant auszusehen und schlug ein Bein wechselnd über das andere. Was für ein jämmerlicher Sicherheitsbeamter, dachte ich, eine Schande für seinen Beruf. Langsam drehte sich dieser Typ nun um – und zwinkerte, sanft lächelnd, mit den Augen. Peinlich berührt erkannte ich Albert Camus wieder! Dies war seine Weise, mir sein ›Bon courage!‹ mitzuteilen. […] Da hörte ich, wie vereinbart, Pater Monteclards dröhnende Kanzleistimme: ›Und jetzt hat das Volk das Wort!‹ Schnell sprang ich über die Balkonabsperrung, warf den Mantel, der meine lederne Fliegerjacke verborgen hatte, von mir und lief zum Mikrophon. Dr. Evatt schaute auf und wunderte sich wahrscheinlich, welcher Berserker es wagte, die Sitzung zu unterbrechen. Die Menge auf den Galerien begann zu applaudieren und die Kameras begannen zu filmen. Derweilen rangen sich die bereitstehenden UNO-Wachen durch die Reihen der Leibwächter. Ich sprach Richtung Dr. Evatt: ›Herr Vorsitzender, ich unterbreche hiermit im Namen der Bürgerschaft der Welt, welche hier nicht vertreten ist …‹ Dr. Evatt erkannte mich und erlaubte mir mit einer Handbewegung fortzufahren. Ich schaute ihn erstaunt an. Ein allgemeines Zischen brachte die Geräuschkulisse zum Schweigen. Ich hatte tatsächlich das Wort erhalten! Aber da waren auch schon die beamteten Häscher bei mir angekommen. Ich war so genervt, dass man nun mir gegenüber handgreiflich wurde, dass ich von der ursprünglich einstudierten Rede abwich und verzweifelt Slogans in den Saal rief: ›Ich spreche für das Weltvolk! Geben Sie den Bürgern das Wort! Eine Weltbürgerregierung für eine Erde!‹ Lautstark protestierend wurde ich hinausgetragen. Wie ich später erfuhr, erfolgte, während die Wachen draußen mit mir beschäftigt waren, drinnen nun erst die eigentliche Aktion. Sarrazac schwang sich unbelästigt über das Geländer und proklamierte die Oran-Erklärung mit entsprechender rhetorischer Brillanz.[89] Nach ihm gaben Weltbürger in verschiedenen Sprachen Variationen des Themas wieder. Zwischenzeitlich wurde ich im Büro des Sicherheitschefs mit Glacé-Handschuhen angefasst. ›Nichts gegen Sie persönlich, Pierre‹, erklärte ich dem Sicherheitsinspektor auf seine Frage, warum ich ihm nur soviel Kopfzerbrechen bereite: ›Du hast Deine Vorschriften, wir haben unsere Prinzipien. C'est la vie.‹«

Der Sprung über das Balkongeländer ins Fettnäpfchen des Lockvogels für den UN-Sicherheitsautomatismus war, wenn auch nicht von Garry Davis selbst so geplant, gelungen. Hinter der eigentlichen Dramaturgie verbarg sich eindeutig französische Raffinesse. Den Schlagzeilen am nächsten Morgen nach zu urteilen, waren die Weltbürger Tagessieger. *Franc-Tireur* und *Combat*, aber auch *Le Monde* u.a. widmeten dieser Art von weltbürgerlichem Ungehorsam gegenüber den kleinkarierten ›Weltstaaten‹ ihre Titelseiten. Albert Camus hatte seine Hauptrolle bei der Pressekonferenz *par excellence* gespielt und jedem Journalisten, der versuchen würde, diese Weltbürgeraktion lächerlich zu machen, angedroht, darauf mit seiner eigenen, spitzen Feder zu antworten.

In der Folge fanden weitere Aktionen in Paris und London statt. Aus den USA kam ein Unterstützungstelegramm[90] von Albert Einstein, der Ehrenvorsitzender der kommenden Großveranstaltung wurde.

Überlassen wir die Beantwortung der Frage, ob sich die Bürger dieser Welt tatsächlich in Bewegung gesetzt haben, oder ob jene überraschenden Achtungserfolge, real- bzw. machtpolitisch gesehen, nur anfängliche Pyrrhussiege eines guten Willens waren, den zukünftigen Geschichtsbüchern. Was die weltbürgerlichen Aktionen mit befördert haben, war wenigstens die Annahme der Allgemeinen Erklärung der Menschenrechte am Freitag, den 10. Dezember 1948, durch die in Paris tagende UN-Generalversammlung.

Als Garry Davis von *Le Monde* gebeten wurde, einen Kommentar zu diesen Beschlüssen abzugeben, übertitelte er ihn mit: »UN-Bilanz: Zehn Millionen Worte gegenüber null Taten.« Dies war dem damaligen Verein namens ›Vereinte Nationen‹ durchaus angemessen und sollte sich erst mit der Ära Dag Hammarskjöld, zeitweise, ändern.

Im Mai 1949 unternahm Davis, auf der Flucht vor der Büroarbeit, zusammen mit Robert Sarrazac eine Vortragsreise durch die gallischen Provinzen und anschließend durch Luxemburg und die Schweiz. Im südfranzösischen Trouilla sprach er vor einer Gruppe von Bauarbeitern, unter ihnen der Bürgermeister dieser Kleinstadt. Garry Davis hatte auch zu diesen einfachen Leuten einen Draht. Im Juni verkündete das *Time Magazin*, dass Trouilla sich zur »Welt-Gemeinde« erklärt habe, nachdem die Mehrzahl der 360 Einwohner zu registrierten Weltbürgern wurden. Der Gemeinderat verabschiedete infolgedessen sogar eine Verordnung, dass jedermann, welcher innerhalb des Gemeindegebietes bei Bau oder Lagerung einer Atomwaffe erwischt wird, strafrechtlich streng verfolgt würde. Schildbürgertum im Feuilleton- und Atomzeitalter? Vielleicht mehr. Vielleicht eine hilflos naiv anmutende Geste von Kompetenz und Einflussnahme innerhalb der kleinen Grenzen der eigenen Dorfgemeinschaft! Immerhin war dies die Frühgeburt der »Atomwaffenfreien Zone«.

Garry Davis scheute nicht den – geistigen – Kampf in Form eines gewaltlosen Widerstandes gegen Nationalismus und Militarismus. Er wusch sich – als Weltbürger – aber nie seine Hände im Blut seiner Gegner, sondern verzichtete, im entscheidenden Moment, auf Gewaltmittel zur Lösung von Problemen.
    Er gastierte für mehrere Wochen in einem Zelt und Holzverhau auf der Rheinbrücke bei Kehl. Dort, hundert Meter über dem Rheinwasser, wartete er auf seine Einreisefreigabe nach Deutschland, haushälterisch versorgt von Studenten beider Länder. Was wäre beispielsweise passiert, wenn Garry Davis die mit Holzknüppeln und Eisenstangen bewaffneten deutsch-französischen

Studenten am 20. Dezember 1949 an jener Rheinbrücke nicht aufgefordert hätte, die Schlagwaffen wegzuwerfen (und nach Hause zu gehen), sondern sie rhetorisch dazu ermutigt hätte, ihm den Weg durch die personalschwache Polizeikette nach Deutschland freizukämpfen? Die soziale Atmosphäre war nahe einer Explosion, zumal die studentische Spontanität in ihrer jugendlichen Unbescheidenheit in der Nacht zuvor, leere Tramwagen umkippend, Schaufenster mit *Weltbürger*-Parolen bemalend und »Garry Davis au pouvoir! Weltbürger an die Macht!« singend, durch Straßburg gezogen war. Das Menetekel einer kosmo-politischen Studentenrevolte konnte man schon an den Häuserwänden Straßburgs lesen, knapp 20 Jahre vor der 68er-Rebellion. Ein Weltbürgerputsch in Europa, 40 Jahre bevor die Bürger der ehemaligen DDR für unbeschränkte Reisefreiheit und die Einheit Deutschlands (bei vollem Konsumausgleich?) mit Füßen und Plakaten abstimmten. Das Weltbürgertum hätte dabei leicht seine einsam geistige Überlegenheit und ideelle Unschuld verloren, nicht unähnlich dem Christentum, als dieses sich mit der zuvor verachteten Staatsmacht arrangierte und selbst Staatsmacht wurde.

So weit kam es nicht. Garry Davis bevorzugte es, sich gewaltfrei gegen andere auf der windigen Brücke im Niemandsland über dem rheinischen Rubikon eine Erkältung einzuhandeln, die ihn von der weltpolitischen Wacht am Rhein in ein Straßburger Krankenhaus beförderte. Dort fand er dann zwangsweise genügend Muse, die an die Kehler Rheinbrücke adressierte Post von Albert Schweitzer zu lesen. Schweitzer schrieb: »Vielleicht ist nun die Zeit für Sie gekommen, von Ihrem Leben voller Aktionen und Verpflichtungen etwas Abstand zu nehmen und sich zu einem kontemplativen Ausflug einzuschiffen. Sie bräuchten jetzt wahrscheinlich eine Zeit der Meditation, welche Ihnen als Anführer einer Weltregierungs-Bewegung so nicht möglich ist. Versuchen Sie ein klares Urteil über die Verhältnisse zu gewinnen. Sie wollten nur mit äußerlichen Mittel handeln – statt aus dem Geiste. Sie müssen diesen Weg verlassen ...«

Die Resonanz auf diese freundliche Erinnerung wird aus Davis' Tagebuch ersichtlich (G.D. 1961, Seite 88): »Schweitzers Worte

1948: Weltbürger-Registratur in einem Café in Paris.

1951: Davis vor dem UNO-Gebäude in New York demonstrierend.

arbeiteten in meinem Geist. Ich wusste, Schweitzer hatte Recht. Ich hungerte mittlerweile nach Einsamkeit und Ruhe, um die tiefere Bedeutung meines Lebens und der Weltbürgerschaft zu erkunden. Ich denke, da ist eine Grenzlinie, jenseits der jede Verwicklung in noch mehr Aktivismus bedeutungslos wird. Erlaubt man sich, über diese Grenzlinie hinauszugehen, dann entwickelt man leicht eine Art von Gefühllosigkeit und Unempfindlichkeit gegenüber allen Handlungen, Ereignissen und Beziehungen. Ich fühlte ... ich würde bald eine solche Schwelle überqueren und entschied mich, sobald als möglich, wieder zu meinen Freunden und meiner Familie nach Amerika zurückzukehren.« Hierin

155

offenbarte sich der entscheidende Unterschied zwischen dem zunächst naiv-idealistischen Weltbürger amerikanischer Abstammung, Garry Davis, und etwa dem tief religiösen, fast übermenschlich anmutenden Geistesadel des Kosmopolitikers Dag Hammarskjöld. Ersterer kehrte, zuvor weiter und tiefer gegangen als die meisten seiner Zeitgenossen, an seiner existenziellen Grenzlinie wieder um, während Letzterer, vielleicht sogar inspiriert durch die Taten seines kosmopolitischen Vorgängers, die tiefenpsychologische Grenzlinie überschritt.

Als Garry Davis im März 1950 nach drei Jahren Abstinenz den Ariadnefaden Richtung Weltbürgertum wieder aufnahm, verblasste die ursprüngliche Impulsivität im Alltag des Kalten Krieges bereits wieder und das Echo der Medien und Massen war bescheidener als zuvor. Seit seinem dreijährigen Erholungsurlaub hinkt Garry Davis seiner potenziellen Biografie und Berufung hinterher. Der (erste) Höhepunkt war vorbei, hatte den Durchlauferhitzer der Massenmedien durchlaufen, und die Wasser des weltbürgerlichen Lebens waren, noch bevor sie die 68er-Bewegung hätten befruchten können, schon wieder im Wüstensand menschlicher Geschichte und Ignoranz versickert.[91]

Die Hoffnungen eines Garry Davis und seiner Freunde haben sich noch nicht erfüllt. Es gibt weder eine völkerrechtlich anerkannte Welt-Verfassung, noch ein föderalistisches Welt-Parlament, und auch keine demokratische Welt-Bürger-Regierung. Wohin ist sie also marschiert, diese Weltbürger-Bewegung? Die Wahrheit scheint mir zu sein, dass Garry Davis' eigene Zweifel und Ahnungen berechtigt waren. Der idealistisch-weltbürgerliche Geist stand an der Schwelle zur Realpolitik – und schreckte zurück. Verständlicherweise. Vielleicht befürchtete Garry Davis ein ähnliches Schicksal wie das des Praktikers »Mahatma« Gandhi, der im Januar 1948, nachdem er die »Quit India Resolution for World Federation« mitinitiiert hatte, von einem fanatischen Nationalisten erschossen wurde. Er sollte nicht das einzige Opfer in Indien bleiben. Am 31.10.1984 wurde Indira Gandhi, am 21.5.1991 ihr

Sohn Rajv Gandhi ermordet. Beide zufällig, wie auch der 1986 erschossene Olaf Palme, Mitglieder der »Parliamentarians for Global Action« mit Sitz in New York City. Diese durchaus weltbürgerlich gesinnte Vereinigung von verantwortungsbewussten Volksvertretern aus diversen demokratischen Parlamenten hieß früher »Parliamentarians for Global Order« und steht in der Nachfolge der zu Garry Davis Zeit in Großbritannien gegründeten »Parliamentarians for World Government«.

Was hätte Garry Davis noch tun sollen? Seine paar hunderttausend Sympathiesanten dazu aufrufen, den nationalstaatlichen Militärdienst zu verweigern, die UNO sowie die nationalen Regierungs- und Parlamentssitze solange zu blockieren, bis über eine Welt-Föderation verhandelt würde? Oder überall dort, wo es juristisch und finanziell möglich wäre, in der Nachkriegszeit Weltbürgerparteien zu gründen und um die parlamentarische Macht zu kämpfen? Hätte er dies ernsthaft versucht, wäre es ihm vielleicht nicht erspart geblieben, erkennen zu müssen, dass die meisten seiner Anhänger nur zu Lippenbekenntnissen und Teilnahme an *happenings* bereit gewesen wären.

Garry Davis überreicht Stephan Mögle-Stadel bei einer Weltbürgerkonferenz 1992 in Washington D.C. seine Autobriografie *My Country is the World*.

Sollten es die Bürger der Nationalstaaten, die im Laufe der Totalen Krise immer mehr zu Mitgefangenen im Globalen Gefängnis werden, noch rechtzeitig begreifen, dass ihnen die Ideen des Weltbürgertums den schmalen und steinigen Pfad zu einer gerechten und föderativen Weltgemeinschaft, würdig des Namens Menschheit, eröffnen, dann würden Menschen wie Garry Davis zu den Morgensternen am Horizont einer Neuen Welt gehören, anstatt als versinkende Abendsterne die dunkle und lange Nacht, das Kali Yuga des Menschengeistes anzukündigen.

›Oran‹-Erklärung vom 19. November 1948

Herr Vorsitzender, meine Herren Delegierte:
Ich unterbreche Ihre Verhandlungen im Namen der Völker der Welt, die hier nicht vertreten sind. Wenn auch meine Worte unbeachtet bleiben mögen, kann doch unser gemeinsames Bedürfnis nach weltweitem Gesetz und weltweiter Ordnung nicht länger übersehen werden. Wir, das Volk, wollen den Frieden, den nur eine gemeinsame Weltbürgerregierung geben kann. Die souveränen Nationalstaaten, deren Regierungen Sie zu vertreten glauben, zertrennen uns und führen uns zum Abgrund des allumfassenden Krieges. Ich rufe Sie auf, uns nicht länger mit dieser Illusion nationalstaatlicher Autorität zu betrügen. Ich rufe Sie auf, nun eine konstituierende Versammlung der Welt einzuberufen, die jene Standarte aufrichten soll, um die sich alle Menschen versammeln können, die Fahne des wahren Friedens, die Fahne der Bürger für die Eine Welt. Und wenn Sie uns darin im Stich lassen … treten Sie zur Seite, denn eine Welt-Volksversammlung wird dann aus unseren eigenen Reihen erstehen, um eine solche Weltverfassung und eine entsprechende Bürgerregierung zu schaffen.
Uns ist durch nichts Geringeres zu helfen.

gez. *Die Bürger dieser Welt.*

Grußtelegramm Albert Einsteins
an die Weltbürger-Versammlung in Paris
vom 3. Dezember 1948[92]

Ich spreche mit großer Zustimmung dem jungen Kriegsveteranen Davis meine Anerkennung für seine Opfer zugunsten der Einheit der Menschheit aus. Indem er willentlich seine staatsbürgerlichen Rechte aufgab, machte er sich selbst zur ›staatenlosen Person‹, um für die natürlichen Rechte derer zu kämpfen, die nur stumme Zeugen des tiefen moralischen Standes unserer Zeit sind. Die schlimmste Form der Sklaverei ist die Militarisierung der Völker, aber diese Militarisierung ist das Ergebnis der Furcht vor neuer massenhafter Vernichtung in einem drohenden Welt-Krieg. Der gut gemeinte Versuch, die Situation durch die Gründung der Vereinten Nationen zu meistern, hat sich bedauerlicherweise als ungenügend erwiesen. Eine übernationale Einrichtung muss ausreichend Macht haben und autonom genug sein, um die Probleme der internationalen Sicherheit lösen zu können. Weder kann noch darf man diesen entscheidenden Schritt den nationalen Regierungen überlassen. Nur der unbeugsame Wille der Bürger der Welt kann die Kräfte freisetzen, die für einen solch radikalen Bruch mit den alten und überlebten Traditionen der Politik nötig sind. Ich grüße die Versammlung als einen ernsthaften Versuch, bei einer äußerst wichtigen Mission unserer Zeit behilflich zu sein.

Einstein

Den Haag 1999 –
Der lange Weg zur Weltzivilgesellschaft

Einhundert Jahre nach der Ersten Haager Friedenskonferenz von 1899 fand vom 11.–16. Mai in Nachbarschaft des Internationalen Gerichtshofes in Den Haag die Dritte Haager Friedenskonferenz statt. Während die ersten beiden Konferenzen von

1899 und 1907 Veranstaltungen der europäischen Regierungen und Königshäuser unter Beteiligung von Regierungsvertretern der USA, Japans und Chinas waren, wurde die Dritte Haager Friedenskonferenz von einer Koalition aus Nichtregierungsorganisationen einberufen.

Vor 100 Jahren waren die Bürger von den Regierungen noch bewusst ausgeschlossen. Bertha von Suttner, Autorin des Buches *Die Waffen nieder!*[93] und damals Vizepräsidentin des Internationalen Friedensbüros (IPB) im schweizerischen Bern, musste sich 1899 als Journalistin anmelden, um wenigstens am Rande der Regierungskonferenz teilnehmen zu dürfen. Mittlerweile hat sich die Zeitsituation etwas geändert. Bei der Gedenkveranstaltung 1999, das Resultat einer weltweiten Initiative von Bürgerorganisationen, mithin eine Welt-Bürger-Initiative, waren die Regierungsvertreter bescheiden als Zaun-Gäste eingeladen. Etwa 20 Regierungen entsandten Vertreter, der große Rest bemühte sich, die Tagung zu übersehen.

Obwohl das Komitee der Schirmherren u.a. aus Carl Friedrich von Weizsäcker, Christa Wolf, Sir Peter Ustinov, Südafrikas First Lady Graca Machel, dem Dalai Lama, Erzbischof Desmond Tutu und dem Friedensnobelpreisträger José Ramos-Horta bestand, ignorierte die Weltpresse das Ereignis weitgehend. Dies lag sowohl am organisatorischen Defizit der Veranstalter wie auch an der sensationslosen Friedensthematik.

Die drei Hauptveranstalter dieser »Konferenz der Weltzivilgesellschaft« waren das Internationale Friedensbüro (Genf), die Internationale Rechtsanwaltsvereinigung (Den Haag) und die Weltföderalisten (New York). Unter dem Konferenzmotto »Zeit den Krieg abzuschaffen – Frieden ist ein Menschenrecht« kamen aus allen Regionen der Welt über 3.000 Menschen, darunter NGO-Vertreter und Wissenschaftler, aber auch einfache Bürger, die sich für die Themen von über 200 Vorträgen und Arbeitsgruppen interessierten.

Der Korrespondent der *Berliner Zeitung* untertitelte seinen Artikel »Friedenskonferenz fordert Stärkung der UNO« mit der Beobachtung: »Kosovo-Krieg überschattet Treffen in Den

Haag.« Der Kosovo-Konflikt zeigte dann auch deutlich die Schwäche und Stärke des bisherigen Fundamentes einer im Werden begriffenen weltweiten Zivilgesellschaft: Die Vielzahl der NGO-Vertreter konnte sich auf keine gemeinsame Resolution oder Aktion, die mehr als nur ein oberflächlicher Friedensappell an alle (und niemanden) gewesen wäre, einigen. Lähmte die multikulturelle Vielfalt die Effektivität? Oder war es der zumeist noch nicht überwundene Gruppenegoismus, der miteinander um Mitgliederzahlen, Spendengelder und staatliche Zuschüsse konkurrierenden Organisationen? Diese Problematik eines von staatlichen und wirtschaftlichen Einflüssen zumeist noch nicht befreiten Geistes- und Menschenrechts-Lebens wurde bedauerlicherweise öffentlich nicht thematisiert.

Podiumsgast Desmond Tutu versuchte dieses Defizit, das auch als Chance für einen vertieften Dialog über die (geistigen) Grundlagen einer Weltzivilgesellschaft hätte genutzt werden können, durch emotionale Ansprache der Zuhörerschaft auszugleichen. Auf seine intellektuell nicht anspruchvolle Proklamation: »Wollt ihr den globalen Frieden?«, kam, wie zu erwarten, ein hunderfaches »Jaah!« in den verschiedensten Sprachen. So mancher Beobachter fühlte sich dabei etwas peinlich an die goebbelsche Fangfrage »Wollt ihr den totalen Krieg?« erinnert. In beiden Fällen wurden die Versammelten nicht als individuelle Menschen sondern als Masse angesprochen; und die Antwort war programmiert, d.h. unfrei und erzwungen.

Die Erfahrungen dieser NGO-Konferenz zeigten, dass Gefühl (Wir müssen etwas tun!), Denken (Was ist der Standpunkt meiner NGO?) und Wollen (Der Wille verlor sich in einer gefühlsmäßigen Diskussion) weit auseinanderklaffen und dass noch kein zielgerichtetes Ich, das mehr und menschheitlicher wäre als eine Versammlung von Organisationsvertretern, ein gemeinsames kosmopolitisches Handeln ermöglicht, das mehr wäre als ein »Hague Appell for Peace«.

Dies ist umso erstaunlicher, als fast dieselben NGOs im Sommer 1998 bei der Regierungskonferenz in Rom die Statuten des »Internationalen Strafgerichtshofes für Verbrechen gegen die

Menschlichkeit« (ISG) mit durchsetzten – gegen den Widerstand der US-amerikanischen, chinesischen und russischen Regierung. Vor einem Jahr noch vereinten gemeinsame Gegner und dieses eng umgrenzte Projekt die NGOs. Als jetzt in Den Haag die offene Frage nach der Ausgestaltung einer sich globalisierenden Welt auf der Tagungsordnung stand, ohne gemeinsame Feinde und Projekte, da offenbarte sich der schon am 13.11.1920 von Rudolf Steiner in seinem Aufsatz ›Staatspolitik und Menschheitspolitik‹ (GA 191) für die Zeitschrift *Le Genevois* angedeutete Mangel an einer gemeinsamen Menschheitspolitik und -ethik, die sich am inneren Wesen des Menschlichen orientiert und nicht nur an äußeren Merkmalen und Paragrafen.

Eine echte Welt-Zivilgesellschaft müsste auf der dialogischen Beziehung des einzelnen Menschen als Bürger der Welten, auch der geistig-seelischen, mit der Menschheit als Ganzes, institutionell wie auch (zuvor) ideell-spirituell, beruhen. »Ich bin nicht bloß Erdenbürger, ich bin Weltenbürger. […] Wenn dies der Mensch als Empfindung, als Gefühl in sich trägt, dann wird er erst reif, soziale Ideen zu fassen. […] Gewiss, man kann in abstracto gewisse Ideen fassen, aber man kann sie nicht im Konkreten innerlich in sich beleben.« (Vortrag vom 5. Oktober 1919, GA 24)

Den beiden vom russischen Zaren, mit Unterstützung der holländischen Königin, 1899 und 1907 initiierten Haager Friedenskonferenzen gelang es nicht, sich für das damals gegründete Internationale Schiedsgericht auf eine obligatorische (bindende) Rechtsssprechung zu einigen. Die infolge des Widerstandes der deutschen Regierung unter Kaiser Wilhelm vereinbarte fakultative (freiwillige) Anrufung ist ungefähr dasselbe, wie wenn in einem Rechtsstaat der Angeklagte wählen könnte, ob er seine Richter und das Urteil akzeptiert oder eben nicht. Nicht nur der Weg zur Weltzivilgesellschaft scheint noch etwas länger und steiniger zu sein, sondern auch die Emanzipation des Rechtslebens vom nationalen Gruppenegoismus.

Auroville und das Ringen der Bewusstseinsseele

Interview mit Wolfgang Schmidt-Reinecke, Berlin,
Leiter des Vorstandes von Auroville International
(www.de.auroville-international.org)

Wie war das Verhältnis zwischen Aurobindo und der Unabhängigkeitsbewegung Indiens?

Sri Aurobindo Ghose wurde im Anschluss an sein Studium in Oxford und nach der Rückkehr in sein Heimatland zu einem der großen Führer der indischen Unabhängigkeitsbewegung. Letztere betrachtete Gewalt anfänglich, d.h. im Gegensatz zum späteren Pazifismus Ghandischer Prägung, durchaus als Mittel zur Durchsetzung ihrer Ziele. Vor diesem Hintergrund – aber mit konkret falscher Anschuldigung – wurde Sri Aurobindo von den britischen Kolonialbehörden ein Jahr ins Gefängnis geworfen. In dieser Zeit machte er tiefe innere Erfahrungen, die ihn die umfassende Notwendigkeit einer geistig-seelischen Entwicklung erkennen ließen. Er zog sich aus dem politischen Befreiungskampf zurück und baute einen Ashram in Pondicherry auf, dem er den Namen Auroville gab. In den folgenden Jahrzehnten beschrieb er in vielen Schriften und Büchern den »Integralen Yoga«, d.h. die Vision eines Bewusstseins, das in gewisser Weise westliches Denken und östlichen Geist integriert. Sri Aurobindo blieb dabei jedoch mit seinen früheren Weggefährten der Unabhängigkeitsbewegung – darunter Pandit Nehru und Mahatma Ghandi – in brieflicher Verbindung und äußerte seinen Rat, wann immer grundlegende politische Entscheidungen anstanden. Im Gegensatz zu Ghandi hielt Sri Aurobindo auch im Lichte seiner spirituellen Erfahrungen Gewaltanwendung unter bestimmten Umständen für vertretbar. Ein Beispiel: 1942, auf dem Höhepunkt der siegreichen Feldzüge Deutschlands und Japans, befragten ihn junge Männer, ob sie angesichts der Bedrohung der zur Invasion ansetzenden Japaner zur Waffe greifen oder lieber für Frieden meditieren sollten. Sri Aurobindo antwortete ihnen in dem Sinn, dass sich in der Tat sehr viele in ihrer geistigen Schulung und Entwicklung fortgeschrittene Menschen zu einer Art inneren Abwehr der okkulten Gefahr vereinigt hätten, die hinter den Deutschen und den Japanern stand. Die Antwort lautete jedoch weiter, dass es gleichwohl für die meisten ›Normalsterblichen‹ eher angebracht sei, sich mit äußeren Mitteln (Waffen) gegen die Bedrohung zu stemmen. Es ist dies eben kein Widerspruch, sondern die differenzierte Sicht eines ›integralen Realitätssinns‹.

Was hatte Aurobindo zum Thema einer geeinten Menschheit zu sagen?

Sri Aurobindo entwickelt insbesondere in den beiden Bänden *Ideal einer geeinten Menschheit* und *Zyklus der menschlichen Entwicklung* die Vision einer planetaren Weltförderation. Er hält allerdings diese politische Lösung – wie überhaupt ein friedliches Zusammenleben der Nationen – nur für möglich, wenn parallel dazu die spirituelle Erfahrung der inneren Verbundenheit zwischen den Menschen wächst. Mit anderen Worten, Sri Aurobindo glaubt nicht allein an die Kraft des Ideals oder des politischen Konzepts einer friedlichen internationalen Vereinigung, sondern gibt ihr nur im Kontext oder in Parallelität mit einer Bewusstseinsentwicklung der Völker bzw. der sie tragenden Menschen eine evolutionäre, d.h. nicht von Katastrophen begleitete Chance.

Ist das Projekt Auroville nicht zu sehr selbstbezogen?

Auroville war lange Jahre über praktisch ausschließlich mit seiner eigenen, durchaus schwierigen Anfangsentwicklung beschäftigt. Inzwischen gehen zum Beispiel in Bereichen wie *urban ecology*, Wiederaufforstung und alternative Bauweisen zunehmend Impulse von Auroville aus in alle Welt. Einer weiteren Kernaufgabe der Gemeinschaft – ein städtisches Modell übernationaler Einheit zu bilden – geht Auroville zwar in seiner täglichen Praxis in vielerlei Weise und zum Teil mit beachtlichen

Ergebnissen nach. Bisher ist es jedoch noch nicht soweit, dass die Aurovillianer diese Ansätze und Lösungen auch im größeren Umfang reflektieren, dokumentieren und kommunizieren würden. Dies bleibt eine der großen und anstehenden Aufgaben, die jetzt auch zunehmend als solche erkannt wird und für die viel Aufmerksamkeit und Mittel bereitgestellt werden.

Wie gestaltet sich das Zusammenleben verschiedener Ethnien in Auroville?

Wie bei fast allen Einwanderergemeinschaften besteht auch in Auroville zunächst einmal bei Neuankömmlingen die Neigung, sich an die vertrauten ›Kulturgenossen‹ zu halten. In den letzten Jahren haben sich jedoch zunehmend Architekten und Planer in Auroville zum Ziel gesetzt, interkulturelle (und zugleich ökologische und gemeinschaftsorientierte) Wohnmodelle zu schaffen. Aktuelles Beispiel ist etwa der fast fertiggestellte Appartmentblock »Creativity« für 26 Wohnparteien. Zur (nicht ganz ernst gemeinten) Illustration eine vorweggenommene Perspektive des dort angestrebten Wohngefühls: »Es ist eine der typisch heißen Nächte der Subtropen und aus der Wohnung auf der anderen Seite des Flures erschallen fröhliche Stimmen und Gesang. Auf russisch. Die Uhr zeigt vier Uhr morgens und das kleine Familientreffen nimmt kein Ende. Um sechs Uhr spätestens beginnt dann der Inder Ratiman seine morgendlichen Yogaübungen auf dem gemeinsamen Hausdach und die beiden Jüngsten der neueingezogenen kolumbianischen Familie werden lautstark durch den dreistöckigen Gebäudekomplex toben. Frank hat Deutschland schon vor zwanzig Jahren verlassen und mittlerweile gelernt, schon sehr früh ins Bett zu gehen ...« (aus: »Eine andere Globalität – Das Projekt Auroville«, Infobrief soziokultureller Zentren, Nr.2, 2003)

Was lässt sich über die Beziehung von Auroville zur UN-Weltkulturorganisation sagen?

Bisher hat die UNESCO in mehreren Generalversammlungen das Auroville-Projekt mit einstimmigen Resolutionen unterstützt (1966, 1968, 1970 und 1983). Im April 2003 befasste sich in Paris eine weitere Sitzung mit Auroville. In der folgenden Stellungnahme des UNESCO-Generaldirektors kommt die anhaltende Wertschätzung der UN-Organisation für Vision und Realität des Auroville-Projektes zum Ausdruck: »Yesterday, the Director-General of UNESCO, Koïchiro Matsuura, participated in celebrations at UNESCO-Headquarters marking the 35th anniversary of the founding of Auroville, a unique , model city, near Pondicherry, India. Opening an exhibition on Auroville, Mr Matsuura said that »as an intellectual and ethical organization, UNESCO cannot fail to be fascinated by this experience.«

Auroville seinerseits ist zunehmend daran interessiert, sowohl mit der UNESCO als auch mit der UN im Bereich völkerverständigende Maßnahmen in kreativen Austausch zu kommen. Gegenwärtig bereitet das weltweite Netzwerk »Auroville International« seine Akkreditierung beim UN-Department of Public Information (UNDPI) in New York vor. Darüber hinaus wird in Auroville an mehreren Anträgen für verschiedene UNESCO-Programme gearbeitet.

Was sind zur Zeit die größten Probleme in Auroville?

Eine der größten Herausforderungen für die weitere Entwicklung bildet sicher die Tatsache, dass Auroville immer noch nicht das ganze Land zur Verfügung steht, das für die Stadtentwicklung benötigt wird. Immobilienspekulanten kaufen immer wieder wichtige Schlüsselparzellen auf und bieten sie anschließend der Community zu überhöhten Preisen an. Auroville kann dann oft nur mittels verzweifelter Spendenaktionen versuchen, sich rechtzeitig die Mittel für den Landkauf zu beschaffen. Ein anderes großes Problem teilt Auroville mit vielen Regionen der ›Dritten Welt‹: Die zunehmende Verknappung von frischem Wasser durch ausbleibende Monsunregen, verschwenderischen Wasserverbrauch sowohl in Auroville selbst als auch seitens der

Auroville

benachbarten Kleinbauern sowie die zunehmende Versalzung des Grundwasssers.

Welche Auswirkungen hat das Projekt für die Weltgemeinschaft?

So wie bereits erwähnt, ist auf vielen Gebieten der aurovillianischen Arbeit eine Schere zwischen praktischer Erfahrung und ihrer reflektierten, aufbereiteten Dokumentation zu beobachten. Das besondere Interesse von Auroville Deutschland gilt der verstärkten Förderung und Publizierung der interkulturellen Aufgabenstellungen in Auroville. Eines der Viertel der entstehenden Stadt wird durch die »Internationale Zone« gebildet. Hier sollen die verschiedenen Kulturen der Erde in der Gestalt von ›Nationen-Pavillons‹ erfahrbar zum Ausdruck gebracht werden. Zugrunde liegt diesem besonderen aurovillianischen Konzept der Nationen-Pavillons die Einsicht, dass erst die Darstellung und Anerkennung der Besonderheiten nationaler Kultur einen tragfähigen Boden für die übernationale Vereinigung schaffen kann (z.B. auch in Europa). Mit der – symbolischen – Herausarbeitung der jeweiligen Potenziale soll der Beitrag und die Rolle jeder Nation für ein friedliches Zusammenspiel der Kulturen erkennbar werden.

Neben der deutschen Initiative wurden in jüngerer Zeit die Grundsteine für einen russischen, amerikanischen, afrikanischen und französischen Pavillon gelegt. Darüber hinaus wurden Projekte wie der CIRHU ins Leben gerufen. CIRHU legt als interdisziplinäre Bildungsinstitution seinen Forschungsschwerpunkt auf die bewusstseinsevolutionären Aspekte der menschlichen Geschichte und Zukunftsplanung. Der CIRHU-Campus wird nach seiner Fertigstellung ein weit gefächertes Multimedia-Ressourcen-Zentrum für Studium, Forschung und Networking zur Verfügung stellen. Auditorien und Konferenzeinrichtungen für internationale Veranstaltungen und Programme sind vorgesehen.

Es bleibt zu hoffen, dass der spezifische aurovillianische Beitrag zum Thema Völkerverständigung und interkultureller Einheit auch auf diese Weise Eingang in den weltweiten Diskurs finden wird.

Leben in der ortlosen Gesellschaft – William Knokes *Kühne neue Welt*

Es sind Kräfte am Wirken, welche die Welt immer mehr vernetzen. Unser Handeln beschleunigt sich und unsere Ortsgebundenheit löst sich auf. Handy, Laptop-Computer, Internet, Fax und Überschallflugzeug sind nur einige der Mittel, die eine neue Ortlosigkeit ermöglichen. Da ist die Designerin, allein erziehende Mutter, die ihre Mode am Computer daheim im Landhaus entwirft und dann per elektronischer ISDN-Verbindung in die Stadtzentrale sendet. Auch der Geschäftsreisende, der durch eine Kombination seines Handys mit seinem Psion-Minicomputer (Männerhandgröße!) von irgendwo in Südamerika ein Fax an einen Kollegen irgendwo in Asien unterwegs sendet, ist nur die Eisbergspitze dieser Entwicklung. So sieht es zumindest der Autor des Buches *Kühne neue Welt*[94], eine sanft ironische Anspielung auf Huxley's Roman *Schöne neue Welt*.

Aber der Autor begnügt sich nicht damit, eine neue, elektronische und organisatorische Revolution zu beschreiben, die seiner Meinung nach zu einem Zeitalter größerer Individualität und Bewegungsfreiheit führen wird. Als renommierter Wirtschaftsmanager und Vorstandsvorsitzender der Harvard Capital Group fordert er eine weltweite Umweltgesetzgebung und eine demokratische Weltregierung, um der weltzerstörenden Macht der Multinationalen Konzerne rechts- und sozialstaatliche Rahmenbedingungen entgegenzusetzen. Kurz gesagt: Der Mann der Wirtschaft fordert die Globalisierung des Rechtslebens, um das Geistes- und Kulturleben von der erdrückenden Übermacht eines grenzen- und besinnungslos gewordenen Wirtschaftslebens zu befreien. Das unmöglich geglaubte ist Sachbuchrealität geworden. William Knoke, Investment-Berater und Absolvent der Harvard Business School, prognostiziert den Untergang unseres bisherigen Wirtschaftssystems und empfiehlt eine Dreigliederung unserer bislang eher einseitig-wirtschaftlichen Globalität. So etwas schreibt sich natürlich immer leichter, als es sich dann, von wem auch immer, durchführen lässt.

Dieses Buch ist die wirtschaftspolitische und technologische Antwort auf den 1995 erschienen Club of Rome-Bericht des Politikwissenschaftlers und Regierungsberaters Yehezkel Dror: *Ist die Erde noch regierbar?* Knoke und sein Mitarbeiterteam beschreiben hier nicht nur ein Stück globaler Wirtschaftsgeschichte, sondern skizzieren recht kühn Weltgeschichte an der Schwelle ins 21. Jahrhundert.

Vor soviel globaler und denkerischer Kühnheit verblassen selbst die Autoren des Bestsellers *Die Globalisierungsfalle*. Europa, jener Ort, an dessen Grenzen die Ratschläge der beiden SPIEGEL-Redakteure Hans-Peter Martin und Harald Schumann enden, ist für Knoke erst der Anfang. Seine Trendprognosen führen im sechsten Kapitel (Die künftige Weltordnung), jenseits des Globalisierungs-Pessimismus, Richtung eines föderal strukturierten Weltstaates, bestehend aus den Staatsgrenzen überschreitenden Wirtschaftszentren der nahen Zukunft. Für Knoke wird zunächst nicht die UNO, sondern die Welthandelsorganisation WTO die Keimzelle dieser vermeintlich neuen Weltordnung sein. Knokes Vision, als kalifornisch-pazifischer Westküstler, beginnt dort, wo die Version des nordatlantischen Ostküstlers Brzezinskis *(Die einzige Weltmacht)* endet: cirka im Jahr 2033. Dann, so glaubt Knoke, wird die sich nicht nur immer mehr globalisierende, sondern auch individualisierende Weltwirtschaft die Gruppenegoismen der Nationalstaaten, inklusive der USA, endgültig überwunden haben.

Ähnlich dem verstorbenen Zukunftsforscher Robert Jungk sieht er, wenn auch aus anderer (technophilerer) Perspektive, ein »Menschenbeben« der kleinen und sich flexibel immer wieder neu vernetzenden High-Tech-Firmen, NGOs und individuellen Computerhacker auf uns zukommen. Die Verlierer sollen laut Knoke die großen und weniger flexiblen »Dinosaurierstrukturen« der Konzerne und Nationalstaaten sein.

Hier weht uns Bürger eines Nationalstaates, dessen Souveränität imaginär und dessen einstige Allmachtsphantasien in einer globalisierten Weltwirtschaft ohnmächtig geworden sind, der Hyperrealismus des 21. Jahrhunderts entgegen. Es scheint die Ironie der Globalisierung zu sein, die kosmopolitischen Ideen eines Zenon, Platon, Aristoteles und Kant zu realisieren und vielleicht auch zu pervertieren. Denn auch der nahende Weltwirtschaftsstaat braucht internationale Rechtssicherheit und globale Strukturen, um möglichst reibungslos und profitabel zu funktionieren.

Wenn die Eigendynamik der Weltwirtschaft über die Nationalismen siegt, dann entsteht hierbei vielleicht die noch sehr unvollkommene Vorform der Kosmopolis. Dann wäre die Forderung des ›US-Amerikaners‹ und Kosmopoliten William Knoke nach einer Art Weltverfassungsrecht ein ähnlicher Akt wie die Taten von Benjamin Franklin, Alexander Hamilton und James Madison. Und die Kontinuität bliebe gewahrt: Einst begründeten

William Knoke und Stephan Mögle-Stadel, New York 1997.

die Vorgänger des kalifornischen Autoren in Philadelphia an der amerikanischen Ostküste einen kontinentalen Bundesstaat namens USA, und heute legen Wirtschaftsmanager wie Knoke an der Westküste, angesichts des pazifischen Raumes, die wirtschaftspolitischen Grundsteine für einen künftigen Weltstaat. Knoke weist hierbei der sich 1996 gestaltenden EU einen planetaren Modellcharakter zu. Ob wir fußkranken Abendländer der globalen Beschleunigung einer *placeless society* gerecht werden? »In God we trust.«

Viele der Gedanken sind originell und können das Denken impulsieren, wenngleich Knoke die Verwandlungsfähigkeit der Machterhaltungskräfte etwas zu unterschätzen scheint. In einem kurzen Interviewgespräch mit dem Autoren trat deutlich dessen Anti-Establishment-Individualismus hervor. Er schien überrascht zu hören, dass seine Phänomenbeschreibung einer weltgesellschaftlichen »Ortlosigkeit« schon als Zeichen eines sich globalisierenden Bewusstseins in vielen mystischen Traditionen Erwähnung fand. So zitiert z.B. Martin Buber in seiner Schrift *Ekstatische Konfessionen* Rumis *Divan*: »Ich bin nicht Christ, nicht Jude, nicht Parse, nicht Moslem. [...] Mein Ort ist das Ortlose, meine Spur ist das Spurlose. [...] Ich habe geschaut, dass die

Welten eins sind.« Eine bemerkenswerte Aussage angesichts der globalen Identitätskrise der Menschheit. Ob das einen neuen Bewusstseinszustand andeutende Trendbuch William Knokes aber mehr als nur die Projektion eines subjektiv kalifornisch-pazifischen Lebensgefühles ist und neue Realitäten skizziert, werden wohl erst die nächsten 33 Jahre zeigen.

Strobe Talbott:
Die Geburt einer globalen Nation

Das menschliche Drama, ob es nun in Geschichtsbüchern oder in Schlagzeilen erscheint, ist sehr oft nicht nur ein verwirrendes Schauspiel, sondern ein Schauspiel der Verwirrung. Die große Frage ist heute: Welche politischen Kräfte werden die Oberhand gewinnen: Jene, die Nationen zusammennähen oder die, die sie auseinanderzerren?

Dies ist die Meinung eines Optimisten, der glaubt, dass Einheit über Zerstückelung siegen wird, Integration über Disintegration. In der Tat wette ich, dass in den nächsten hundert Jahren (ich gebe dabei der Welt Zeit für Rückschläge und mir ebenso, um aus der Wette auszuscheiden, falls ich sie verlieren sollte) der Nationalstaat in seiner jetzigen Form veraltet sein wird; alle Staaten werden eine einzige globale Autorität anerkennen. Ein Begriff, der in der Mitte des 20. Jahrhunderts ganz kurz in Mode war – *Weltbürger* – wird bis zum ausgehenden 21. Jahrhundert wirkliche Bedeutung erlangt haben.

Alle Länder sind fundamental soziale Ordnungen, Anpassungen an wechselnde Umstände. Ganz gleich, wie dauerhaft und heilig sie auch erscheinen mögen, so sind sie doch alle künstlich und temporär. In den vorausgegangenen Zeitaltern bestand eine allgemeine Ausrichtung auf Ausweitung größerer Gebiete an Souveränität und paradoxerweise eine stufenweise Einschränkung von echter Souveränität, die ein Land tatsächlich ausübt.

Der Vorläufer der Nation war eine prähistorische Horde, die in einem Flusstal um das Lagerfeuer versammelt war. Ihre Mitglieder besaßen eine Sprache, eine Sammlung von übernatürlichen Glaubenssätzen und ein Repertoire von Legenden über ihre Vorfahren. Schließlich schmiedeten sie primitive Waffen und machten sich auf über die Berge, brummelten Phrasen, die grob übersetzt etwas zu tun hatten mit »bedeutenden nationalen Interessen« und »offenbarter Vorsehung«. Im Nachbartal angekommen, metzelten sie eine schwächere Bande, die um ein kleineres Feuer versammelt war, nieder oder versklavten sie und wurden so zu den ersten Imperialisten.

Weltreiche waren mächtige Kräfte zur Auslöschung von natürlichen und demografischen Schranken und zur Herstellung von Verbindungen in weit entfernten Teilen der Welt. Die Briten hinterließen ihr Verwaltungssystem in Indien, Kenia und Guyana, während die Spanier, Portugiesen und Franzosen den Römischen Katholizismus auf fast jedem Kontinent verbreiteten.

Weltreiche brachten schließlich den Nationalstaat hervor, der hauptsächlich ein einziges Volk umfasste. China, Frankreich, Deutschland und Japan sind überlebende Beispiele. Und doch ist jedes dieser Länder eine Folge eines Jahrhunderte alten Prozesses des Wachstums. Viel Blut musste erst vergossen werden in den Tälern der Normandie, der Bretagne und Gascogne, um Teile Frankreichs zu werden.

Heute sind weniger als 10 % der 186 Länder der Welt ethnisch homogen. Der Rest sind multinationale Staaten. Die meisten von ihnen haben ihre Grenzen nach außen erweitert, sehr oft bis ans Meer. So wurde Kalifornien auch Teil der USA und die Halbinsel Kamchatka Russland einverleibt.

Das Hauptziel im Prozess der politischen Ausdehnung und Konsolidierung war Eroberung. Die Großen absorbierten die Kleinen, die Starken die Schwachen. Nationale Macht schaffte internationales Recht. Eine solche Welt war mehr oder weniger in einem dauernden Kriegszustand. Von Zeit zu Zeit fragten die größten Denker, ob dies nicht ein höllischer Weg sei, die Welt zu managen; vielleicht sei die nationale Souveränität doch nicht eine solch großartige Idee. Im 14. Jahrhundert war es Dante, im 16. Erasmus, im 17. Grotius, denen ein internationales Recht vorschwebte, um die natürliche Neigung der Staaten, ihre Meinungsverschiedenheiten mit Gewalt auszutragen, zu überwinden.

Im Zeichen der Aufklärung im 18. Jahrhundert waren es Rousseau in Frankreich, Hume in Schottland, Kant in Deutschland, Paine und Jefferson in den USA, die sagten, dass alle Menschen gleich geboren seien und als Bürger bestimmte Grundrechte und Freiheiten einschließlich der Wahl ihrer Führer besäßen. Sobald eine universale Ideologie für eine Regierungsform für das eigene Volk bestünde, wäre es wohl vernunftgemäß, anzunehmen, dass sich dies auf das Verhältnis der Staaten untereinander ausdehnen würde. Im Jahre 1795 schlug Kant eine »Friedensliga der Demokratien« vor.

Doch erst die Ereignisse unseres wundersamen und zugleich schrecklichen Jahrhunderts schafften die Einsicht zur Errichtung einer Weltregierung. Die Erfindungen von Elektrizität, Radio und Flugreisen haben den Planeten schrumpfen, das kommerzielle Leben freier, die Nationen abhängiger voneinander und die Konflikte blutiger werden lassen. Der Preis für die Lösung internationaler Konflikte durch Gewalt wurde auch bald zu hoch für die Sieger, die Besiegten gar nicht zu erwähnen. Zu diesem Schluss hätte man schon in der Somme-Schlacht im Jahre 1916 kommen sollen; bis zur Zerstörung von Hiroshima im Jahre 1945 war es dann unvermeidlich.

Wiederum waren große Denker gleicher Meinung (Einstein, Gandhi, Toynbee und Camus), höheren Interessen als denen der Nation den Vorrang zu geben. Ihnen folgten schließlich auch viele Staatsmänner. Jeder Weltkrieg belebte wiederum den Plan der Schaffung einer internationalen Organisation, den Völkerbund in den 1920er Jahren und die Vereinten Nationen in den 40ern.

Die internen Angelegenheiten einer Nation lagen bisher außerhalb des Gebietes der Weltgemeinschaft. Jetzt gewinnt das Prinzip der ›humanitären Intervention‹ Anerkennung.

Ein Wendepunkt kam im April 1991, kurz nach dem Rückzug Saddam Husseins aus Kuwait, als der UN-Sicherheitsrat die alliierten Truppen bevollmächtigte, den hungernden Kurden im Nordirak zu helfen.

Die Globalisierung hat ebenfalls zur Ausweitung von Terrorismus, Drogenhandel, AIDS und Umweltzerstörung beigetragen. Aber weil diese Bedrohungen nicht von Nationen im Alleingang gelöst werden können, bedeuten sie einen Ansporn zur internationalen Zusammenarbeit.

Die Erfolge des Umweltgipfels in Rio im vorigen Monat mögen begrenzt sein, doch sie bedeuten immerhin die Annahme dessen, was Maurice Strong das »Hauptimpresario des Ereignisses durch die Teilnehmer« nennt, nämlich die »transzendentale Souveränität der Natur«; da die Nebenprodukte der industriellen Kultur grenzüberschreitend sind, muss es auch die Autorität sein, die dafür zuständig ist.

Kollektive Handlungen auf globaler Ebene sind leichter zu erreichen in einer Welt, die bereits durch Kabel und Wellensender miteinander verwoben ist. Die FAX-Maschine hat viel zu tun mit dem Sturz von Tyrannen in Osteuropa. Vor zwei Jahren wurde mir eine Dolmetscherin aus Estland zugewiesen, die mit einem Südstaaten-Akzent sprach, weil sie ihre Englischkenntnisse aus der Fernsehfolge »Dallas« erlernt hatte. Die Cosby-Sendung, die man auf dem Bildschirm in Südafrika sehen kann, hat sicherlich auch zur Aushöhlung der Apartheid beigetragen.

Diese ideologische und kulturelle Vermischung empfindet mancher Beobachter als ›zuviel des Guten‹. In einem Artikel im *Atlantic-Magazin* bedauert Politikwissenschaftler Benjamin Barber das, was er als »McWelt« bezeichnet. Er stellt auch die Gegenströmung heraus, nämlich den wiederentstehenden Nationalismus in seiner hässlichsten, trennenden und gewalttätigen Form. Aserbaidschan, Moldawien und die Tschechoslowakei waren zuvor Teil des letzten jetzt gestorbenen Weltreiches. Das Auseinanderbrechen mag vielleicht der alte Gang der Geschichte sein und nicht die Welle der Zukunft. Nationale Selbstbehauptung im Westen kann sehr hässlich sein, besonders in den extremen irischen und baskischen Fällen. Doch wenn Schotten, Quebeker, Katalanen und Bretonen über Separatismus sprechen, so meinen sie damit Neuverhandlungen ihrer Bindungen zu London, Ottawa, Madrid und Paris.

Es sind lediglich Meinungsstreitigkeiten, die im Grunde ein größeres positives Phänomen darstellen: eine Machtübertragung – nicht nur nach oben in Richtung auf übernationale Körperschaften und nach außen auf Commonwealth und gemeinsame Märkte hin, sondern auch nach unten zu offeneren, autonomeren Einheiten und Verwaltung, um bestimmten Gesellschaften die Erhaltung ihrer kulturellen Identität und Selbstverwaltung soweit als möglich zu bewahren. Das amerikanische Wort »Er-

Vize-Außenminister Strobe Talbott mit Stephan Mögle-Stadel bei einer Bundestagsverantatlung 1997 in Bonn.

mächtigung« und das europäische »Hilfeleistung« werden lokal, regional und global alle gleichzeitig definiert.

Die Menschheit hat durch viele Prüfungen und entsetzliche Irrtümer entdeckt, dass Unterschiede nicht spaltend sein müssen. Die Schweiz setzt sich zusammen aus vier Nationalitäten, die in einem Gebiet zusammengepfercht sind, das wesentlich kleiner ist als das ehemalige Jugoslawien. Die Luft in den Alpen ist nicht international verbindlicher als die des Balkans. Die Schweiz hat sich jedoch zu einem blühenden Land entwickelt, während Jugoslawien versagt hat, und der Grund ist der, den Kant schon vor 200 Jahren anführte: Um in einem friedlichen Bund miteinander zu leben, brauchen Menschen – und Völker – die Wohltaten der Demokratie.

Der beste Mechanismus für die Demokratie, ob auf der Ebene des multinationalen Staates oder dem Planeten als Ganzem ist nicht ein allmächtiger Leviathan oder ein zentralisierter Superstaat, sondern eine Föderation, ein Bund verschiedener Staaten, der bestimmte Rechte einer Zentralregierung zugesteht, während er viele andere für sich behält.

Föderalismus hat sich bereits als das erfolgreichste aller politischen Experimente erwiesen und Organisationen wie die Weltföderalisten-Bewegung waren bereits seit Jahrzehnten ihre Fürsprecher als Grundlage für eine Weltbürgerregierung.

Im Hinblick auf die Menschheit als Ganze, wenn sie einmal föderalistisch geeint sein wird, wären wir nicht so sehr weit entfernt von unseren Urahnen, die am Lagerfeuer saßen; nur dass dann die ganze Welt unser Tal sein wird.[95]

Buddhismus und Globale Krise –
Ein Gespräch mit Peter Grieder

> Wenn einst die Eisenvögel fliegen
> und die Pferde auf Rädern rollen,
> wird der Schneelandmensch
> seine Heimat verlassen müssen
> und die Lehre wird den Mann
> im Westen erreichen.
>
> *Prophezeihung des Padmasambhava, 8. Jahrhundert*

Vor 30 Jahren, am 5. November 1968, wurde auf einer bewaldeten Anhöhe oberhalb des kleinen Schweizer Örtchens Rikon, 15 Bahnminuten von Winterthur entfernt, das einzige offizielle tibetische Kloster Europas gegründet. Ein bescheidenes Bauernhaus oberhalb des Züricher Sees. Eine seelisch warme, gemütliche Atmosphäre atmet mir entgegen. Auch die Hauskatze fühlt sich sichtlich wohl auf der Coach. Während der Hausherr den Tee eingießt, es ist Sommer und das Kaminfeuer wartet auf kältere Jahreszeiten, sehe ich mich im Wohnzimmer um. Asiatische Kunstwerke und große Fotographien aus dem tibetischen Alltag zeigen deutlich, dass die Bewohner weit über den Schweizer Tellerrand hinausschauen. Peter Grieder, geboren 1928 und einst Schüler der Rudolf Steiner Schule Zürich, und seine Frau Marina Gschwind-Grieder, Pfarrerin der Christengemeinschaft, zogen zusammen mit 5 eigenen Kindern auch 2 tibetische Pflegekinder groß. Neben der Leitung des renommierten Züricher Modehauses Grieder & Cie blieb noch Energie für die Tätigkeit als Gründungsvater einer Waldorfschule in Wetzikon und als Handelsrichter. Publikationen: *Buddhismus – eine atheistische Religion? Ost und West im Zwiegespräch* (1989) sowie *Tibet – Land zwischen Himml und Hölle. Eine Reise nach Innen* (1990).

Stephan Mögle-Stadel: Herr Grieder, das 30-jährige Bestehen des Klösterlichen Tibet-Instituts und Ihr 70. Geburtstag fließen dieses Jahr zusammen. Woher kam der etwas ungewöhnliche Name und wie kamen Sie als Kurator zum Kloster?

Peter Grieder: Durch die Flucht von über 80.000 Tibetern 1959 zusammen mit dem Dalai Lama, infolge der chinesischen Besetzung Tibets, und der so genannten chinesischen Kulturrevolution kamen seit 1966 immer mehr tibetische Aslysuchende in die Schweiz. Um die mitteleuropäischen Exil-Tibeter religiös zu betreuen, sollte daher ein Kloster gegründet werden. Da es aber in der Schweizer Bundesverfassung seit 1874 ein Artikel gab, welcher ursprünglich gegen die Tätigkeiten des Jesuitenordens gerichtet war und die Gründung von Klöstern verbot, wurde 1968 in der Stiftung eines kloster-ähnlichen Instituts ein Ausweg gefunden. Im Jahre 1974 wurde dann durch eine Volksabstimmung der betreffende Artikel aus der Verfassung gestrichen. Das Institut fungiert heute als die Außenvertretung des Klosters und betreut die Besucher, darunter ganze Schulklassen sowie Journalisten. Wir führen auch Vorträge an Volkshochschulen und anderen Einrichtungen durch. Diese Laientätigkeiten erlauben es den Mönchen, sich auf ihre meditativen und seelsorgerischen Aufgaben zu konzentrieren.

Und worauf konzentriert sich ein Kurator?

Neben Vortragsreisen und gesellschaftlicher Repräsentation auf die ehrenamtliche Verwaltung von Institut und Sekretariat als Körperschaften des öffentlichen Rechts. Ich stand so um 1977, mit etwa 49 Jahren, an der Schwelle, etwas anderes tun zu wollen. So übernahm ich nach dem Verkauf des Modehauses 1980 die freiwerdende Stelle des Kurators am Klösterlichen Tibet-Institut in Rikon. Mein Freund und Amtsvorgänger Peter Lindegger war Altphilologe mit Leib und Seele und wählte daher für das Verwaltungsamt den lateinischen Namen Kurator. Ich bemühe mich seitdem, diese Titulierung mit Würde zu ertragen.

Ihre Frau ist Priesterin der Christengemeinschaft. Sie selbst tragen derweilen, wenn auch nicht im Alltag, den buddhistischen Namen Sangye Tsering. Wie sind Sie Buddhist geworden, Herr Grieder? Und welcher der vier Schulen des tibetischen Buddhismus ist das Kloster in Rikon zugehörig?

Ich bin ein buddhistisch denkender Christ. Im Ernst, ich habe mich schon als Jugendlicher für fernöstliche Religionen interessiert. Weil man mir im Konfirmationsunterricht auf meine Fragen keine Antworten geben konnte, oder wollte, habe ich mich selbst auf den Weg gemacht. Es gibt kein Aufnahmeritual und der Buddhismus ist seinem Wesen nach auch kein Glaubensbekenntnis, sondern eine individuelle Erkenntnisanleitung. Hierin ähnelt der Buddhismus dem anthroposophischen Erkenntnisweg. Wer einem Mönch gegenüber erklärt, die fünf Grundgebote des Buddha (nicht zu Töten, nicht zu Stehlen, keine sexuelles Fehlverhalten, keine unwahre Reden in übler Absicht, keine Rauschmittel) einzuhalten und an seiner Erleuchtung sowie an der Linderung des Leidens zu arbeiten, der kann sich künftig als Buddhist bezeichnen. Auch die Zugehörigkeit zu einer anderen Religion wird zumeist vollkommen akzeptiert.

Diese geistige Weite und undogmatische Toleranz scheint den Buddhismus im Westen immer populärer zu machen. Lässt sich dies im Alltag immer so durchhalten?

Nein, natürlich nicht. Aber der Buddhismus ist ja zunächst einmal ein Übungsweg. Fehler dürfen gemacht werden. Deswegen kommt niemand in irgendeine Hölle. Es gilt einfach, daraus zu lernen und im Notfall bedeutet es eben einen Umweg zur Buddhaschaft. Das Kloster in Rikon steht zum Beispiel allen vier Schulen offen. Im Augenblick sind dort vier Gelugpas, auch Gelbmützen genannt, und zwei zur Gruppe der Rotmützen gehörende Sakyapas, welche nicht dem Zölibat unterliegen. Ich hoffe immer noch, dass wir eines Tages auch noch einen Kagyüpa (Schule der mündlichen Übertragung) und einen Nyingmapa (Schule der Alten) dazubekommen.

*Was aber doch ein in die Zukunft weisendes Experiment wäre,
da es im Tibetischen Buddhismus normalerweise ja nicht üblich
ist, dass die Schulen unter einem Klosterdach zusammenleben.
Eine andere Frage: Tausende sind nach Norddeutschland gepil-
gert, nur um den Dalai Lama zu sehen oder in Reichweite seiner
Ausstrahlung zu sitzen (Darshan). Ist das alte Muster des traditionellen Meisters oder Gurus und die Unterwerfung unter das
personale Gehorsamsprinzip mittlerweile noch zeitgemäß? Oder
frei nach dem vorausblickenden Begründer des chinesischen Zen
formuliert: Triffst du auf der Pilgerreise zur Buddhaschaft einen
Meisterlehrer unterwegs, so durchquere ihn gleich einem starken
Fluss, aber lasse dich nicht mitziehen.*

Bodhidharma hat dies aber etwas kürzer und härter formuliert:
»Triffst du Buddha unterwegs, so überwinde ihn.« Dies ist eine
Maxime, die vielleicht durchaus brauchbar ist für das letzte Fünf-
tel der Wegstrecke. Die ursprüngliche Empfehlung des Buddha,
wie wir sie in der »Angereihten Sammlung« finden, gleicht einer
Philosophie der Freiheit. Er fordert dort von den Suchenden
»Geht nicht nach Hörensagen, nicht nach Überlieferungen, …
nicht nach der Autorität eines Meisters! Nur wenn ihr selber
erkennt: Diese Dinge sind heilsam, … dann möget ihr sie euch
zu eigen machen.«
   Wir alle begegnen einmal mit sieben Jahren einem Schulmeister, der uns Rechnen, Lesen und Schreiben beibringt. In
dem Gebrauch von Worten wie Gott, Tod oder Liebe liegt eine
große Magie. Man muss aber nicht an Pythagoras glauben, um
mit seinem mathematischen Lehrsatz zu rechnen. Je besser die
Schüler selbst Rechnen, Lesen, Schreiben und Meditieren gelernt
haben, desto weniger bedürfen sie der Belehrung durch einen
Schulmeister.
   In den Kanonischen Schriften findet sich auch eine Stelle, wo
der Erwachte kurz nach seiner Erleuchtung einen Hindumönch
traf, welcher ihn fragte: »Wer ist Dein Meister?« Als Buddha
ihm antwortete: »Ich bin der Meister«, hat ihm dieser quasi nur
höflich den Arm getätschelt und gesprochen: »Ja, ja, das mag ja

sein, mein Freund.« Aus der Gelassenheit und Selbstironie dieser Stelle spricht eine tiefe und einfache Menschlichkeit, der jedes guruhafte Beharren fremd ist. Diese Einfachheit findet sich auch beim jetzigen Dalai Lama. Vielleicht haben dies nur noch nicht alle seine Anhänger verstanden. Natürlich gibt es, wie überall in der Welt, auch degenerative Abweichungen vom ursprünglichen Impuls. Nicht nur die römisch-katholische Kirche, sondern auch die Geschichte Tibets kennt das Phänomen von Theokratie und Machtpolitik.

Danke für dieses ungespaltene Wort. Der Dalai Lama unterrichtete 1985 in Rikon die Kalachakra-Initiation, um die Verbindung zum reinen Land (Shambhala) hinter dem Rad der Zeit und den Bergen des Herzens zu stärken. Ende Oktober wurde in Nähe des norddeutschen Städtchens Schneverdingen, nach einer fünftägigen Unterweisung über den Stufenweg zur Erleuchtung (Lamrim), eine Avalokitesvara-Initiation durchgeführt. Was bedeutet diese Einweihung?

Die Verkörperung des Mitgefühls wird Avalokitesvara genannt. Diese Initiation soll eine positive und weltoffene Geisteshaltung verstärken, welche Karma erlösen kann.

Dies erinnert an das Karunaprinzip und den Bodhisattvaschwur: als Fast-Vollendeter solange nicht aus einer höheren Mitleidensfähigkeit heraus in den Zustand des Nicht-mehr-Wehens, des Nir-wana, einzutreten, bis nicht das letzte Wesen erleuchtet und vom Leid der Unwissenheit befreit ist.

Hierzu gibt es eine Legende aus vorbuddhistischer Zeit, die dem Mahabharata-Epos entstammt. Ein edler Mensch, Yudhistira, wanderte am Ende seiner Lebensaufgabe zum höchsten Berg der Welt, um dort Zutritt zum Götterhimmel zu finden. Unterwegs blieben alle seine Freunde und Familienangehörige zurück, da es ein sehr beschwerlicher Weg war. Nur ein kleiner, herrenloser und schmutziger Hund folgt ihm. Als er den Gipfel erreichte, erschien Indra im Himmelswagen. Der Gott verwehrte dem verlausten Hund den Zutritt. Da wandte sich Yudhistira ab und sprach: »Gerne verzichte ich auf einen Himmel, der nicht groß genug ist, als dass auch eine Hundeseele in ihm Platz fände.« Da verwandelte sich der graue Hund in den Gott Yama und eine Stimme ertönte, während der Himmel seine Tore öffnete: »Yuhistira, Barmherziger, dies war deine letzte Prüfung.«

Gibt es in den Buddhistischen Schriften Hinweise auf eine Zeit der Globalen Krise bzw. einer apokalyptischen Weltsituation? Wie sähe eine buddhistische Lösung aus?

In der Regel spricht man von den fünf großen Weltreligionen und versteht darunter das Judentum, das Christentum und den Islam im Westen, den Hinduismus und den Buddhismus im Osten. Im Grunde aber lassen sich zwei religiöse Strömungen erkennen: In der westlichen Hemisphäre wurzeln alle drei Religionen über das Alte Testament bei Abraham. Kennzeichnend für alle drei westlichen Strömungen ist der Zeitbegriff: die Zeit *läuft*, was dazu führt, dass es einen Beginn geben muss, eine Weltschöpfung, und einen ›Jüngsten Tag‹, einen Weltuntergang. Im Osten dagegen *steht* die Zeit, sie steht im immerwährenden ›Jetzt‹, in der nie endenden Gegenwart. Der Zeitenlauf wird als Illusion (Maya) entlarvt und wird – wenn schon – als zyklisch (Samsara) empfunden: Tag/Nacht-Zyklus, Mondzyklus, Sonnenzyklus. Ferner gibt es Weltzeitzyklen – aufsteigende und niedergehende. Diese 24000 Jahre dauernden *Yugas* sind ein Einatmen und ein Ausatmen des kosmischen Geistes Brahma. Streng genommen muss also die oben gestellte Frage mit Nein beantwortet werden. Jedoch haben sich wie bei allen Völkern der Erde Mythen entwickelt, sowohl im Indischen wie auch im relativ späten tibetischen Raum, die den Kampf zwischen dem Guten und dem Bösen beschreiben.

Die in den indischen Vedas (*sanskr.* Veda = Wissen) wurzelnden Epen heißen Mahabharata und Ramayana, Heldengeschichten von gigantischem Ausmaß. Auch der spätbuddhistische

Shambala-Mythos, in welchem der König von Shambala in einer Notzeit mit seinen edlen Kämpfern zurückkehrt aus der geistigen Sphäre in die Erdenwelt, gehört dazu. Sie tragen den tiefen Wahrheitsgehalt von Märchen in sich, eben nicht geschichtlich, sondern überhöht ›mythisch‹. Und selbstverständlich siegen am Ende immer die guten Kräfte.

Was ist aus dem Wissen um die Dämonen-Kräfte der alten Kulturen geworden? Sind diese dämonischen Kräfte immer noch anwesend?

Als der Buddhismus vom indischen Großmeister Padmasambhava über tausend Jahre nach Begründung der Lehre durch den Prinzen Gautamo Buddha nach Tibet gebracht wurde, ging dieser eine Synthese ein zwischen der reinen Erkenntnislehre des ›Erleuchteten‹ und der in diesem Hochland herrschenden Bön-Religion, welche schamanistisch und animistisch geprägt war. Dieser Geisterglaube ist heute noch lebendig, wie die Kontroverse um die vom Dalai Lama abgelehnte ›Gottheit Shugden‹ zeigt. Besonderer Beachtung bedarf in diesem Zusammenhang vielleicht die Feststellung, dass aus der Sicht der reinen Erkenntnislehre die Dämonen keine wirkliche Eigenständigkeit haben. Es sind verirrte Wesen, hungrige Geister, die letztlich unseres Mitgefühls bedürfen. Durch Unwissenheit und Verblendung habe sie sich dazu entschieden, dämonische Gestalt anzunehmen. Wenn ein schamanistischer Schwarzhutmagier beauftragt wird, mit seinem Ritualdolch einen Dämon auszutreiben, so wird dieser nicht eigentlich getötet, sondern mit einem gezielten Stich von seinem Irrtum befreit. *Töten* und *befreien* werden dann auch in den entsprechenden buddhistischen Texten im gleichen Sinne verwendet.

Wie wurden im Buddhismus bzw. im alten Tibet pathologisch nicht auffällige Besessenheitsphänomene (Machtbesessenheit, sexuelle Besessenheit etc.) erkannt und eventuell behandelt?

Buddha erkannte, dass alle ›Fühlenden Wesen‹ leiden: »Geburt ist Leid, Tod ist Leid, getrennt sein von Liebem ist Leid, Zusammensein mit Unliebem ist Leid, nicht erreichen von Gewünschtem ist Leid.« Und die Ursache von diesem Leid ist nicht die Sache selbst sondern unsere Verhaftung in all diese Dinge. Ist Besessenheit nicht die extremste Form dieser zu Leid führenden Verhaftung? Am Anfang einer allfälligen Behandlung wäre also die Einsicht, dass dem so ist. Dann folgte in vielen Fällen eine extreme Klausur, eine Entsendung in eine Einsiedelei, oftmals unter Begleitung eines erfahrenen Lamas (Lehrers). Die erzwungene meditative Versenkung in das eigene innere Chaos konnte ein erster Schritt zu Genesung sein.

Kennt der frühe Buddhismus das Phänomen Menschheit?

Im Buddhismus ist nicht von Menschheit die Rede sondern von Daseinsbereichen und Fühlenden Wesen. Die untersten Daseinsbereiche sind höllische Gefilde und das Reich der ›Hungrigen Geister‹, welche ›Tantalusqualen‹ erleiden. Dann gibt es den ebenfalls nicht glücklichen Bereich der Tiere, denjenigen der ewig eifersüchtigen Titanen – ähnlich den Griechischen Göttern – und den Bereich der Langlebigen Gottheiten. Aber auch dieser himmlische Bereich ist nicht erstrebenswert, denn diese hoch stehenden Wesen sind zu keinen neuen Einsichten mehr bereit und können deshalb nicht endgültig erlöst werden. Sie verbleiben im ewigen Kreislauf des Samsara. Der irdische Bereich der Menschen jedoch ist der gesegnete Ort, wo vollkommene Erleuchtung und Befreiung möglich ist. Es gilt als größte Gnade überhaupt, als Mensch geboren zu werden. Nur im irdischen Daseinsbereich und als Mensch ist das Eingehen ins Nirvana möglich. Nur durch den Erleuchtungsgeist kann Samsara, das ewige Kommen und Gehen, überwunden werden. »Buddha ist Licht, und sein Name: MENSCH«, lautet eine Inschrift bei einem Buddhabildnis aus dem 2. Jahrhundert. Mensch! Und jeder Mensch trägt nach buddhistischer Vorstellung die so genannte Buddhanatur in sich, ein Versprechen, dass dieses *Große Erwachen* eines Tages gelingen wird.

Wie lässt es sich aus ihrer Sicht erklären, dass zwar alle Religionen Ethiken entwickelt haben, dass sich aber (zunehmend?) so wenige Menschen daran halten?

Im Tier- und Pflanzenreich wird nicht von Ethik gesprochen. Diese Welten sind geprägt von rücksichtslosem Überlebenskampf. Auch die tierische Mutterliebe ist noch eine Überlebensstrategie. Eine alte Sentenz, deren Ursprung ich nicht kenne, besagt: »Gott schläft im Stein, atmet in der Pflanze, träumt im Tier – und erwacht im Menschen. Erst jetzt stellt sich die Frage der Ethik: Ich erkenne ein ›Du‹ und kann ihm gegenüber meine atavistischen Ansprüche nicht mehr rücksichtslos durchsetzen. Weisheit und barmherzige Liebe (Wisdom and Compassion) ist der zentrale Leitsatz im Buddhismus, um von unserer angeborenen Egozentrik wegzukommen.

»Liebe deinen Nächsten wie dich selbst«, sagt Jesus in der Bergpredigt, was genau dasselbe bedeutet. Diese Wahrheit zu erkennen ist eins, ihr nachzuleben ein zweites. Ob das der heutigen menschlichen Gesellschaft schlechter gelingt als in früheren Zeiten, würde ich eher bezweifeln. Die globale Auswirkung unserer unheilvollen Taten ist allerdings in extremem Maße gestiegen.

Wie lässt sich das Spannungsverhältnis Gut-Böse, Opfer-Folterer, Weltschöpfung-Weltzerstörung aus buddhistischer Sichtweise schildern?

Gut und Böse ist eine Wertung, die nur für den Menschen zutrifft. In den meisten Religionen wird das Gute mit Gott in Verbindung gebracht und das Schlechte mit dem Teufel. Da es diese anthropomorphe Gottesvorstellung im Buddhismus nicht gibt, spricht man von heilvollen und unheilvollen Taten. Heilvolle Taten führen zum Ganzen, Heilen oder auch Heiligen hin, während das Unheilvolle davon wegführt. Aber das wird als Lernprozess verstanden. Und es wird unweigerlich eines Tages dazu führen, dass wir von unserem selbst gewählten Schicksal (Karma) derart gebeutelt werden, dass wir unseren Irrtum bemerken und umkehren.

Schicksal basiert auf einer uns rätselhaften, hintergründigen Schicksalsmacht. Karma dagegen ist das Gesetz von Ursache und Wirkung. Was ich heute tue, hat morgen seine Auswirkung. Ein Folterknecht wird nach hinduistischer/buddhistischer Vorstellung eine Wiedergeburt unter schrecklichsten Umständen erleben müssen. Aber das ist keine Bestrafung! – sondern eben Ursache und Wirkung. Und dieses Kind soll ich nicht verachten mit dem Gedanken: Geschieht dir ganz recht, sondern es liebevoll bei der Hand nehmen mit dem Gedanken: »Das letzte Mal hast du dich verirrt, ich werde dir diesmal helfen, den richtigen Weg zu finden.«

Peter Grieder im Tempel des Tibet-Institutes im schweizerischen Rikon bei Winterthur.

Faust oder Humanus?

Der Mensch vermag in jedem Augenblick
ein übersinnliches Wesen zu sein.
Ohne dies wäre er nicht Weltbürger,
er wäre ein Tier.

Novalis

Weimar 1775
Der 26-jährige Dichter Johann Wolfgang Goethe wird an den
herzoglichen Hof berufen. Sein *Götz von Berlichingen* (1773),
der berechtigte Widerstand eines idealistischen Landadligen
gegen Bischof und Fürst, hatte die Aufmerksamkeit des noch
jungen Herzogs Karl August erregt. Drei Jahre zuvor schon
war der Schriftsteller und Pädagoge Christoph Martin Wieland
dem Ruf des Herzogs Mutter, der Regentin Anna Amalia, als
Prinzenerzieher nach Weimar gefolgt. Sein 1772 veröffentlichter
Fürstenroman *Der goldene Spiegel*, in dem der 39-jährige Phi-
losophieprofessor und Regierungsrat am Beispiel vorbildlich
und verwerflich regierender Fürsten die Probleme moderner
Staatsführung erörterte, war der Anlass zu dieser Berufung. 1776
kam dann, auf Vermittlung Goethes, der Geschichtsphilosoph
und Theologe Johann Gottfried Herder nach Weimar. Goethe
war auf Herder schon vor dessen eigentlichem Bekanntwerden
mit Werken wie *Über den Ursprung der Sprache* (1772) und
Eine Philosophie der Geschichte zur Bildung der Menschheit
(1774) aufmerksam geworden. Beide hatten 1773 gemeinsam die
Schrift *Von deutscher Art und Kunst* herausgegeben. Mit seiner
Auffassung von Geschichte als einem organischem Wachstum
gleichenden Ausbildungsprozess zu dem Ziele einer gemeinsamen Kulturmenschheit hin, begründete Herder die damalige
Geschichtsphilosophie.
    Über 170 Jahre später sollte der Anthropologe und Jesuit
Pierre Teilhard de Chardin für ähnliche Gedanken über die Ent-

wicklung von Menschheit und Biosphäre hin zu einer geistigen Noosphäre, eine Wahrnehmungsweise, die noch weit über die Gaia-Hypothese[96] des Biologen James Lovelock hinausgeht, von der römisch-katholischen Kirche mit einem Lehramtsverfahren belastet werden.[97] Lange vor diesen beiden schrieb Herder über den Gang der Menschheitsgeschichte: »Was für ein Werk, zu dem so viele Schattengruppen von Nationen und Zeiten ... so viele blinde Werkzeuge gehören, die alle im Wahne des Freien handeln und doch nicht wissen, was oder wozu? ... Alle bloß körperlichen und politischen Zwecke zerfallen, wie Scherb und Leichnam: die Seele, der Geist! Inhalt fürs Ganze der Menschheit – der bleibt. ... Beachte endlich, nicht-wissendes Geschöpf, dass mit dem Menschengeschlecht ein größerer Plan [Gottes] im Ganzen sein könne. ... Ohne Zweifel rede ich noch von fernen Zeiten! Lasset uns, meine Brüder, mit mutigem, fröhlichem Herzen auch mitten unter der Wolke arbeiten: denn wir arbeiten an einer großen Zukunft.«

Der Zerfall der alten Institutionen. Die Überwindung des Feudalismus und der Kleinstaaterei der Fürstentümer. Die Bildung der Nationalstaaten. Die Gefährdung von Freiheit, Individualität und Humanität. Der Nationalismus. Der Faschismus. Die Weltkriege, gegen deren Dimensionen alle vorherigen Kriege und Kreuzzüge verblassen. Und aus diesem Scherbenhaufen heraus – die Globalisierung, die Technologisierung, die Entstehung einer Weltwirtschaft. Und am Ende, trotzdem und da hindurch: die Bildung der Menschheit?

1785 schrieb Immanuel Kant, der dann 10 Jahre später seinen Entwurf einer weltweiten Föderation freier Staaten unter dem Titel *Zum ewigen Frieden* (1795) veröffentlichte, in einer Rezension von Herders 1784 erschienener Schrift *Ideen zur Philosophie der Geschichte der Menschheit*: »In der Kugelgestalt der Erde findet er einen Gegenstand des Erstaunens über die Einheit, die sie bei aller Mannigfaltigkeit veranlasst. Wer, der diese Figur je beherzigt hätte, wäre hingegangen, zu einem Wortglauben in

Philosophie und Religion zu bekehren oder dafür mit dumpfem, aber heiligem Eifer zu morden?«[98]

1799 siedelte auch Friedrich Schiller, seit 1789 schon Professor für Philosophie und Geschichte im nahe gelegenen Jena, nach Weimar um. Dieser eigenwillige, freiheitsbedachte Dichter der Ode »An die Freude«, die Ludwig van Beethoven 1823 zum Schlusschor seiner 9. Symphonie gestaltete. Bekannt wurde er mit seinem ersten Drama *Die Räuber* (Uraufführung 1782 im Nationaltheater Mannheim). Dieses Werk beschreibt den Aufstand des Karl Moor, das *alter ego* des jungen Schiller, gegen die für ihn unerträgliche Enge der damaligen gesellschaftlichen Verhältnisse. Moor wird aus ethischer Verzweiflung zum Räuber, zum Gesetzesbrecher, um den Verrat des Gesellschaftlichen am Menschlichen und Göttlichen zu rächen. Schiller verwandelt später diese Thematik künstlerisch und biografisch in den Briefen *Über die ästhetische Erziehung des Menschen* (Oktober 1794). Inhaltlich stand Goethe Pate, der im folgenden Jahr (1795) literarisch-geistig mit dem *Märchen von der grünen Schlange und der schönen Lilie* antwortete. Wer glaubt, dass die siebenundzwanzig »Ästhetischen Briefe« nur von »schöngeistigen Dingen« handeln, der hat sie nicht – zu Ende – gelesen. Diese Briefe kulminieren in die Quintessenz einer dreigegliederten Staats(erkenntnis)lehre. Im letzten Brief differenziert Schiller:

• den dynamischen Staat und Menschen, der Kräfte und Rechte verwirklicht;
• den ethischen Staat und Menschen, der Gesetze und Pflichten achtet sowie
• den ästhetischen Staat und Menschen, der die höhere Spiel-Gestalt und Freiheit verwirklichen kann.

Schiller beschreibt im 4. Brief, wie der Stofftrieb des Menschen als Wilder die Kunst verachtet, wenn seine Gefühle über seine Grundsätze herrschen, und wie der Formtrieb des Menschen als Barbar die Natur enterht, wenn seine Grundsätze seine Gefühle zerstören. Und nur durch die Ausbildung eines »mittleren, ästhetischen Zustandes«, eines höheren Sinn- und Spieltriebes, befreit die menschliche Seele sich von dieser dramatischen (zweifach selbstzerstörerischen) Polarität, indem sie mit dem »reinen idealischen Menschen in sich« übereinstimmt.

Diesem real möglichen »ästhetischen Menschen« begegnen wir u.a. bei Goethe als »Homo Humanus« und – etwas weniger geistreich und frei – bei Kant als »kategorischer Imperativ moralischer Politiker«.[99] Die staatstragende Bedeutung des »ästhetischen Menschen« beschreibt Schiller im 27. Brief: »Der dynamische Staat kann die Gesellschaft bloß möglich machen, indem er die Natur durch Natur bezähmt; der ethische Staat kann sie bloß (moralisch) notwendig machen, indem er den einzelnen Willen dem allgemeinen unterwirft; der ästhetische Staat allein kann sie wirklich machen, indem er den Willen des Ganzen durch die Natur des Individuums vollzieht.«

Der Staatsrechtler Carl Salomo Zachariä, mit seiner Begriffsprägung der »Cosmopolitik als Wissenschaft der Mittel durch welche das Ideal ... der Menschheit realisiert werden soll«[100] und später Rudolf Steiner mit der Sozialen Dreigliederungsidee (u.a. »Staatspolitik und Menschheitspolitik«[101] von 1920) werden daran anknüpfen. Die Wahrnehmung eines »ästhetischen Menschen« und dessen höheren Sinn- und Spieltriebes findet sich u.a. auch bei Joseph Beuys: »Jeder ... Mensch ist ein Künstler«, in Hermann Hesses *Glasperlenspiel* und seinem »Magister Ludi«, sowie in dem Begriff der »moralischen Phantasie« in Steiners *Philosophie der Freiheit* wieder. Wir werden diesem »ästhetischen Menschen«, seinem Staatsgedanken und höheren Spielsinn später auch bei Dag Hammarskjöld in verwandelter Form als einer Art »Human Guidance« (innere menschheitliche Führung) und »International Governance« (zwischenstaatliche Regierungskunst) wieder begegnen.

Weimar 1786

Diese wenigen Zeilen mögen das geistige und historische Umfeld sowie die Auswirkungen jener Zeit und jenes Ortes Weimar in groben Zügen skizzieren. In diesem Zeitraum entstand das

1786 als Fragment veröffentlichte Gedicht »Die Geheimnisse«.
Goethe schildert darin einen jungen Pilger, der in einem entlegenen Hochgebirgstal zu Ostern eine klösterliche Gemeinschaft entdeckt. In dieser Ordensgemeinschaft zentrieren sich zwölf Welten-Bürger, von Goethe »Ritter« und »Mönche« genannt, aus den verschiedenen Kulturen und Religionen der Welt, um einen Dreizehnten zu einer menschheitlichen Tafelrunde. Diese »ökumenische Weltversammlung« wird möglich durch die Transzendierung ihrer jeweiligen Geistestradition zu einer die Gemeinschaft bereichernden Einheit-in-Vielfalt. Der Dreizehnte als menschliches Symbol dieser Ganzheit wird von Goethe als Menschheitsrepräsentant »Humanus« gekennzeichnet.

Es ist die Karwoche, in der der Pilger Markus, dessen Lebensalter mit etwa 30 Jahren angedeutet wird, die heiligen Hallen dieser Einweihungsstätte betritt. Einer Tempelbergkirche vorgelagert ist ein Rittersaal mit den Wappen der Mitglieder des Ordens. Inmitten der Ritterwappen, zwischen Feuerdrachen und Bärenrachen, ein Schild mit einem rosenumwundenen Kreuz. Der alte Homo Humanus hat sich von der Gemeinschaft zurückgezogen, er bereitet sich auf das Ableben seines Körpers vor. Gemäß Goethe im *Berliner Morgenblatt* erzählt er seinen Ordensbrüdern »die Geschichte seiner vergangenen Zustände«. Die Gemeinschaft trauert um den scheidenden Menschheitsgeist-Repräsentanten.
Goethe schreibt dies in einer Zeit, in der Industrialisierung und Technologisierung, Rationalismus und Materialismus die Oberhand über die mystische Geisterkenntnis und die paracelsisch-psychosomatische Naturwissenschaft gewinnen. 1789 wird das Jahr der französischen Revolution, einer allgemein werdenden Militärpflicht und des beginnenden Nationalismus sein. Noch stehen die Fahnen auf »Freiheit, Gleichheit, Brüderlichkeit«.
Bald schon werden diese hohen Ideale sehr eng und blutig gesehen. Goethe wagt in den »Geheimnissen« einen Gegenentwurf zu diesen dominant werdenden Mächten. Sein Humanus verwandelt sich von einem (auch geistig) adligen Ritter und Burgherren zum Klosterabt und Oberhaupt eines humanistisch-geistlichen

Ordens. Diese interreligiöse und menschheitliche Gemeinschaft »verehrt und dient«, im Zeichen eines rosenumschlungenen Kreuzes, wie Goethe Ostern 1816 im *Berliner Morgenblatt* schreiben wird, dem eigentlich namenlosen »Gott im Stillen«. Eines der Ordensmitglieder spricht am späten Abend zum Pilger Markus: »Im Vorhof bist du freundlich aufgenommen, und scheinst mir wert, ins Innerste zu kommen.« Am frühen Morgen erwacht der Pilger von einem Glockenton: »Und wie er horcht, so wird in gleichen Zeiten Dreimal ein Schlag auf hohles Erz erneut.«

Später wird Goethe die Vorgänge im Tempelinnern in seinem »Märchen« auf eine sehr metaphorische Art und Weise umschreiben. Sein Sucher *Faust* steht erst noch vor der Schwelle zu einer anderen Seinsweise, wo das Alte geopfert werden müsste, um das Neue erfahren zu können. Am 30. September 1791 wird dann in Wien ein Werk uraufgeführt, das dort beginnt, wo Goethes Pilger in den »Geheimnissen« noch innehält. Die freimaurisch inspirierte Oper *Die Zauberflöte*, von Schikaneder als Libretto verfasst und von Mozart komponiert, skizziert eine ägyptisch-persische Initiation. Der Pilger in dieser Oper, Prinz Tamino, durchläuft jenen Einweihungsweg, der sowohl in den »Geheimnissen« wie auch mit dem Verschluss der Krypta des Isis-Tempels in Verdis letzter Opernszene seines ägyptischen Werkes *Aida*[102] nur angedeutet wird. Tamino besteht Wasser-, Erd- und Feuerprobe und findet Aufnahme in dem Tempelorden des Sonneneingeweihten Sarastro.

Goethe arbeitete, als Ergänzung seines Homo Humanus-Fragmentes, am Entwurf einer unvollendeten Fortsetzung der *Zauberflöte*, aus deren Text er Teile in die Faust-Dichtung einfügte.[103] Der von Goethe erst vorsichtig skizzierte Homo Humanus ist Gegenpol zu dem von ihm meisterhaft beschriebenen modernen Mitteleuropäer Faust und dessen dunklem Welteroberungsdrange. Faust, obwohl in der äußerlichen Dramaturgie als Universitätslehrer eingeführt, scheint innerlich eher eine biografische Stufe des Menschlichen darzustellen, die als Adoleszenz be-

zeichnet werden könnte. Dem innerlich etwa einundzwanzig-
jährigen Faust steht in den »Geheimnissen« ein innerlich etwa
30 bis 33-jähriger Pilger Markus, als Nachfolger des Humanus,
gegenüber.

Während Goethe die Faust-Tragödie jung beginnt und spät
beendet, bleiben »Die Geheimnisse« ein unvollendetes Werk,
ein Fragment der Zukunft. Als solches ist die Parabel vom
menschheitlichen Menschen Humanus eine Art Pfingstverhei-
ßung. Schauen wir uns den *Faust*, das Gegenbild des Humanus
an. Faust strebt danach, ein ganzer Mensch, »ein Ebenbild der
Gottheit«, zu werden, das erkennt, »was die Welt im Innersten
zusammenhält«. Humanus und Faust, das sind zwei Möglichkeiten des Menschseins, wobei Faust eher den umherirrenden Willen zur Bewusstwerdung vertritt und Humanus das Sinn- und
Zielbild eines menschheitlich gewordenen Verantwortungs-Be-
wusstseins. Es ist dies die alte Menschheitsfrage von Macht-Ha-
ben oder Bewusst-Sein, von pharisäerhaften Rechtslehren oder
freiem Geistesleben.

Es gibt auch einen Rechtsbegriff, von den griechischen Philosophen *dikaiosyne* genannt, der nicht nur die Paragrafen und die
Gesetzesbücher meint, sondern als entwicklungspsycholgische
Gesetzmäßigkeit und höhere Gerechtigkeit dem egobefreiten
Geistesleben entstammt. Die Grundlage und zugleich Vorauset-
zung für diese Art von ›Weltgerechtigkeit‹ ist des Geistes Gegenwart im »ästhetischen Menschen«. In den Worten der Mystiker
ist dies die lebendige Stimme der Gottheit in uns.

Wie kann sich dieser heute als Begriff verstandene *Geist* in
unserer Zeit erlebbar machen? In einem Jahrhundert, in dem
die Worte ›Geist‹ und ›Gottheit‹ für viele Menschen substanz-
los geworden sind, nominelle Platzhalter für Vergessenes im
Bücherregal der Moderne oder letzte, autosuggestive Gebets-
formelwärme einer erloschenen Glut. In einer Zeit, in der die
Grünkraft der Naturmystik von den Inquisitoren in Theologie
und Technologie ausgerottet scheint und das Wort »Mystiker«
bestenfalls als Bezeichnung für romantische Seelen dient. In die-

ser Situation nähern wir uns, auch emotional, der Urszene, mit welcher einst der *Urfaust* genannte, erste Entwurf der Tragödie begann.

Es ist Samstagnacht im Studierzimmer des Professor Faust. Saturday night. Hinter uns liegt Karfreitagabend. Saturn-Zeit. Der Treibsand der Geschichte rieselt durch das Stundenglas des alten, dunklen Herrschers und Weltenrichters über den Wandel der Gezeiten. »Gott ist tot!« Dieser lebensgefährliche und doch zugleich auch im Wahn-Sinn der Moderne durchaus sehr wahrhafte Ausruf Hegels und Nietzsches schwebt stumm und drückend über der Studierzimmerszene. (Im späteren *Faust* wird diese Stimmung durch den vorangestellten »Prolog im Himmel« und das »Vorspiel auf dem Theater« relativiert werden.) Es ist ein desillusionierter, in seinem Zynismus aber auch selbstkritischer Monolog, der in dieser dunklen Nacht ertönt: »Zwar bin ich gescheiter als alle die Laffen, Doktors, Professors, Schreiber und Pfaffen ... Dafür ist mir auch alle Freud entrissen ... Bild mir nicht ein, ich könnt was lehren, die Menschen zu bessern und zu bekehren ... Es möcht kein Hund so länger leben! Drum hab ich mich der Magie ergeben ... Dass ich erkenne, was die Welt im Innersten zusammenhält ... Weh! steck ich in dem Kerker [Körper] noch? ... Wo selbst das liebe Himmelslicht trüb durch gemalte Scheiben bricht! ... Statt all der lebenden Natur ... umgibt in Rauch und Moder nur Dich Tiergeripp und Totenbein. ... Bin ich ein Gott? mir wird so licht! ... Jetzt erst erkenne ich, was der Weise spricht: Des Geistes Welt ist nicht verschlossen ... *Dein Sinn ist zu, dein Herz ist tot!*«

Durch die Jahrhunderte der Veräußerlichung und der Entfremdung ist die lebendige Stimme des Geistigen in unserem Herzen durch die Macht des Materialismus verstummt. Die Hitlers, Francos, Mussolinis und Stalins waren als Nachfolger von Dostojewskis *Großinquisitor* willige Werkzeuge eines brutal real gewordenen Nihilismus. Was ist ein Mensch ohne die Berührung durch den Weltenjordangeist, der Individualität und

195

Menschheitsliebe verheißt? Wo bleibt ohne ihn das potenziell Menschliche einer tiefer verstandenen Humanität, deren Wahrnehmung die Grundlage für ein Weltgemeinschaft stiftendes Pfingstereignis bilden könnte? Ohne die Belebung und Impulsierung durch das Geistige und Menschheitliche bleibt die Seele ein vergessener Winkel in einem verstummten Leib, der Intelligenz des Tierreiches und der Stammbäume näher als dem Bewusstsein der globalen Verantwortung des Menschen-Ichs. Unser Sinn für das Individuelle, das Universelle und Soziale, für Geist und Natur, ist verschlossen. Unser Herz scheint tot. Kein Wunder, dass Nietzsche, ein würdiger Repräsentant des faustischen Menschen, ausrufen musste:»Gott ist tot! Wir haben ihn getötet, ihr und ich! ... Ist nicht die Größe dieser Tat zu groß für uns? Müssen wir nicht selber zu Göttern werden, nur um ihrer würdig zu erscheinen? Es gab nie eine größere Tat, und wer nur immer nach uns geboren wird, gehört um dieser Tat willen in eine höhere Geschichte, als alle Geschichte bisher war!«[104]

In dieser Notsituation handelt Faust – mehr instinktiv als intuitiv – richtig, er beschwört»den Geist der Erde«. Nur ist er in seiner Hybris der Begegnung mit dem Erdengeist noch nicht gewachsen. Es fehlen ihm noch die dienenden Demutskräfte, die einem solchen »planetarischen Bewusstsein« gemäß wären. Dieser »Geist der Erde« – er bleibt geheimnisvoll und scheint sowohl die Erde als planetaren Organismus wie auch als erdenhafter Elementargeist zu repräsentieren – durchschaut den Professor Faust sofort:»Da bin ich! Welch erbärmlich Grauen fasst Übermenschen dich! ... Wo bist du, Faust, des Stimme mir erklang, der sich an mich mit allen Kräften drang? ... Ein furchtsam weggekrümmter Wurm?«

Faust reagiert:»Der du die weite Welt umschweifst, geschäftiger Geist, wie nah fühl' ich mich dir!« Hierauf folgt die, das Ego erschütternde Antwort:»Du gleichst dem Geist, den du begreifst, nicht mir!«

Für einen kurzen Moment führt diese Ernüchterung im Faust zu einem Anflug von Menschen- und Erdenweisheit, welche sich aber fast sofort wieder verflüchtigt, da sie mehr noch theoretische Erkenntnis ist und weniger bewusstseinsmäßige Lebenspraxis. »Ach! die Erscheinung war so riesengroß, dass ich mich recht als Zwerg empfinden sollte. Ich, Ebenbild der Gottheit, das sich schon ganz nah gedünkt dem Spiegel ew'ger Wahrheit ... und abgestreift den Erdensohn ... Ein Donnerwort hat mich hinweggerafft. ... Die Sorge nistet gleich im tiefen Herzen ... dort wirkt sie geheime Schmerzen ... sie deckt sich stets mit neuen Masken zu ... Lässt sich Natur des Schleiers nicht berauben, und was sie deinen Geist nicht offenbaren mag, das zwingst du ihr nicht ab mit Hebeln und mit Schrauben.«

Der Tiefpunkt der ersten Szene des 1. Teils des *Faust* ist erreicht. Faust denkt an Selbstmord und greift nach der Gift-Phiole: »Du Inbegriff der holden Schlummersäfte, Du Auszug aller tödlich feinen Kräfte ... Ins hohe Meer werd' ich hinausgewiesen ... Vermesse dich, die Pforten aufzureißen, vor denen jeder gern vorüberschleicht.« Oswald Spengler wird diese kollektive Stimmung am Anfang des 20. Jahrhunderts als »Untergang des Abendlandes« kennzeichnen. Goethe hat hier klarsichtig vorausgeschaut und die Zeichen der Zeit richtig gedeutet. Industrienebel breiten sich aus und dunkle Smogwolken hängen über den Städten. Der Sonntagsbraten wird durch die Fließbandware aus den neuen Großschlächtereien ersetzt werden. Nationalismus und Kolonialismus, die neuen Kreuzzüge der Moderne, Militarismus und Rassismus werden zu den Schlachtfeldern dieser Zeit und ihrer Geistlosigkeit. Auch Leo Tolstoi, Autor von *Krieg und Frieden*, sieht des Blutes Menetekel: »Solange es noch Schlachthöfe gibt, gibt es auch noch Schlachtfelder.« Massenhafter Fleischkonsum und mit den Angsthormonen getöteter Tiere übersäuerte Menschenkörper. Der Schwefelrauch der Fabriken und regensauere Seen und Wälder. Zu Töten, Blut zu vergießen, ist immer auch ein magischer Akt. Im Technologiezeitalter der Massenvernichtungsmittel wird dies leicht vergessen. Die Diener des Mars führen einen totalen Krieg gegen Menschheit und Biosphäre. Ein großes Natur- und Menschheitsdrama bahnt sich seinem Gipfelpunkt entgegen.

Schauen wir uns das Muster des Dramas im *Faust* an. Es gibt dort drei Möglichkeiten, die Egomanie der Marsenergie, und damit Mephistopheles in uns, zu überwinden: Die Begegnung mit dem Geist der Erde, um als dessen Diener und Mitgestalter eines »planetarischen Bewusstseins« die engen Grenzen des eigenen Narzissmus zu transzendieren. Es wäre dies die Kraft der tätigen Liebe zur Erdennatur, auch zum seelisch-geistigen Wesen des Planeten Erde, dessen sich selbst wahrnehmendes Nervensinneszellensystem das menschliche Ich sein könnte. In Teilen der Naturschutzbewegung lebt noch oder schon eine Ahnung davon. Aber Faust ist, obwohl diesen Geist mit Sprachgewalt beschwörend, innerlich unfähig, sich diesem Erdengeist hinzugeben, da es ihm an einem lichten Ich-Bewusstsein (Homo Humanus!), das mehr ist als der übliche Egoismus, mangelt. Nach dem Scheitern vor dem Erdgeist taucht aus den Tiefen der faustischen Persönlichkeit, logischerweise, der das Licht scheuende Dämon des Zynismus auf: Mephistopheles.[105]

Die zweite Möglichkeit der Öffnung, die Menschenliebe – Eros gereift zu Agape – verspielt Faust im letzten Akt des 1. Teils. So wie er zuvor in der ersten Szene vom Erdengeist, mangels Reife und Verantwortungsbewusstsein, zurückgewiesen wird, weist ihn nun in der letzten Szene, im Kerker, die mittlerweile zwar weltfremde aber dabei auch hellsichtig gewordene Margarete zurück. »Heinrich, mir graut's vor dir!« Dieser letzte Satz des erwachsen gewordenen Gretchens enthält das Schlüsselwort *Heinrich*. Unmittelbar angesprochen wird hier der Sensenmann ›Gevatter Hein‹ in der Gestalt des Falschspielers Faust-Mephisto: als innerer Tod, als Verhärtung dem Leben gegenüber. Im letzten Akt des 2. Teils wurde auch Faust-Mephisto, beim mit Zwangsarbeitern vollzogenen Bau eines Dammes zur Landgewinnung, zum Quasi-Kommandanten eines Konzentrationslagers. Goethe lässt dort die alte Baucis sagen: »Menschenopfer mussten bluten, nachts erscholl des Jammers Qual; Meerab flossen Feuergluten, morgens war es ein Kanal. Gottlos ist er, ihn gelüstet unsre Hütte, unser Hain; Wie er sich als Nachbar rüstet, soll man untertänig sein.« Diese Zeilen wurden etwa 130 Jahre vor Hitlers ›Landgewinnungspolitik‹ im Osten gedichtet. Zu jener Zeit vereinte ein Napoleon Bonaparte durch seine imperiale Machtpolitik ganz Europa im Freiheitskampf gegen sich, so wie auch der dunkle Wortmagier Hitler die Welt zeitweise gegen sich vereinte und auf seine Art zur Begründung der Vereinten Nationen (UNO) beitrug. Gleich Mephisto sind diese faustisch-brutalen Egoisten »Teil von jener Kraft, die stets das Böse will und stets das Gute schafft«. Dieses Gute, als Alternative zum Totenreich vom Gevatter Hein, schwingt hier mit in dem Mahnruf von Margarete. Es ist dies ein letzter Appell, eine verschlüsselte Beschwörung des ›Hain-Reiches‹, des mütterlichen Bereiches der heiligen Haine. Kein Zufall ist, dass der *Faust* mit der Anrufung des Geistes der Erdennatur beginnt, aus einem Mangel an echtem »planetarischen Bewusstsein« scheitert, und im 2. Teil (Bergschluchten) mit dem Hohelied des Doktor Marianus auf das Ewig-Weibliche endet: »Werde jeder bess're Sinn Dir zum Dienst erbötig; Jungfrau, Mutter, Königin; Göttin, bleibe gnädig!«

Hier berühren wir auch eine Kernwunde der faustisch-mephistophilen Manager-Kultur: Sie ist mutterlos, das heißt, sie hat weder eine gesunde Beziehung zur Mutter Natur noch zum Weiblichen an und in sich. In der ersten Szene der Tragödie, im nächtlichen Studierzimmer – im Gen-Labor könnte man heute sagen –, spricht Faust von seinem Vater, doch von einer Mutter spricht er nicht. »Du alt Gerät … du stehst nur hier, weil dich mein Vater brauchte. … Was du ererbt von deinen Vätern hast, erwirb es, um es zu besitzen.« Von diesem Besitzen-wollen, aus Angst angetrieben, führt eine dramatische Linie geradewegs zur technokratischen Besessenheit der Szene der Meeres- bzw. der Mutter-Landeroberung im fünften und letzten Akt: Ein gigantisches

Staudammprojekt, gegen die mit dem mütterlichen Fruchtwasser verwandten Meereswogen, soll der faustischen Kultur neues Land gewinnen. Faust kämpft hier nicht nur gegen die embryonalen Erinnerungen an den ihm fremd und bedrohlich gewordenen, gebärmütterlichen Urozean. Es ist dies auch ein letzter, verzweifelter Versuch, den Erdengeist und die große Mutter Gaia technologisch zu zwingen, ihn als ihresgleichen anzuerkennen. Die Kräfte, die er, dem ›Zauberlehrling‹ gleich, entfesselt hat, sie schaufeln dem männlichen Übermenschen sein Grab. Der blind gewordene *homo sapiens superior* spricht dort: »Des Herren Wort, es gibt allein Gewicht. Vom Lager auf, ihr Knechte! Mann für Mann! ... Wie das Geklirr der Spaten mich ergetzt! Es ist die Menge, die mir frönet ... den Wellen ihre Grenze setzt, das Meer mit strengem Band umzieht. ... Das Letzte wär' das Höchsterrungene. Eröffne ich Räume vielen Millionen, nicht sicher zwar, doch tätig-frei zu wohnen. ... Es kann die Spur von meinen Erdentagen nicht in Äonen untergehn. – Im Vorgefühl von solchem hohen Glück genieß' ich jetzt den höchsten Augenblick.«

Auf soviel unzeitgemäße, pharaonenhaft-technokratische Hybris lässt man am direktesten den Teufel Mephisto selbst antworten: »Du bist doch nur für uns bemüht ... denn du bereitest schon Neptunen, dem Wasserteufel, großen Schmaus. In jeder Art seid ihr verloren; die Elemente sind mit uns verschworen, und auf Vernichtung läuft's hinaus.«

Dass diese Problematik auch auf andere Weise, als in dem abendländischen Faust-Experiment versucht, zu erlösen ist, zeigt die, im Gegensatz zum abendländischen Faust-Experiment, weniger umwelt- und mitmenschenschädliche Zuflucht asiatischer Mönche zum buddhistischen Nirwana.[106] Die Motivation dieser Fluchtbewegung wird in einer Puja (Schrift) zu Ehren Buddhas deutlich: »Die Gier nach Lüsten hat er überwunden und geht nicht ein mehr in den Mutterschoß.«[107] Das ist der gemäßigte und erleuchtete Faust auf buddhistisch.

Der ur-christliche und der ur-buddhistische Weg. Beide beruhen, in ihrer je eigenen Art und Weise, auf dem Prinzip der inneren (und äußeren) Überwindung der dunkel-mephistophilen Schattenseiten des Menschwerdens und in einer gesuchten Versöhnung mit dem kosmischen Mutterschoß. Der Mitteleuropäer Faust hat sich im schattenhaften Labyrinth seiner selbst verirrt und wurde nur durch einen Kunstgriff Goethes – bzw. dem heimlichen Einwirken der Gebete Margaretes und dem sublim wirkenden Schutzgeist der Erde – gerettet.

Dem ging voraus, dass er, der sich suchende Mensch, letztlich, in der Mitternacht-Szene, seinen Schatten benannte – ohne ihn überwinden zu können: »Könnt' ich Magie von meinem Pfad entfernen, die Zaubersprüche ganz und gar verlernen; Stünd' ich, Natur, vor dir ein Mann allein, da wär's der Mühe wert, ein Mensch zu sein.« Doch stattdessen: »Ich bin nur durch die Welt gerannt ... Ich habe nur begehrt und nur vollbracht und abermals gewünscht und so mit Macht ... Nach drüben ist die Aussicht uns verrannt; Tor, wer dorthin die Augen blinzelnd richtet, sich über Wolken seinesgleichen dichtet! Er stehe fest und sehe sich um; ... Was er erkennt, lässt sich ergreifen. ... Im Weiterschreiten find' er Qual und Glück, er, unbefriedigt jeden Augenblick!«

Kein Wunder, dass die hellsichtig gewordene Seele, Margarete, zu solchem Ungeist spricht: »Heinrich, mir graut's vor dir!« Bei dem, in der Welt des Patriarchats, der Machtergreifung über die Natur, mutterlos wirkenden Faust, lösen diese Worte einen Fall in das Vergessenwollen, und damit auch in die Verantwortungslosigkeit, aus. Damit endet der 1. Teil des Faust. Auf die ›reale‹ Geschichte bezogen, könnte man jetzt sagen: Und wieder ist eine hybride Hoch-Kultur an sich selbst zu Grunde gegangen; ob Babylonier, Ägypter, Perser oder Römer: Die atlantischen Sintflutwellen breiten gnädig ihre Decke aus. In der ersten Szene des 2. Teils, im Feenreich des tiefsten und todesähnlichsten Schlafes, wird dieses Vergessen der aufgetürmten Blutschulden eines Menschen – oder einer Geschichtsepoche – vom Gesang des Geistes der Lüfte, Ariel, begleitet, der zu den elfenhaften Geistern der Natur spricht: »Erst senkt sein Haupt aufs kühle Polster nieder, dann badet ihn im Tau aus Lethes Flut; gelenk sind bald die krampferstarrten Glieder, wenn er gestärkt dem Tag entgegenruht.« In diesem Vorgang dämmert die Erinnerung herauf an die traumtherapeutische Tempelschlafstätte Epidauros im Griechenland der alten Mysterientage.

Goethe spricht hierüber zu seinem Freunde Eckermann am 25. Januar 1827: »Wenn es nur so ist, dass die Menge der Zuschauer Freude an der Erscheinung hat; dem Eingeweihten wird zugleich der höhere Sinn nicht entgehen.«[108] In der Gestalt des Ariel, einer Leihgabe aus Shakespeares *Der Sturm*[109], der auf dem Luftweg die Atmosphäre und im Atemstrom den menschlichen Körper durchweht, begegnen wir auch dem Geist der Erde wieder. Es sind die biosphärischen Naturkräfte, welche den Faust – und die mit ihm untergegangene ›Hoch-Kultur‹ – wiederbeleben.

Der moderne Magier und Naturwissenschaftler Faust begegnet im malerischen Sonnenaufgang, in der Atmosphäre eines sanften Wasserfalles und in der Erscheinung eines Regenbogens abermals dem ›planetarischen Selbst-Bewusstsein‹ der Erde, jedoch ohne diese geistige Naturoffenbarung wirklich zu begreifen, d.h. innerlich zu reifen, anstatt nur über den »farbigen Abglanz« zu fabulieren. Hätte er diese Regenerations- und Reinkarnationskraft wirklich be- und ergriffen, dann wären die folgenden Szenen am Kaiserhof und beim Staudammbau in ihrer selbstzerstörerischen Art überflüssig gewesen. In der Diagnose der Selbstzerstörung aus einer Selbst-Störung heraus – der Unfähigkeit der noch jungen menschheitlichen Ich-Bewusstheit, den männlichen Gestaltungs-Willen (im Erbe seiner Väter) und das mütterliche Selbst-Sein miteinander durch Vermittlung zu versöhnen – ist Goethes *Faust* ein tiefenpsychologisches und geistesgeschichtliches Drama über Individuation und Sozialisation des Geistigen im Menschen.

Die dritte Möglichkeit, die Marsenergie zu verwandeln, ist die Selbstliebe. Dieser Liebe zum Wesen seiner selbst, zum Ideal des ästhetischen Menschseins, eine Art Selbsterziehung im Sinne Schillers, begegnet Faust in der Traumgestalt der schönen Helena. In der Tiefenpsychologie C.G. Jungs gesprochen, ist dies zugleich auch eine Anima-Begegnung mit der weiblichen Seite seiner eigenen Seele. Und es ist kein Zufall, dass in diesem 2. Teil des *Faust* nun der Humunculus und, in Verkleidung, der Homo Humanus auftaucht.

Zunächst zum Humunculus, der in der Laboratorium-Szene in Erscheinung tritt. Der Name selbst kann sowohl direkt mit *kleiner Mensch* übersetzt werden, ebenso aber auch als *künstlicher Mensch*. Ein Verständnis im Sinne von *Menschlein* bzw. *Zwerglein* wäre zu einfach. Der Natur- und Geistesforscher Goethe dürfte anderes im Sinn gehabt haben. Der Satz am Anfang der Szene: »Es wird ein Mensch gemacht«, bewusst an die biblische Schöpfungsgeschichte anknüpfend, verweist auf die zweite Bedeutung des Namens. Diese steht in der alchemistischen und kabbalistischen[110] Tradition, die sich mit der Erschaffung eines neuen ›künstlichen‹ Menschen befasst. Schon vor Goethe beschrieb Paracelsus in der Schrift *De natura rerum*, publiziert 1572 in der heutigen Chemiestadt Basel (Sandoz und Ciba-Geigy), die scheinbar chemotechnische Herstellung eines künstlichen Menschen. Unsere übermaschinisierte, abendländische Wissenschaftskultur konnte vielleicht gar nicht anders, als dies nur biologistisch zu verstehen. So versucht unsere Zeit, die notwendige, innere und geistige Verwandlung des alten Hominiden in einen wahrhafteren Menschen und Weltenbürger mit den Mitteln von Gentechnologie, Kloning und Cybernetik, nachdem die volkstümliche Moraltheologie als Erziehungsinstrument versagt hat.

Die Laboratorium-Szene beinhaltet aber nicht nur das *labora*, das naturwissenschaftliche Arbeiten, die *vita activa*, sondern auch das oft als formelhaftes Beten missverstandene, geisteswissenschaftliche *ora*, die *vita contemplativa*. Und Benediktus hat die moderne Rangfolge wohl erkannt, als er in der alten Regel des Benediktinerordens, *ora et labora*, das geistige Nachdenken vor dem Tätigwerden genannt hat. So entsteht also, und keiner weiß genau wie, durch geduldig-sublimes Meditieren der letztendlich körperunabhängige Geist des universalen Gewissens – der in einer fragilen Glaskugel schwebende Humunculus. Und dieser geistige Erfahrungsschatz durch Sublimation des Trieblebens, ein Abkömmling des Menschen (Humanus), wird im *Faust* von Thales als »hermaphroditisch«, zwei-geschlechtlich, bezeichnet. Die Idee hinter diesem Wort ist älter noch als die griechische Liebesgöttin Aphrodite und dürfte letztendlich auf den legendären, ägyptischen Kulturstifter Hermes Trismegistos zurückgehen. Es ist dies die alte, nicht biologistisch zu verstehende Sehnsucht des in Mann und Frau aufgespaltenen, eingeschlechtlichen Menschen nach einem ganzheitlichen Menschsein. Dieser über dem tierhaft-sexuellen Drang nach körperlicher Ergänzung stehende Mensch trägt in vielen Kulturen verschiedene Namen: Die alten Hebräer kannten dafür den Begriff des himmlischen Menschen, Adam Kadmon. Im Christentum übernehmen die Mystiker und Heiligen in der Nachfolge Jesu die Stellvertreterrolle dieses übersexuellen und geistlichen Menschen.

Die geistige Erfahrungssubstanz des Menschen, Humunculus, ist fähig, ihre zeitweise beschränkte Existenz zugunsten einer höheren Notwendigkeit freiwillig und aus Liebe hinzugeben. So ermöglicht sie im *Faust*, noch traumhaft und visionär, die *religio* (Rückverbindung) des Geistes mit der elementarischen Schönheit der Natur, symbolisiert durch die Meeresgottheit Galatea. Auch hier begegnen wir wieder, gleich einer pränatalen Meditation, dem urmütterlich-ozeanischen Prinzip, nach dem Faust sich sehnt und vor dem er immer wieder aus einem Ich-Mangel an fundamentalem Urvertrauen in männliche Landeroberungspläne flieht. Der Humunculus-Geist, die gleichsam homöopathische Frucht geisteswissenschaftlicher Suche nach Selbsterkenntnis, Ichsucht-Befreiung und Erleuchtung, hätte Faust eine Erlösung seiner inneren Anspannungen weisen können: Geisteswissen und der Eros der Natur verwandeln sich in einer tiefer verstandenen Abendmahlbegegnung zur Fähigkeit der geistigen Liebe, der Agape – leider hat der von Mephisto beeinflusste Ich-Mensch Faust dieses Wegeszeichen in seinen Walpurgisnachtträumen verschlafen.

Heute wird die Einschläferung des individuellen Idealismus von einer breiten Palette von Betäubungsmitteln übernommen. Und so opfert der faustisch-mephistophile Macht- und Genussmensch nie sich selbst, sein krankes Selbstbild, außer uneingeplant und von seinen kriminellen Machenschaften überrollt, sondern immer nur die anderen. Die Naturbilder im *Faust* könnten zudem auch, im Zeitalter der Massenpsychosen, als Synonyme für die wogenden Volksseelen und die elementarisch-eruptive Vulkangewalt der Nationalismen und Rassismen gesehen werden. Dies sind die seelisch-naturhaften Kräfte, gegen die das Ich des Menschen als Individuum und Weltbürger bestehen muss.

Anmerkungen

I. Kampf der Kulturen – Die Globalisierungsfalle

1 »The Walls of Distrust«, 5. Juni 1958, Universität Cambridge. Zitiert nach: Stephan Mögle-Stadel, *Dag Hammarskjöld. Vision einer Menschheitsethik.* Stuttgart ⁴2003, S. 24, 241.

2 Dag Hammarskjöld 1951 in seinem Tagebuch *Zeichen am Weg.*

3 Gehalten vor dem US-Kongress in Washington DC. Weitere Grundsatzreden waren angekündigt, wurden aber nicht mehr (öffentlich) gehalten. Das Thema »Neue Weltordnung« wurde dann bald durch den 1. Irak-Krieg der USA 1991 aus den Medien verdrängt.

4 Wollte man die Firma SUN an ihrer aggressiven Geschäftspolitik und den Aussagen ihres Topmanagements messen, dann müsste man eher von einer dunklen Sonnen-Finsternis als von einer lichten Sonne sprechen.

5 So soll er der Legende nach nicht nur den Revolutionär Luzifer / Satan aus den himmlischen (geistigen) Regionen in die Materie gestürzt, sondern auch mit dem Seelenfresser um den Leichnam Moses gerungen haben. Diesem Streit um den Aufenthaltsort der menschlichen Seele nach dem Tod der körperlichen Hüllen begegnen wir auch im *Faust* (2. Teil, 5. Akt »Grablegung«) wieder.

6 »Statement on the World Economic Situation«, Genf, 12. Juli 1955, sowie Eröffnungsrede zur Internationalen Konferenz über den Friedlichen Gebrauch der Atomenergie, Genf, 8. August 1955.

7 In seiner lebensgeistfeindlichen Übersetzung des Paulus-Wortes: »Wer nicht arbeitet, der soll auch nicht essen.« (2. Brief an die Thessalonier). Die humanere Interpretation: »Wer weder körperlich noch seelisch noch geistig arbeiten *will*, der soll nicht essen, sondern fasten.« Dieser Satz richtete sich ursprünglich gegen die sinnliche Genusssucht und das bettlerische Faulenzertum unter den frühen Christen, welche das baldige Kommen ihres Herrn Jesus Christus und das Ende der Welt abwarteten.

8 Siehe auch das Buch *Ärzte im Dritten Reich* des Psychohistorikers Robert Lifton. Der Mensch wird wieder, wie im frühen Manchester-Kapitalismus, zur Ware, zum Ding. In letzter Konsequenz erinnert dieser Rationierungs-Wahn an die Euthanasie-Programme der Nazis

sowie an die Hochöfen von Auschwitz und anderen Vernichtungsla-
gern der SS. Über den antihumanen ›Geist‹ hinter solchen Rationali-
sierungs-Tendenzen wird noch zu sprechen sein.

9 Die aktuelle US- Regierung Bush ist nur die moderne Fortführung
dieser alten Geschäftstraditon. Und so wie Bush senior Leiter des CIA
war, leitete auch Allan Dulles, der Bruder von John Foster, die CIA
von 1953-61. Internationale Geschäftsleute wussten sich schon immer
der staatlichen Geheimdienstmaschinerie familiär zu versichern. Dies
ist eine der Folgeerscheinungen, wenn Wirtschafts- und Staatsbereich
nicht radikal genug getrennt werden, wozu auch ein Verbot für einflussreiche Geschäftsleute und deren Familienmitglieder gehören
müsste, führende Staatspositionen zu besetzen. Siehe dazu auch: Eric
Laurent, *Die Kriege der Familie Bush*. Frankfurt 2003.

10 In dem US-Militärstraflager Guantanamo Bay werden weit über
1.000 Menschen aus mehr als 20 Nationen, darunter auch Frauen und
Kinder, seit mehr als 18 Monaten in einem vollkommen rechtlosen
Zustand in Baracken und Hundezwingern gefangen gehalten. Vielen
von ihnen wird in einer Art ständigem Psychoterror die Todesstrafe
wegen Terrorismus angedroht. Rechtsanwälte haben keinen Zugang.
Verhandlungen fanden bislang noch nicht statt. Selbstmordversuche
sind sehr häufig. Amnesty International, UNO und Rotes Kreuz pro-
testierten vergeblich. Dies ist noch nicht vergleichbar mit Auschwitz.
Aber hier wurde von einer scheinbar demokratischen US-Regierung
eine humanitäre Schwelle überschritten, die in jenen dunklen See-
lenbereich führen kann, welcher in letzter Konsequenz den Ungeist
von Auschwitz in moderner Verkleidung wieder heraufbeschwören
würde.

11 Dieser machtpolitische Vorgang spiegelt gewissermaßen eine schwarz-
magisch zu nennende Perversion des Abendmahles wieder. Seine
dunkle, aber immer gut und teuer angezogene *Priesterschaft* versklavt
und vernichtet Leben, während der Urgedanke des Abendmahles der
einer geistigen Befreiung und Verwandlung bis hinein in die Physis ist.
Und je mehr sich auch die Kirchen der Machtpolitik und dem Materialismus hingaben, desto geringer wurde die spirituelle Wirkung des
Abendmahles innerhalb dieser Kirchen.

12 Siehe dazu: Ludwig Helbig, *Imperialismus*. München 1976, S.6. Die
von Rhodes gegründete und finanzierte Geheimloge gab sich später
den Namen »The Round Table«, eine größenwahnsinnige Perversion
der Legende von König Artus' Tafelrunde, der ein echter weißma-

gischer Kulturimpuls zu Grunde lag. Die von der imperialen Idee besessene Schachfigur des Cecil Rhodes gleicht eher einem Herodes oder einem Loyola denn einem König Artus. Heute finanziert der Rhodes Trust mit Sitz in Oxford internationale Stipendien für den regierungspolitischen Nachwuchs.

13 Siehe u.a. Ralph Giordano, *Wenn Hitler den Krieg gewonnen hätte*. Hamburg 1989; Karl Drechsler, *Europa-Pläne des deutschen Imperialismus*. Berlin 1971; Olof Groehler, *Vom Krieg zum Nachkrieg*. Berlin 1982; Karlheinz Deschner, *Der Moloch*. München 1992.

14 Es lohnt sich, über das in allen drei Gruppierungen gleichermaßen benutzte Symbols des Totenschädels nachzusinnen. Hierin äußert sich mehr als nur der von Erich Fromm geprägte Begriff der psychopathologischen Nekrophilie, der Leidenschaft für den Tod und alles Tote: Wenn der Schädelknochen leer ist, im Sinne von geist- und lieblos, welche Kräfte ziehen dann dort ein bzw. von dort aus? Die in unserer Zeit von Hollywood als Freibeuter (freie Beute) verkitschten Seeräuber waren in ihren Anfangszeiten im Sinne einer verdeckten Operation oftmals für verschiedene Königshäuser auf Kaperfahrt, bevor sie sich später kaufmännisch selbstständig machten. Die zumeist grausame Piraterie des Freibeutertums mit ihrer Privatisierungstendenz taucht später, ihrem inneren Unwesen nach, wieder in dem wirtschaftstheoretisch veredelten und dennoch ebenso skrupellosen Freihändlertum des Frühkapitalismus auf. Und sie findet sich auch im SS-Prinzip der totalen Plünderung der Lebenden wie der Toten (z.B. das Zahngold von Auschwitz) wieder. Dem Raubtier, in humanoider Gestalt, wird die ganze Welt zur Beute.

15 Beschrieben u.a. in: Stephan Mögle-Stadel, Stuttgart ⁴2003, S. 147f.

16 Office of Strategic Services mit der Europazentrale im schweizerischen Bern. Das OSS wurde 1953 in den heutigen CIA umgewandelt.

17 Arbeit*nehmer*, die den Kapitalbesitzern ihre körperliche und geistige Arbeitskraft gaben und damit die eigentlichen Arbeitskraft*geber* waren. Begrifflich bringt die Bezeichnung Arbeitnehmer die Arbeit gebenden Menschen in eine psychologisch schwächere Position, da dieser Begriff unbewusst-emotional Dankbarkeit dafür impliziert, dass ihnen von den Kapitalbesitzern Arbeit gegeben wird. Eine ähnlich euphemistische Irreführung wie die Verwendung von Pflanzenschutzmittel anstelle Insektenvernichtungsmittel.

18 Der historische Kommunismus etwa eines Stalin kann auch als eine Spielart von totalitärem Staatskapitalismus und international

ausgerichtetem Faschismus gesehen werden. Hiervon wären der humanistische Sozialismus des frühen Rudolf Bahro oder der soziale (sozialistische) Humanismus Erich Fromms deutlich positiv zu unterscheiden.

19 Willy Brandt, *Der organisierte Wahnsinn. Wettrüsten und Welthunger.* Köln 1985, S. 22.

20 Zuzüglich der chauvinistischen Unterstützung einer bibeltreuen und dabei eher alttestamentarisch orientierten Bevölkerungsgruppe, deren pseudo-christlicher Kreuzzugs-Fanatismus wohl starke Orientierungsprobleme hätte, wenn ihre einzelnen Mitglieder auf einem namenlosen Globus Jerusalem, Kairo oder Bagdad lokalisieren müssten. Vielleicht einer der Gründe, warum diese Leute so von computergesteuerten Raketen fasziniert sind?

21 Auch eine Art indirekt zu sagen, dass die Menschheit zu Sklaverei, Pseudo-Nationalismus und schleichendem Selbstmord verurteilt sei.

22 Auch mein damaliges Buch *Die Unteilbarkeit der Erde. Globale Krise, Weltbürgertum & Weltföderation*, erschienen 1996 im renommierten Bouvier Verlag, schaffte es nur zu einem Verriss in der FAZ. Da half es auch nicht, dass der Club of Rome und der Bertelsmann Verlag Yehezkel Dror und mich auf eine gemeinsame Lesungs- und Vortragstour durch Deutschland und Österreich schickten. Nach der Reise, von Hamburg (CoR-Dependance Haus Rissen) über Berlin (Podium Weltklimakonferenz) bis nach Salzburg (Robert Jungk Zukunftsbibliothek), war gleich vor der Reise: keine größere Resonanz in den Medien und damit auch keine Präsentation des Themas in weiten Kreisen der Bevölkerung. Das Thema wurde kleingeschrieben und totgeschwiegen. Vielleicht waren wir zu früh dran an diesem auch angstbesetzten Thema. Möglicherweise war die Weltherrschaft der Weltkonzerne noch nicht deutlich genug ins öffentliche Bewusstsein getreten – für eine breite Diskussion über die Konsequenzen der Globalisierungs-Falle.

23 Als Vorsitzender der Welt-Föderalisten organisierte ich von 1995 bis 1998 jeweils am Vorabend der Menschenrechtserklärung eine öffentliche Podiumsdiskussion zu Globalen Fragen an der u.a. auch Tilman Zülch von der Gesellschaft für bedrohte Völker, der Gründer von terre des hommes deutschland Lutz Beisel sowie Christoph Strawe vom Netzwerk Dreigliederung teilnahmen. Aus finanziellen Gründen musste diese Veranstaltungsreihe nach 1998 ausgesetzt werden.

24 Als Beispiel dient hier der Aufmacher im Wirtschaftsteil der Axel-

Springer-Zeitung DIE WELT, »Härtere Gangart...«, erschienen am Freitag, den 13. Dezember 1996. Wie der Kommandeur einer römischen Sklavengaleere fordert Siemens-Chef Heinrich von Pierer »die Schlagzahl deutlich zu erhöhen«.

25 Rudolf Steiner, *Staatspolitik und Menschheitspolitik. Aufsätze über die Dreigliederung des sozialen Organismus 1919-21*. Hrsg. v. R. Friedenthal u. W. Kugler. Dornach 1988. S. 200, 23f.

26 Nachrichtenagenturmeldungen über die »Sicherheits«-Tagung IMPULSE 21. Bericht der *Stuttgarter Zeitung*, Seite 2, vom 25. Juni 2003: »Robertson: Europa muss mehr investieren«. Auf Seite 5 derselben Ausgabe stand dann über einem Artikel bezüglich der Kürzungen im Bildungssektor »Kein Geld für Weiterbildung«.

27 Gruhl, a.a.O. Frankfurt 1992. S. 7.

28 Jean Ziegler, *Die neuen Herrscher der Welt und ihre globalen Widersacher*. München [4]2003. S. 130 u. 280.

29 Prophetische Worte. Im US-Wahlkampf 1996 versuchte der rechtsradikale Republikaner Pat Buchanan den Präsidentenstuhl zu erobern. Da sein Faschismus und sein (unerwünschter) Antisemitismus aber zu ungeschminkt und unbeherrscht durchbrachen, wurde er am Ende vom eigenen Parteiestablishment abgeblockt. Der zweite Anlauf mit George W. Bush gelang knapp mittels Wahlbetrug. Wenn man für die Worte *Brot* Erdöl und für *rassistisch* anti-terroristisch bzw. anti-islamisch liest, ist man beim geostrategischen Erdöl- und Anti-Terror-Aufrüstungs-Poker der Regierung Bush angekommen. William Greider schrieb übrigens die Bestseller *Secrets of the Temple* (New York 1987), in dem er behandelt, wie die US-Notenbank das Land regiert, und *Who will tell the People* (New York 1992), über den Verrat der parteipolitischen Bürokratien an der amerikanischen Demokratie.

30 Es wäre eine eigene Studie wert, ob er nicht nur einer Freimaurerloge, sondern auch zeitweilig der Thule-Gesellschaft angehört hat? Aber solche Hintergründe sind schwierig zu beweisen. Weiter zu diesem Themenkomplex: Jan Erik Schulte, Zwangsarbeit und Vernichtung: Das Wirtschaftsimperium der SS. Paderborn 2003.

31 Siehe hierzu den Aufsatz von Armin Gutowski in: Uwe Barschel (Hrsg.), *Die internationale Verschuldungskrise: Ursachen, Auswirkungen, Lösungsperspektiven*, Baden Baden 1987.

32 Wie der Giftmord an dem religiösen Humanisten Albino Luciani am 28. September 1978 gezeigt hat, kann man »eines natürlichen Todes« auch durch eine Überdosis Digitalis oder Effortil sterben, wobei

die modernen Geheimdienste über noch weitaus wirksamere Mittel verfügen. Der vatikanische Machtzirkel um Staatssekretär Kardinal Jean Villot verbreitete die höhnische Legende, Papst Johannes Paul I. sei »sanft entschlafen« bei der Lektüre des Buches *Die Nachfolge Christi* des Thomas von Kempen– ein Werk, das auch auf dem Nachttisch Dag Hammarskjölds gefunden wurde. Siehe dazu: David A. Yallop, *Im Namen Gottes.* Reinbek 2001. (Zahlreiche Nachauflagen seit 1988.)

33 Der »Mordanschlag« wurde der linksterroristischen RAF zugeschoben, die damals schon längst eine Tarngruppe des anglo-amerikanisch gesteuerten NATO-Geheimdienstes GLADIO gewesen sein dürfte. Siehe hierzu: Gerhard Wisnewski / Wolfgang Landgraeber, *Das RAF-Phantom. Wozu Politik und Wirtschaft Terroristen brauchen.* München 1997. (Zahlreiche Nachauflagen seit 1990.) GLADIO ist der altrömische Name für Schwert bzw. Schwertarm. Dieser CIA-gesteuerte, militärische Geheimdienst soll u.a. in mehrere Anschläge auf Politiker (z.B. auf Aldo Moro) und staatliche Institutionen in Italien und Griechenland verwickelt gewesen sein, welche von unterwanderten linken Terrorgruppen begangen wurden. Der Skandal tauchte 1990 in den Medien auf und wurde sofort wieder zugedeckt. »Die Einsätze koordinierte der Sonderstab Special Forces Section ... im NATO-Hauptquartier in Casteau«, laut SPIEGEL vom 19.11.1990. »Die meisten Papiere in dem ausschließlich von Amerikanern und Briten dirigierten Stab tragen den Stempel ›American Eyes Only‹ – Einblick nur für Amerikaner. Siehe Leo Müller, *Gladio. Das Erbe des Kalten Krieges. Der NATO-Geheimbund und sein deutscher Vorläufer.* Reinbek 1991.

34 Dieses Buch ist keine spirituelle Herrhausen-Biografie. Über seine metaphysischen Einstellungen, wenn er denn welche hatte, sprach er nicht in der Öffentlichkeit. Anders als bei Dag Hammarskjöld, dessen posthumes Tagebuch *Zeichen am Weg* sehr wohl Auskunft über dessen Religiosität gibt, ist von Herrhausen bislang kein (spirituelles) Tagebuch erschienen. Vielleicht war er viel zu sehr mit seinen Machtzielen beschäftigt, um Distanz zu wahren und über seine tiefenpsychologischen Beweggründe zu reflektieren. Vielleicht wären wir aber auch schockiert, wenn wir die Farbe der esoterischen Reflexionen Herrhausens schwarz auf weiß erblicken könnten. Was bekannt wurde, ist, dass er u.a. die anthroposophisch initiierte Privatuniversität Witten-Herdecke finanziell und informell unterstützte.

Ihr Hauptgebäude liegt heute an der Alfred-Herrhausen-Straße 50. Ob er auch zeitweilig Mitglied der Anthroposophischen Gesellschaft war, ist fraglich. Ein Wirtschaftskollege von ihm, der Atomkraftwerkeschmied Peter von Siemens, war es.

35 Eine Situation, die an die Ermordung eines anderen Staatsmannes erinnert, welcher am 25.09.1961 in der UNO eine bemerkenswerte Nachrufrede auf Dag Hammarskjöld hielt: »Die Menschheit muss den Krieg beenden, oder der Krieg wird der Menschheit ein Ende bereiten. (...) Lassen Sie uns den Terror mit einem Waffenstillstand beenden. (...) Die Waffen des Krieges müssen abgeschafft werden, bevor sie uns abschaffen.« Zitiert nach: Mögle-Stadel, Stuttgart ⁴2003. Später wollte er, behindert von den Intrigen der CIA und des Generalstabschefs L. L. Lemnitzer (Geheimoperation Northwoods) in der Tradition von Franklin D. Roosevelt die Macht der Großkonzerne und Großbanken, sprich des militärisch-industriellen Komplexes, begrenzen. Sein Name war John F. Kennedy und er wurde am 22. November 1963 von einem Profi erschossen.

36 Siehe u.a. Wolfgang Schumann, *Weltherrschaft im Visier. Dokumente zu den Europa- und Weltherrschaftsplänen des deutschen Imperialismus.* Berlin 1975. Dag Hammarskjöld war als Präsident der Schwedischen Reichsbank zeitweise Vizepräsident des Exekutivkomitees der Organisation for European Economic Cooperation (OEEC), in welchem er eine authentische kosmopolitisch-europäische Versöhnungsposition vertrat. In diese Strukturen versuchten sich auch die Nazi-Finanziers einzuschleichen.

37 Amerikanischer Soziologe und Autor, in: *Welt am Sonntag*, 29. September 2002.

38 SPIEGEL vom 25.08.2003 (Heft 35/2003), S. 113.

39 Der amerikanische Originaltitel, *The Grand Chessboard. American Premary and Its Geostrategic Imperatives* könnte am besten mit »Das Große Schachbrett. Amerikanische Vorherrschaft und ihre geostrategisch-gebieterischen Voraussetzungen« übersetzt werden.

40 Der freie Journalist Gerhard Wisnewski beschreibt im dritten Teil seines aktuellen Buches, *Operation 9/11. Angriff auf den Globus.* München 2003, einige der globalen Gehirnwäsche-Aktivitäten Hollywoods.

41 1729–1797, amerikanischer Politiker

42 Als ich am 17. September 2001 anlässlich eines Vortrags über den 1961 von Söldnern (darunter ehemalige Mitglieder der Waffen-SS) aus dem

Umkreis der Schwarzen Hand, im Auftrag westlicher Geheimdienste und eines multinationalen Konzerns mit Geschäftssitz in Brüssel, ermordeten UN-Generalsekretär Dag Hammarslkjöld hielt, wurde ich spontan von Zuhörern zu dem noch frischen Ereignis des 11. Septembers befragt. Damals meinte ich, es sei noch zu früh, sagen zu können, wer wirklich hinter diesem Ereignis stecke. Es müsse abgewartet werden, wem dies am Ende wirklich nütze. Und es gelte, nicht nur auf die nahe Vergangenheit, sondern auch auf die sich nun vollziehenden Ereignisse zu schauen und von dorther das Ereignis des 11.9. neu zu bewerten. Mittlerweile habe ich viel zu diesem Thema recherchiert. Mein Fazit als Journalist, ehemaliger UNO-Korrespondent und Vorstandsmitglied der kosmopolitisch ausgerichteten Weltbürgerstiftung in New York ist, dass die ganze Sache sehr wahrscheinlich von einflussreichen westlichen Machtzirkeln inszeniert bzw. motiviert wurde. Zugleich bin ich der Auffassung, dass der Blick in die psychohistorischen Abgründe hinter diesen Machtzirkeln noch wichtiger ist, als weiterhin beweisen zu wollen, dass die offizielle Version des 11.9. so nicht stimmt. Dies haben mittlerweile andere Journalisten zur Genüge getan. Nun gilt es weiter zu fragen, nach dem tiefenpsychologischen Woher und Wohin und nach den anti-humanen Mächten dahinter. Einen ersten Anfang hierzu versuche ich mit diesem Buch zu skizzieren.

43 Siehe hierzu neben anderen Quellen: Mathias Bröckers, *Die Geheimnisse des 11.9.* Frankfurt 2002, S. 108; Karl Laske: *Ein Leben zwischen Hitler und Carlos: Francois Genoud.* Zürich 1996.

44 Manche Autoren, wie z.b. ein Wolfgang Eggert in seiner Veröffentlichung *Angriff der Falken*, bewerten dies und den kurzfristigen Auszug aus dem WTC von Firmen wie der Zim-Israeli-Trading Company (im April 2001) fast schon als Indiz einer israelischen Verwicklung.

45 31.8., 16.11. und 28.12.2001

46 Ein Teil der inzwischen freigegebenen bzw. mittels des Freedom of Information Act (Informationsfreiheits-Gesetz; neuerdings durch die Regierung Bush eingeschränkt) freigeklagten Dokumente finden sich im Anhang des Buches *Operation 9/11* von Gerhard Wisnewski, Seite 371ff.

47 Siehe: Jean Ziegler, *Die neuen Herrscher der Welt*, München 2003, sowie Jerry Mander, *Le Proces de la Mondialisation*, Paris 2001.

48 Die beiden fundamentalistischen Autoren Jerry B. Jenkins und Pfarrer Tim LaHaye platzieren seit dem 50-jährigen Jubiläum der

UNO (1995) die apokalyptische Roman-Serie *Left Behind* in den US-amerikanischen Bestsellerlisten. Darin verteufeln sie die UNO als anti-christliche Weltregierung, die in Zukunft unter der Regentschaft Satans ihren Regierungssitz nach Bagdad verlegen würde. (Siehe dazu das Kapitel: »Die Türme von Neu-Babylon«.) Diese Projektion des eigenen, abgespaltenen Bösen in die Welt hinein, wird von Hunderttausenden von Lesern und potentiellen Bush-Wählern geglaubt. Es wird eine bestimmte Stimmung erzeugt. Für den Wahlsieg von 1996 genügte diese literarische Angst-Paranoia jedoch noch nicht.

49 Deutschlandfunk, Redaktion Hintergrund und Politik, Radiosendung vom 04.02.2003.

50 Zitiert nach: Veit Valentin, *Illustrierte Weltgeschichte,* Bd. 2. 1968, S.1407.

51 amerikanischer Künstler und Bürgerrechtler, zitiert nach: *Stuttgarter Zeitung*, 13. März 2003.

52 17.2.2003, Nr. 8/2003.

53 Zwischen 1918 und 1922 hat der 1890 geborene Geschichtsphilosoph Oswald Spengler in seinem zweibändigen Werk *Der Untergang des Abendlandes* eine auf Goethe und Nietzsche aufbauende Kulturgeschichte des Abendlandes veröffentlicht, in der er, weit weniger kraftvoll als Nietzsche, versuchte, dessen Erkenntnisse kulturwissenschaftlich zu rationalisieren. Der Preis der Verwissenschaftlichung Nietzsches war der Verlust der tiefenpsychologischen und spirituellen Dimension.

54 Genauer gesagt: Vatikhanismus. Diese Wortschöpfung spiegelt die unheilige Allianz zwischen dem Vatikan und dem weltlichen Allmachtsanspruch, beispielhaft verkörpert in der Person eines Dschingis Khan, wieder. Eine Form von Größenwahn und Machtbesessenheit. Im Jahr 1870 verkündete das Konzil in Rom das völlig unzeitgemäße Dogma der Unfehlbarkeit des Heiligen Stuhls. Damit war Gott endgültig entmachtet und der Papst und sein Umfeld wurden zu totalitären Herrschern. (Dies war auch einer der aktuellen Anlässe für die heftige Kritik Nietzsches.) Dieses anachronistische absolute Führerprinzip versucht immer wieder in der Geschichte Raum zu gewinnen. Dieser Vatikhanismus kann auch als theokratisches Vorspiel für den nachfolgenden Faschismus Mussolinis und den Totalitarismus Hitlers (beide via Konkordatsverträge mit dem Vatikan liiert) gesehen werden.

55 »Das Seil über den Abgrund wird von denjenigen gespannt, die es am Himmel festmachen – durch Treue zu einem Glauben, der ständiges,

äußerstes Opfer ist.« Der Friedensnobelpreisträger Dag Hammarskjöld gebrauchtinseinemTagebuchnichteineinzigesMaldenNamen Christus. Und dennoch ist dieser Kosmopolit vielleicht christlicher als viele jener, die ganze christologische Traktate abschreiben und geschliffene Reden halten über den Werdegang des Christus, gerade so, als wären sie selbst dabei gewesen und wüssten, noch besser als jener Jesus selbst, was damals passiert ist. Aber Theorie und Theologie allein genügen nicht mehr in dieser Zeit, in der die Stimme der Menschheit im Kampf der Welten nach unserem täglichen Einsatz schreit.

56 Der Erwerb von Ablassbriefen, der Tauschhandel von Gold bzw. Besitztümern gegen kirchen-notariell beglaubigte Sündenvergebung und der damit als gesichert geglaubte paradiesische Ruhestand im Jenseits, kann ideengeschichtlich als der kleine, theokratische Bruder des heutigen Glaubensgeschäftes mit Aktien und Pensionsfondsanteilen gesehen werden. Damals ging es um das Sichern der ewigen Ruhe, heutzutage, nach dem faktischen Realitäts-Verlust des Jenseits, geht es um die Absicherung der guten Altersruhe nach dem Erwerbsleben. Ablassbriefe wie Aktien sind verkaufte Hoffnungen auf eine gute zukünftige Zeit. Beide Varianten laden Betrüger ein. Und mit beiden Papieren kann man sich leicht verspekulieren.

57 Angesichts des damaligen kirchlichen Selbst-Betruges und seiner klerikalen Verdrängung wurde eine seelische Not offenbar, welche erst sehr viel später, im Zeitalter der Psychologie, mit dem Fachbegriff »ekklesiogene Neurose bzw. Psychose« gekennzeichnet wurde. Die selbstdisziplinierte und unromantische Mystik eines Meister Eckharts oder die schweigsame Vertiefung in das innere Licht und Ich eines George Fox kann auch als ein damaliger meditativer Therapieansatz, eine Traumatologie, verstanden werden – von der kirchlichen und staatlichen Machtpolitik als unerwünscht unterdrückt, wie die äußere Verfolgungs- und Leidensgeschichte ihrer Repräsentanten zeigt.

58 In den alten Schriften hat man diesen Kräften und Ismen Namen gegeben: Luzifer, Ahriman und Asur(as). Ob diese Namen ins Reich der Mythologie gehören oder in die Psycho(patho)logie, dies mag jeder für sich selbst entscheiden.

59 Rudolf Steiner, *Die spirituellen Hintergründe der äußeren Welt. Der Sturz der Geister der Finsternis.* (GA 177) Dornach ⁴1985, S. 74.

60 Monatszeitschrift CO MED, Ausgaben 6–8, 2002, unter dem Titel: »Auf Grund aktueller gesellschaftlicher Entwicklungen sollten Ärz-

te, speziell Nervenärzte, und Psychotherapeuten über einige parapsy-
chologisch-paramedizinische Phänomene Bescheid wissen.«

61 GA 177, S. 148ff.

62 ebenda, S. 75ff.

63 in: Weltsilvester und Neujahrsgedanken (GA 195) Dornach [3]1986.
    S. 54

64 siehe hierzu u.a. Rudolph Binion, ... *dass ihr mich gefunden habt.*
    Hitler und die Deutschen – eine Psychohistorie. Stuttgart 1978.
    (Sorgen Sie sich nicht, das Universum bzw. die Gottheit ist gerecht,
    jedes Wahlvolk bekommt die Regierung, welche entweder der allge-
    meinen Bewusstseins- und Verantwortungslosigkeit entspricht oder
    die es benötigt, um einen bestimmten Erkenntnisschritt zu vollzie-
    hen. Und ein überwundenes Besessenheitsphänomen gleicht einer
    durchlittenen Kinderkrankheit. Es kann das Immunsystem der daran
    beteiligten Menschen und des davon betroffenen sozialen Gefüges
    stärken.)

II. USA, UNO, Irak und die Türme von Neu-Babylon

65 Heute würde der Schriftsteller, Menschenrechtler, Kosmopolit und
    Politiker Thomas Paine in seiner Schrift Die Rechte des Menschen von
    1791 anstelle von Independence wahrscheinlich von Interdependence
    sprechen. Und er wäre der Erste, der sich der Protestbewegung gegen
    den Nationalismus und Imperialismus der Bush-Regierung anschlösse.

66 Man könnte auch von einer Art Rangfolgestreit unter Satanisten spre-
    chen.

67 Die indianische Kultur wurde u.a. auch deswegen ausgerottet, weil
    sie ihre Reichtümer und Naturschätze weder besitzrechtlich gesi-
    chert noch technisch ausgebeutet hatte und sich somit eine moderne
    Kriegsführung ökonomisch und organisatorisch nicht leisten konnte
    – und wollte! Die ausgewanderten europäischen Geschäftsleute und
    Sektierer haben stattdessen das von den Indianern ausgeliehene oder
    geraubte Land sogleich juristisch via Besitzurkunden gesichert und
    die indianischen Eigentümer ausgerottet – durch technische Mit-
    tel wie Gewehrkugeln, Verführung zum Alkoholkonsum und mit
    Pockenviren imprägnierten Decken als Gastgeschenke. Diese Form
    der biologischen Kriegsführung mit bakteriologischen Kampfstoffen
    hatte man aus dem alten Europa importiert, wo belagerte Städte im

Mittelalter durchaus schon einmal mit den pestinfizierten Kadavern toter Ratten beschossen wurden.

68 Siehe hierzu u.a.: Jack Weatherford, *Native Roots. How the Indians enriched America.* New York 1991(Besonders das Kapitel ›The white Roots of Peace‹); Alvin M. Josephy, *The Indian Heritage of America.* New york 1968; Stephan Mögle-Stadel, Stuttgart 2003, S. 123.

69 Dies erinnert an die Schutzzölle u.a. auf Stahlimporte der momentanen Bush-Regierung, die 100 Jahre nach der McKinley-Regierung durch Entscheidung des Obersten Gerichtshofes – mit zu diesem Zeitpunkt republikanischer Mehrheit – an die Macht kam.

70 in: *Public Forum.* Nr. 6/2003. S. 16

71 ebenda

72 ehem. Justizminister (unter John F. Kennedy) der USA. In: *Public Forum.* Nr. 7/2003

73 Siehe dazu: Rudolf Steiner über das Wirken der Anti-Michael-Dämonen in: *Natur- und Geistwesen – ihr Wirken in unserer sichtbaren Welt.* (GA 98) Dornach ²1996, 6.Vortrag, sowie in: *Das Ereignis der Christus-Erscheinungen in der ätherischen Welt.* (GA 118) Dornach ³1984, 12. Vortrag.

74 In diesem Sinne sind die US-Amerikaner nicht nur weltpolitische Täter sondern stellvertretend für die Menschheit auch zweifach Opfer von Kräften, über die Dag Hammarskjöld in seiner berühmten Rede »The Walls of Distrust« sprach: »Tiefwurzelnde Konflikte, die ihren Lauf immer schon durch die Geschichte genommen haben, und welche eine neue Kulmination vor und während des Zweiten Weltkrieges erreichten, gehen weiter. Und zerstörerische Kräfte, die schon immer mit uns gewesen sind, machen sich in neuen Formen fühlbar. Sie repräsentieren, jetzt wie auch zuvor, die größte Herausforderung, welcher der Mensch ins Angesicht zu schauen hat.« Universität Cambridge, 5. Juni 1958. Zitiert nach: Mögle-Stadel, Stuttgart ⁴2003.

75 So mag es auch kein Zufall gewesen sein, dass der Ende 1996 durch die USA aus der UNO gedrängte Generalsekretär Boutros-Ghali in Paris ein neues Amt fand. Der dem altägyptisch-christlichen Koptentum entstammende Ghali, der mit einer Jüdin verheiratet ist und selbst aktiv Yoga praktiziert, war bis vor kurzem Generalsekretär der Internationalen Organisation der Französisch-sprechenden Länder in der Rue de Bourgogue.

76 Stefan Klein, in: *Süddeutsche Zeitung* vom 30. August 2003.

77 Henry Porter, in: *The Guardian* vom 28. September 2003.
78 Walter Pincus, in: *Washington Post* vom 30. September 2003.
79 in: SPIEGEL Nr.30/1997.
80 in: SPIEGEL Nr.2/1999.

III. Weltbürger und Weltbürgertum

81 Herausgegeben von Robert Jungk unter dem Titel *Off limits für das Gewissen,* Reinbek 1961, dem Jahr in dem Claude Eatherly freigelassen wurde – fast genau 16 Jahre nach dem Ereignis von Hiroshima.
82 Nachfolgende Texte in der 1. Person resultieren aus einer Übersetzung von Orginalpassagen aus Garry Davis' Autobiografie *My Country is the World* (bezeichnet mit: G.D. 1961) und einer Auswertung zumeist englischsprachiger Presseartikel sowie einigen Interviewgesprächen des Verfassers mit Garry Davis.
83 Boston 1948.
84 New York 1937.
85 1776, siehe *The Federalist Papers.*
86 Autor von *Civil Disobedience,* 1849 (dtsch.: *Über die Pflicht zum Ungehorsam gegenüber dem Staat,* 1967.
87 Motiviert durch den u.a. von Thomas Mann inspirierten Chicago-Entwurf, von dem Davis wahrscheinlich durch seine Mitarbeit bei den amerikanischen Weltföderalisten wusste.
88 Einer dieser skurrilen Nachtfalter-auf-der-Suche-nach-Scheinwerferlicht war der ehemalige Entertainer und damalige *Variety*-Korrespondent Borrah Minevitch. Im Orginalton: »Great show, great show, man! Jesus, what a stunt! Got the whole goddam' world lookin' atcha ...« (Großartige Schau, Mann! Jesus, was für ein Trick! Die ganze gottverdammte Welt glotzt Dich an ...) Garry sollte noch feststellen müssen, dass, wer solche *Verbündete* hat, keine Feinde mehr braucht. Fast harmlos, aber immerhin von einem schlechten Marketingcharakter zeugend, nahm sich der Trick eines Presseagenten aus. Dieser schickte dem »verehrten« Weltbürger ein komplettes französisches Menü im Auftrage eines Restaurants, dessen Name so in den Medien platziert wurde. Bedient wurde Garry von einer reizenden, jungen Französin. Ein als Minirock-Servierin verkleidetes Starlet der Werbeagentur, welches sich beim Blitzlichtgewitter immer neben oder hinter ihm – in die Kameras lächelnd – aufhielt. Eine alte

PR-List, um in die Printmedien zu kommen und somit seinen Vermarktungswert zu steigern.

89 Wortlaut am Kapitelende.

90 s.o.

91 Als wir einander 1992, im Rahmen meines UN-Praktikums, erstmals in Washington D.C. begegneten, war der damals Einundsiebzigjährige, das weiße Haupthaar modisch am Hinterkopf zu einem Zopf zusammengefasst, Großvater mehrerer Enkelkinder und Vorstandsvorsitzender der in Washington D.C. registrierten World Service Authority, welche u.a. weltweit Kriegsflüchtlinge mit neutralen Weltbürgerpässen ausstattet, sodass es den Geschicktesten unter ihnen oftmals gelingt, damit die Grenzschützer in den zumeist etwas weniger bürokratisierten Staaten der so genannten Zweiten und Dritten Welt zu überlisten, und sich in friedlichere Gebiete abzusetzen. Garry Davis selbst erwies sich als ein humoriger und charmanter, teilweise auch etwas exzentrischer Gastgeber, welcher mir mit antibürokratischer Schadenfreude für die kosmopolitische Kriegsdienstverweigerung auf UNO-Papier einen kostenlosen Ehrenweltbürgerpass überreichte und »die Story« in seinem *World Citizen News-Letter* abdruckte. Dies mag eine nette Geste gewesen sein.

92 Zitiert nach: Albert Einstein, *Über den Frieden. Weltordnung oder Weltuntergang.* Bern 1975 (orig. *Einstein on Peace*, New York 1960). Dieses Buch versammelt u.a. Einsteins Reden und Aktivitäten zu den Themen Weltbürgertum, Weltrecht, Weltverfassung und Weltregierung. Zur Beziehung Einsteins zur UNO, siehe: Stephan Mögle-Stadel, Stuttgart ⁴2003.

93 *Die Waffen nieder! Eine Lebensgeschichte.* Leipzig 1889.

94 *Kühne neue Welt. Leben in der ›placeless society‹ des 21. Jahrhunderts.* Wien 1996. Die Originalausgabe erschien unter dem Titel *Bold new World. The essential road map to the twent-yfirst century.* New York 1996.

95 Artikel aus dem *Time Magazine* vom 20. Juli 1992. Originaltitel: »The Birth of a Global Nation« übersetzt von Stephan Mögle-Stadel. Strobe Talbott, Universitätsfreund Bill Clintons, war zum Zeitpunkt des Erscheinens dieses Artikels US-Sonderbotschafter, später Vize-Außenminister der Vereinigten Staaten von Amerika. 1993 erhielt er den Norman Cousins Global Governance Arward der Weltföderalisten für seine inter- und übernationalen Bemühungen in Richtung Weltföderalismus und Weltbürgertum. Strobe Talbott spricht für das

›alte Amerika‹. Er hat keine Stimme mehr in der schönen neuen Welt
eines George W. Bush.
96 James Lovelock, *Gaia as seen through the atmosphere*. 1972; (dtsch.
Das Gaia-Prinzip, Zürich 1991; *Gaia. Die Erde ist ein Lebewesen.*
München 1992.) Siehe auch Isaac Asimov, *Die Rückkehr zur Erde.*
München 1987.
97 Pierre Teilhard de Chardin, *1.5.1881 (Sarcenat) †10.4.1955 (New
York City), versuchte das katholische Schöpfungsdogma, sanft erwei-
ternd und korrigierend, mit der naturwissenschaftlichen Auffassung
der Welt- und Menschheitsentwicklung in Einklang zu bringen. Der
dadurch entfesselte Theologenstreit wurde 1962 lehramtlich dahinge-
hend entschieden, dass seine Auffassungen angeblich schwere Irrtümer enthielten und gegen die katholische Lehre verstießen. Er wurde
später teilweise wieder rehabilitiert.
98 *Jenaische Allgemeine Literaturzeitung*, Nr. 4, 1785.
99 siehe hierzu: Stephan Mögle-Stadel, »UNorganisierte Welt. Kosmopolitische Wege zum ewigen Frieden. Eine Erinnerung für partei-
politische Moralisten«, in: *200 Jahre Kants Entwurf »Zum ewigen
Frieden«. Idee einer globalen Friedensordnung.* Hrsg.v. Volker Bialas
und Hans-Jürgen Häßler, Würzburg 1996. Anthologie aus Vorträgen
anlässlich eines Kant-Symposions 1995 an der Universität Hannover
(Projektgruppe »Globale Friedensordnung«).
100 Carl Salomo Zachariä in ›Janus‹, Leipzig 1802.
101 In: Rudolf Steiner, *Über die Dreigliederung des sozialen Organismus
und zur Zeitlage. Schriften und Aufsätze 1915-1921.* (GA 24) Dornach 1982, S. 183ff.
102 siehe hierzu: »Es öffne Isis versöhnt dir ihr ewiges Reich«, Zeitschrift
Info3. Frankfurt/Main, April 1998, S. 53.
103 siehe Nachwort von Hans-Albrecht Koch. In: *Die Zauberflöte.* Re-
clam Verlag, Stuttgart 1991, S. 86.
104 Friedrich Nietzsche, *Also sprach Zarathustra.*
105 Dag Hammarskjöld, der nicht nur den *Faust* und die Reden Meister
Eckharts auf Deutsch gelesen hat, notierte zu diesem Phänomen in
seinem mehrsprachigen Tagebuch *Zeichen am Weg*: »Dämonen kommen ungeladen, wenn das Haus [Anm.: der Geist] leer steht. Anderen
Gästen musst du schön die Tür öffnen.«
106 Der Sanskritbegriff »Nir-wana« bedeutet »Nicht-mehr-wehen«, wobei Wehen ein Stellvertreterwort ist für das windige (meint: fremdbe-
stimmte) Getriebenwerden durch Leidenschaften, Wünsche, Ängste

und Sehnsüchte. Nirwana meint also eher ein in sich ruhendes, geistiges Stillsitzen in meditativer Selbst- und Weltbeobachtung und nicht jenes gloriose Verwehen im Nichts, das auf einer Fehlübersetzung bzw. Fehlinterpretation fußt. Wenn man in Faustens Widerrede zu Mephisto (Mütter-Szene): »In deinem Nichts hoff' ich das All zu finden«, das abendländische »Nichts« durch den buddhistischen Begriff »Nicht-mehr-Wehen« ersetzt, kommt man der Erlösung des faustischen Getriebenwerdens sehr nahe.

107 zitiert nach: Rudolf Bahro, *Die Logik der Rettung*, Stuttgart 1989, S. 256.

108 Johann Peter Eckermann, *Gespräche mit Goethe*. Berlin 1982.

109 In Shakespeares spiritueller Parabel *Der Sturm* entsagt der weise gewordene Herzog Prospero den turbulenten Staatsgeschäften. Er zieht sich mit seiner Tochter und einigen wenigen Landsleuten auf eine einsame Insel zurück (ähnlich der Hochgebirgsgemeinschaft des Homo Humanus) und macht sich mit Hilfe einiger alchemistischer Zauberbücher und des Windgeistes Ariel deren Naturkräfte dienstbar. Es gelingt ihm, einen fruchtbaren Frieden zwischen dem Menschen- und dem Naturreich zu stiften. Das Werk ist von der Ahnung einer für die Zukunft der Menschheit bedeutsamen weißen Magie und humanen Spiritualität durchzogen.

110 Kabbalah: Alt-jüdische Geheimlehre über den wahren Ursprung und das wahre Ziel der Welt: die Rückverwandlung des sündigen, geist- und gottesfernen Menschen in den ursprünglichen und geistig-seelisch androgynen Menschen Adam Kadmon.

Der Autor

Rio, New York, Tokyo. Umweltschutzkonferenzen, Menschen-
rechtstagungen, Zen-Meditationsseminare. Dies sind einige der
Orte, an denen man den Journalisten, Schriftsteller und Weltbürger Stephan Mögle-Stadel antreffen kann. Wenn man den am
21. Dezember 1965 geborenen Kriegsdienstverweigerer fragt,
was denn ein Weltbürger sei oder tue, dann klingt die Antwort
einfach: Ein Mensch, der sich Zeit nimmt, um sich Gedanken und
Sorgen über Gegenwart und Zukunft von Menschheit und Erde
zu machen. Und, so fügt der 37-Jährige hinzu, der Mittel und
Wege findet sich, sein Ich, ins Weltgeschehen einzumischen.

Infolge einer Begegnung als Jugendlicher mit der Normalität
des Bösen im ehemaligen KZ Dachau verweigerte Mögle-Stadel
den Militärdienst. »In diesem Leben war Dachau die Geburts-
stätte meines Weltbürgertums.« Während einer seiner Großväter
in der NS-Zeit bei der Waffen-SS diente, absolvierte der Enkel
seinen Zivildienst im Rahmen eines UNO-Praktikums in New
York City und Washington DC. Das intensive Nachdenken und
das Engagement bei einer internationalen Weltbürgerinitiative,
Seite an Seite mit dem Multitalent Sir Peter Ustinov und dem
Geigenvirtuosen Yehudi Menuhin, zeigten auch schriftstelleri-
sche Früchte. 1991 ließ der 25-Jährige unter dem Pseudonym
Russell MacCloud als Co-Autor des Romanes *Die Schwarze
Sonne von Tashi Lhunpo* Neonazis und UNO-Geheimdienst
aufeinanderprallen. Wenig später trat er als Herausgeber des

Boutros-Ghali-Buches *UNorganisierte Welt. Plädoyer für die Reform der Vereinten Nationen* in Erscheinung und war 1995 Co-Autor der Studie *Ist die Zukunft noch zu retten?* 1996 verfasste er ein ökologisches und ideengeschichtliches Buch über Um-Weltbürgertum: *Die Unteilbarkeit der Erde,* zu dem Peter Ustinov das Vorwort schrieb. Danach ging Mögle-Stadel in der Biografie *Dag Hammarskjöld. Vision einer Menschheitsethik* (1999) der Frage nach, warum 1961 UNO-Generalsekretär Hammarskjöld ermordet wurde. Yehudi Menuhin stiftete hierfür das Vorwort. Zudem ist er der Herausgeber des Buches *UNvollendeter Weg* (2003) über Kofi Annan sowie Autor der Studie »Globalisierungs-Pädagogik skizziert« in der Anthologie »Leipziger Kinderschuleltern-Lesebuch« (2003).

Durch seine Weltreisen und sein Leben in anderen Kulturräumen ist er politisch dem deutschen Vaterland entwachsen und zugleich kulturell-geistig, im Sinne Goethes und Lessings, viel deutscher geworden als er es zuvor war. Wenn man ihn fragt, was das nachhaltigste Erlebnis auf seinen Reisen war, bekommt man manchmal eine schockierend einfache Antwort: »Dass ich in Indien ein verhungerndes Kleinkind in meinen Armen halten durfte, hat mich sehr erwachsen gemacht.«

(Entnommen einem Autorenporträt der Zeitschrift *a tempo*)